GOLDMANN
ESOTERIK

Klausbernd Vollmar

DAS ENNEAGRAMM

Praktische Lebensbewältigung mit GURDJIEFFS TYPENLEHRE

GOLDMANN VERLAG

Für Diane von Weltzien
in Dankbarkeit

Umwelthinweis: Alle bedruckten Materialien dieses Buches sind chlorfrei und umweltschonend

Der Goldmann Verlag ist ein Unternehmen der Verlagsgruppe Bertelsmann

Made in Germany · 1. Auflage · 7/93

Umschlaggestaltung: Design Team München
Satz: DTP Bernd Walser
Druck: Graphischer Großbetrieb Pössneck
Redaktion & Illustration: Diane von Weltzien
Ba · Herstellung: bw
ISBN 3-442-12198-1

Inhaltsverzeichnis

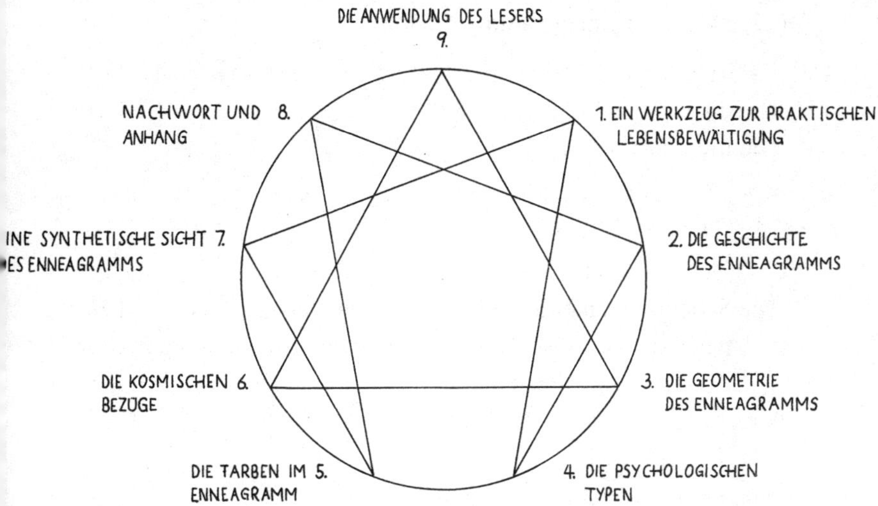

Abb. 1: Der Inhalt dieses Buches im Enneagramm

Go – not knowing where;
bring – not knowing what;
the path is long, the way unknown;
the hero knows how to arrive there by himself alone.

G. I. Gurdjieff

Das Enneagramm ist die fundamentale Hieroglyphe
einer Universalsprache,
die so viele verschiedene Bedeutungen hat,
als es Stufen von Menschen gibt.

P. D. Ouspensky

Vorwort

> Jedes vollständige Ganze, jeder Kosmos, jeder Organismus, jede Pflanze ist ein Enneagramm.
>
> *G. I. Gurdjieff*

Eine kleine Vorgeschichte

Anfang der achtziger Jahre, nach Aufenthalten im Ruhrgebiet, in Montreal und New York, zog ich an das Ende der Welt nach Norfolk. Im ländlichen Nordnorfolk ist die Zeit irgendwann Ende des 19. Jahrhunderts stehengeblieben. Der Landstrich hat für die Engländer eine ähnliche Bedeutung wie Ostfriesland für die Deutschen. Hier, in der Hinterwelt, fand ich einen Lehrer, der mir vieles beibrachte, was in dieses Buch eingegangen ist. Er war direkter Schüler von Madame Jeanne de Salzmann, die in Paris eine berühmte Gurdjieff-Gruppe leitete, und hat so die Arbeit Georges Iwanowitsch Gurdjieffs aus erster Hand erfahren.

An einem anderen Ende der Welt, in Findhorn an der nordschottischen Küste, habe ich zu Beginn der siebziger Jahre meine Enneagramm-Studien mit vielen bunten Diagrammen und Zeichnungen begonnen, um fast 15 Jahre später ganz unerwartet in einem winzigen, romantischen Dorf die praktische Seite des Enneagramms zu erleben und zu erkennen.

Bevor ich jetzt konkret auf das Enneagramm zu sprechen komme, möchte ich hier einige persönliche Gedanken zur Gurdjieff-Arbeit anführen, um einen ersten Eindruck dieser Arbeit zu vermitteln.

Im Gegensatz zu allen mir bekannten, in Mode gekommenen spirituellen Gruppen und Lehren werden in der Gurdjieff-Arbeit dem Schüler zunächst einmal seine Begrenzungen verdeutlicht. Ihm wird gezeigt, welche Illusionen er sich über seinen jetzigen Zustand macht. Egal, mit welcher positiven Einstellung auch immer ich in meine Gruppe kam, mein Lehrer gab mir beständig das Gefühl, nichts zu können und im Reich der Phantasie zu leben. Im Grunde stellt diese Arbeit den radikalen Gegensatz zum gelobten positiven Denken dar, das heutzutage oft so erschreckend naiv vertreten wird. Oftmals fühlte ich mich in meiner Gurdjieff-Gruppe regelrecht kleingemacht, bis ich endlich verstand, daß es hier, wie in der Tiefenpsychologie, um eine Krankheitseinsicht geht. Die Arbeit fängt erst dann richtig an, wenn ich verstehe, daß ich mir beständig etwas vormache.

Besonders wenn ich glaube, ich sei dazu in der Lage, diszipliniert eine Aufgabe zu erfüllen und einem eigenen Willen zu folgen, belüge ich mich unbewußt. Sehe ich ein, daß ich nichts kann, baut sich die Motivation zur Arbeit an mir von selbst auf. Diese Motivation ist notwendig, um zu einer echten positiven Grundeinstellung zu gelangen.

Heute finde ich es anziehend, daß in den Gurdjieff-Gruppen keine spirituellen Modeerscheinungen mitgemacht wurden, denn ich weiß nun, daß, wie C. G. Jung betonte, jede spirituelle Arbeit am Schatten beginnt. Die Schattenarbeit führt auf sicherem Weg zum Licht. Für diese Einsicht und Desillusionierung möchte ich mich besonders bei meinem Lehrer bedanken. Als Mitteleuropäer habe ich immer einen westlichen Weisheitsweg gesucht, den ich in der Gurdjieff-Arbeit endlich gefunden habe.

Was ich hier im Folgenden ausführe, ist mein persönliches Verständnis der Gurdjieff-Arbeit und meine persönliche Erfahrung mit dem Enneagramm. Es handelt sich in diesem Buch um eine kreative und nicht um eine dogmatische Wiedergabe der Ideen von Gurdjieff,

Ouspensky, Bennett und insgesamt der Schulen des Vierten Weges[1]. Alle Fragen, Hinweise, Tips und Ausführungen in diesem Buch sind als Anregung und Aufforderung zum Spiel gemeint. Sie wollen weder anweisend noch belehrend sein.

Das Enneagramm als Geheimnis

Mein Ziel in diesem Buch ist es, sowohl das Enneagramm aus Gurdjieffs Sicht darzustellen, als auch eine Einführung in die Ideen Gurdjieffs zu geben. Ich selbst hatte nach intensivem Studium des Enneagramms plötzlich das Gefühl, endlich zu wissen, was ich im Leben will, und bekam eine Ahnung davon, wie ich meine Ziele erreichen könnte. In meinen Workshops und Kursen zum Enneagramm stellte ich zu meiner Freude fest, daß andere diese Erfahrung mit mir teilen. Und so wünsche ich mir, daß Ihnen dieses Buch einen Schritt weiter zur innern Klarheit hilft und zu einem neuen Verständnis Ihrer selbst und Ihrer Handlungen beiträgt.

Noch eine Empfehlung vorweg: Auf der Seite 28 in diesem Buch finden Sie Erläuterungen und Anleitungen zu den sogenannten »Übungen zur Selbsterinnerung«. Wenn Sie versuchen, sich während der Lektüre so oft wie möglich Ihrer selbst zu erinnern, werden Sie das Enneagramm auf einer tieferen Ebene verstehen. Lassen Sie sich von dem Gelesenen berühren, denn nicht nur der Kopf begreift, sondern auch das Herz möchte am Prozeß des Verstehens teilnehmen.

Das Enneagramm ist ein kosmisches Symbol für eine höhere Kraft, die als Lebens- oder Schöpferkraft in allen Bereichen des Erdenlebens wirkt. Der vorliegende Text möchte es aus der christlich-psychologischen Zwangsjacke befreien, in die es sogleich gesteckt wurde, nachdem ihm vor einigen Jahren das Mißgeschick widerfuhr, berühmt zu werden. Wir werden sehen, daß Gurdjieff das Enneаgramm vor allem als ein Werkzeug verstand, das helfen soll, Entscheidungen zu treffen und Pläne für die Zukunft zu machen.

Gurdjieff führte erstmalig 1916 das Enneagramm in seiner Moskauer und Petrograder Studiengruppe als ein universales Diagramm dynamischer Bewegungsabläufe ein. Da Gurdjieff der Sprache, selbst seiner eigenen, bei der Verbreitung und Vermittlung seiner Lehren nicht traute, bestand ein wichtiger Teil seiner Schulung in Diagrammen, von denen das Enneagramm das wesentlichste darstellte. Sechs Jahre später (1922) verband er in seinem »Institut zur harmonischen Entwicklung des Menschen« in Fontainebleau das Enneagramm mit speziellen Bewegungsabläufen und machte es so zu einer choreographischen Figur.

Trotz Gurdjieffs recht verbreiteten Lehren war das Enneagramm nur einem kleinen Kreis von Eingeweihten bekannt, der wenig nach außen dringen ließ. Den Mitgliedern seiner Moskauer und Petersburger Gruppe verbot Gurdjieff kategorisch, sich Aufzeichnungen zu machen und sie zu veröffentlichen.

Das Wissen um das Enneagramm wurde bis vor kurzem streng geheimgehalten. Zwar wußte man um die Existenz dieses Diagramms, jedoch bekam der Suchende nur durch eine Gruppe und deren Lehrer den ausschließlich mündlich überlieferten Zugang zum Enneagramm. In diesen Gruppen geht es so atemberaubend ernst zu, daß nur wenige so lange ausharren, bis endlich die Lehre des Enneagramms direkt angesprochen wird.

Ich erinnere mich noch deutlich an eine typische Situation, die ich in einer amerikanischen Gurdjieff-Gruppe vor vielen Jahren erlebte. Wir fragten unseren Lehrer, ob er uns nicht Genaueres zum Enneagramm mitteilen könne. Er zog in der ihm eigentümlichen Art seine Mundwinkel zu einem mitleidigen Lächeln herunter und entgegnete scharf: »Erst müßt ihr noch ein paar Jahre streng arbeiten, um zu erkennen, daß ihr nichts wißt. Das tief empfundene Leiden am Nichtwissen macht euch – vielleicht – für die Lehre des Enneagramms offen. Außerdem ist das Enneagramm nur als Bewegungsübung zu erfassen. Mr. Gurdjieff sah es als einen Schlüssel zu speziellem Wissen an, mit dem eine neue Bewußtseinsstufe erreicht werden kann. Aber bis dahin ist es noch weit.« Er endete mit einem unmißverständlichen »Wäre da noch etwas?« und verließ den Raum.

»Gurdjieffs Bewegungsübungen« war ein magisches Wort, hinter dem Außenstehende etwas Besonderes vermuteten. Letztendlich dienten diese sagenumwitterten Bewegungsabläufe der Bewußtwerdung des eigenen und somit auch des kosmischen Bewegungszentrums und der Übermittlung alten esoterischen Wissens. Viele dieser Bewegungen haben ihren Ursprung im Enneagramm. In ihren genau festgelegten Abläufen werden nicht nur die kosmischen Gesetze des Enneagramms veranschaulicht, sondern auch das Gefühls-, Körper- und Denkzentrum der Tänzer zugleich angesprochen. Diese Form der Körperarbeit trägt also zur harmonischen Entwicklung der Tanzenden bei.

In seinem nie zur Aufführung gelangten Ballett »Der Kampf der Magiere« stand der Thron des weißmagischen Zauberers in der Mitte des Enneagramms. Auf den Linien seines inneren Sechsecks bewegten sich die Tänzer. Viele Bewegungsabläufe dieses Balletts gingen später in Gurdjieffs Bewegungsübungen, die »movements«, ein, die im Laufe seines Lebens eine große Zahl erreichten.

Als Gurdjieff 1883 nach Tiflis kam, befreundete er sich mit dem armenischen Theologen Sarkis Pogossian, der ihn mit solchen komplexen Körperübungen zum ersten Mal bekannt machte. Gurdjieff sollte von nun an sein ganzes Leben hindurch diese Übungen weiterentwickeln und sie mehr oder weniger direkt auf das Enneagramm beziehen.

Trotz aller Geheimniskrämerei lag seit 1974 ein Buch über das Enneagramm von dem Mathematiker und langjährigen Gurdjieff-Schüler John Gondolphin Bennett (1897–1974) vor.[2] Bennett war 1920 mit Gurdjieff zusammengetroffen und wurde zu einem der wichtigsten Vertreter seiner Lehre. Er hatte das Enneagramm bereits 50 Jahre studiert, als er etwas darüber veröffentlichte. Neben Peter

Abb. 2: Das Umschlagmotiv von Bennetts Enneagramm-Buch

Demianovitsch Ouspensky (1877–1947), der in seinen Werken seit 1950 an verschiedenen Stellen, teilweise schwer verständlich und so abschreckend trocken wie theoretisch, auf das Enneagramm Bezug nahm, war Bennett der einzige, der etwas zu diesem kosmischen Diagramm veröffentlicht hatte.

Umfangreiche Abschnitte zu den Elementen des Enneagramms befinden sich auch in Gurdjieffs Hauptwerk *Beelzebubs Erzählungen für seinen Enkel* (in den Kapiteln 39 und 40). Dieses Werk blieb einer breiten Öffentlichkeit allerdings schon wegen seiner vielen Kunstwörter verschlossen.

Bennetts Enneagramm-Buch erschien in kleinster Auflage bei Coombe Springs Press, dem Hausverlag von Bennetts Institut Sherborne House in Gloucestershire (Academy for Continuous Education). Dort wurden die Vorlesungen Bennetts, die er von 1971 bis zu seinem Tode regelmäßig hielt, zum Gebrauch seiner Schüler veröffentlicht.

Bennetts Enneagramm-Buch ist noch heute ein Geheimtip unter Gurdjieff-Schülern. Mich fasziniert besonders das Titelblatt seiner Erstauflage: Zwischen Engel und Teufel sehen wir in einem Enneagramm den Menschen in der Gesellschaft von Löwe, Stier und Adler, also die vier Gestalten der Apokalypse. Die Zeichnung war unter Gurdjieffs Anleitung 1919 in Tiflis entstanden und sollte 1923 für das Programm seines Instituts in Fontainebleau benutzt werden. Vielleicht erhellt die Meditation über diese faszinierende Zeichnung den Gehalt des Enneagramms mehr, als ein Buch dies könnte.

Trotz Bennetts Veröffentlichung blieb »das Diagramm alles Lebenden« – wie man in Gurdjieff-Kreisen das Enneagramm bezeichnet – immer noch weitgehend unbekannt. Noch war es nahezu unmöglich, die Ausführungen Bennetts und die Andeutungen bei Ouspensky ohne einen Lehrer zu verstehen.

Es ist wenig bekannt, daß sich der 1950 verstorbene hinduistische Schriftsteller und Yoga-Philosoph Sri Aurobindo (eigentlich: Aurobindo Ghose, 1872–1950) ebenfalls mit dem Enneagramm beschäf-

Abb. 3: Ursprünglicher Entwurf für das Programm des Instituts für die harmonische Entwicklung des Menschen von 1923 – die Zeichnung wurde 1919 von Alexander de Salzmann in Tiflis angefertigt

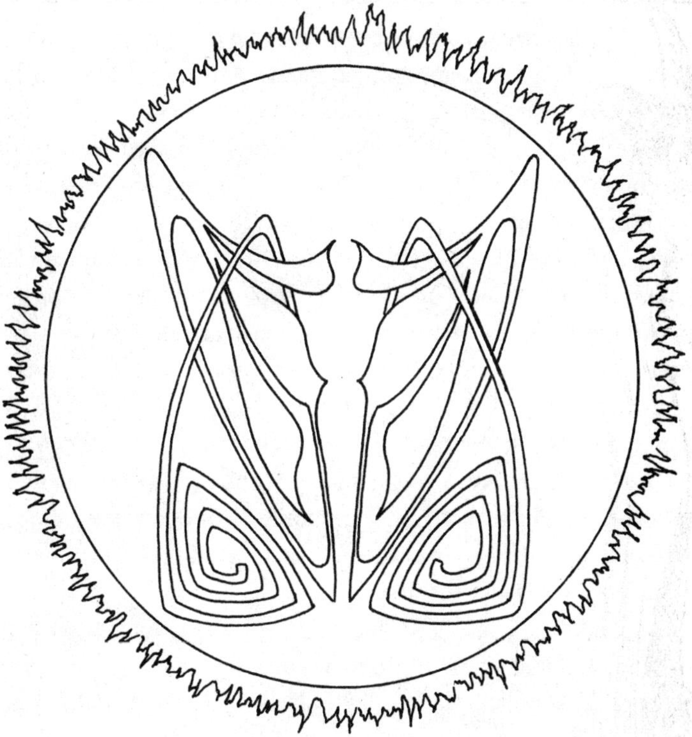

Abb. 4: Die künstlerische Darstellung des Enneagramms von einer zeitgenössischen deutschen Arbeitsgruppe in Wiesbaden

tigte. Ob die Berührung mit dem Diagramm durch seine Studienzeit in England geschah oder eher auf visionären Einsichten beruhte, bleibt unklar. Der Kontakt zum Enneagramm mag auch durch Ouspensky vermittelt worden sein, der Aurobindo 1914 in Pondicherry/Südindien besuchte.

Aurobindo inspirierte die amerikanische Astrologin Patrizia Norelli-Bachelet zu einer auf dem Enneagramm beruhenden »Astrologie des Gnostischen Kreises«, zu der sie Mitte der siebziger Jahre ein kluges, aber fast unlesbares Buch[3] veröffentlichte. Wie in Amerika, so war das Werk auch in Deutschland nur wenig verkäuflich, und die auf dem Enneagramm beruhende Astrologie des Gnostischen Kreises geriet schnell wieder in Vergessenheit. Auch ein ähnlicher Ansatz von Wilhelmine und Arnold Graf Keyserling in ihrer Philosophie des RADs[4], wurde nie über deren Schülerkreis in Wien hinaus bekannt.

Ganz anders verhielt es sich mit dem indischen Meister Bhagwan Rajneesh, der ein großer Gurdjieff-Verehrer war. Rajneesh betrachtete Gurdjieff als den einzigen in Europa lehrenden Meister der Neuzeit. In seinem Ashram in Oregon/USA benannte er einen Staudamm nach Gurdjieff, und in dem kleinen Ort, auf dem Grundstück des amerikanischen Ashrams, gab es auch eine »Ouspensky Avenue«. Auch in Rajneeshs Gruppenraum in seinem indischen Ashram zu Poona hing ein großes Enneagramm. So wurden seine zahlreichen Schüler auf dieses kosmische Diagramm aufmerksam, ohne es jedoch an seiner Quelle zu studieren.

Nach dem Tode Gurdjieffs gaben die einzelnen von Ouspensky und Bennett geleiteten Gruppen kein gutes Bild ab: Sie waren geprägt vom Streit um die wahre Nachfolge des Meisters und die reine Lehre.

Übriggeblieben sind neben einer kleinen Zahl aktiver Gruppen einige schwer verständliche Bücher von Gurdjieff, Ouspensky und Bennett und als sichtbares Symbol das Enneagramm. Das Enneagramm als konkrete und praktische Lebenshilfe nutzbar zu machen, ist das Ziel dieses Buches.

Das Enneagramm als psychologische Typenlehre

Die heute verbreitetste, sehr pragmatische Schule des Enneagramms geht auf den bolivianischen Psychologen Oscar Ichazo zurück. 1968 gründete er in Chile die Arica-Schule (Instituto de Gnoselogia,

Arica/Chile), nachdem er sich 15 Jahre lang mit den mystischen und esoterischen Schulen des Ostens wie des Westens befaßt hatte. Ichazo gibt an, daß er von seinem Lehrer in La Paz/Bolivien in die Sufi-Tradition der Arbeit mit dem Enneagramm eingeführt wurde. Den Namen dieses Lehrers gab er jedoch nie preis.

1971 rief Ichazo die Arica-Schule in New York (ARICA Institute Inc.) ins Leben, in der viele moderne Therapien ihren Ursprung haben. Von hier aus wurde die Lehre des Enneagramms an das Esalen-Institut in Kalifornien weitergegeben, in dem sie bis Ende der siebziger Jahre sehr geheimgehalten wurde. Dort lernten es die Jesuiten kennen und nahmen in der Verbreitung der psychologischen Arbeit mit dem Enneagramm hinfort eine führende Stellung ein. Ab Mitte der achtziger Jahre wurde die von Ichazo inspirierte Arbeit mit dem Enneagramm schnell zu einer therapeutischen Mode, die 1988/89 auch auf Deutschland übersprang. Leider wurde das Enneagramm auf diesem Weg schnell zu einem praktischen Regelsystem zum Durchschauen anderer Menschen degradiert.

Einige Jesuiten und besonders ihre Laienorganisation »Gemeinschaften christlichen Lebens« (GCL) verwendeten in Deutschland das Enneagramm bei ihren Exerzitien, und im Frühjahr 1989 fand die erste deutsche Enneagramm-Tagung auf Schloß Craheim in Unterfranken statt. Noch im selben Jahr gab es in Deutschland derart viele Interessenten an der Lehre des Enneagramms, daß in München der erste »Ökumenische Arbeitskreis Enneagramm« gegründet wurde, der es sich zur Aufgabe machte, Tagungen, Workshops und Exerzitien über und mit dem Enneagramm vorzubereiten und durchzuführen.

Ichazo behauptete, seine Einweihung in das Enneagramm bei afghanischen Sufi-Lehrern erhalten zu haben. Auch Gurdjieff und Bennett hatten enge Verbindungen zu bestimmten Sufi-Orden – insbesondere zu der Sarmoun – und der Naqshbandi-Bruderschaft. Dennoch handelt es sich bei Gurdjieff und Ichazo um zwei grundverschiedene Auffassungen des Enneagramms. Gurdjieff sah das

Enneagramm unter den Aspekten *Bewegung, Dynamik* und *Prozeß*. Es war bei ihm an jene bereits erwähnten Bewegungsabläufe gebunden, von denen der englische Regisseur Peter Brooks am Ende seines Gurdjieff-Films[5] einen kurzen Eindruck vermittelt. Ouspensky verdeutlicht diese dynamische Sichtweise des Enneagramms, indem er schreibt:

> »Das Enneagramm ist dauernde Bewegung, das gleiche perpetuum mobile, das die Menschen seit dem ältesten Altertum gesucht und niemals gefunden haben. Und es ist klar, warum sie das perpetuum mobile nicht finden konnten. Sie suchten außerhalb von sich, was in ihnen war; und sie versuchten dauernde Bewegung zu konstruieren, wie man eine Maschine konstruiert, während die wirkliche dauernde Bewegung ein Teil einer anderen Bewegung ist und nicht losgetrennt von ihr erzeugt werden kann. Das Enneagramm ist ein schematisches Diagramm der dauernden Bewegung [...] Um das Enneagramm zu verstehen, muß man es sich bewegt vorstellen. Ein sich nicht bewegendes Enneagramm ist ein totes Symbol; das lebendige Symbol ist die Bewegung.«[6]

Genaugenommen muß man das dynamische Enneagramm dreidimensional visualisieren: Die neun Punkte auf seiner Kreisperipherie stellt man sich auf einer Spirale, in bestimmten Abständen verteilt, vor. Das Bohrsche Atommodell mag hilfreich sein, um sich eine Vorstellung des dreidimensionalen Enneagramms zu machen.

Ein so verstandenes Enneagramm kann alles Wissen zusammenfassen, und jedes Wissen kann mit seiner Hilfe gedeutet werden. Ouspensky war wie Gurdjieff und Bennett der Ansicht, daß man nur das weiß, was man in das Enneagramm einfügen kann.

Im Gegensatz zu diesem dynamischen Modell benutzen die Jesuiten und die humanistischen Psychologen in der Nachfolge Ichazos das Enneagramm als statisches Modell, bei dem die einzelnen

Punkte, auf der Kreislinie liegend, in einer festen Reihenfolge gesehen werden.

Diese Deutung des Enneagramms führt zu einer griffigen psychologischen Typenzuordnung, die von Rohr und Ebert[7], Riso[8] und Jaxon-Bear[9] leicht verständlich ausgebaut wurde.

Nach Gurdjieffs Auffassung besteht solch eine feste Reihenfolge der Enneagramm-Punkte nicht. Wo und wie man zuordnet, kann

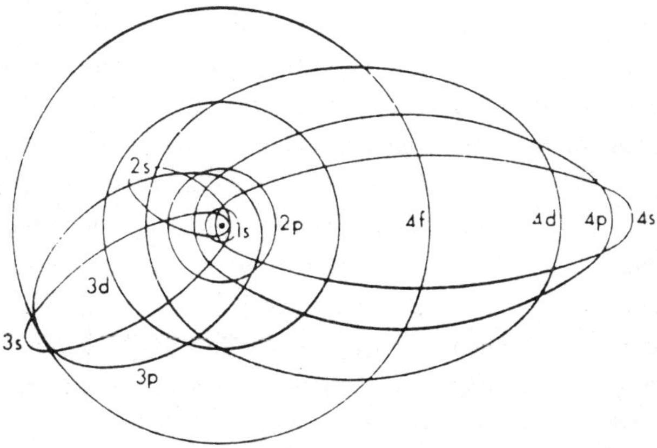

Abb. 5: Das Bohrsche Atommodell

sich von Situation zu Situation ändern und hängt weitgehend von dem eigenen Bewußtseinsstand und Erkenntnisinteresse ab. Der Gurdjieffsche Gebrauch des Enneagramms strebt die Dynamik sozialer Situationen und Bewegungsmuster vom Kosmos bis hinunter in die einzelne Zelle an – kurzum, alles, was lebt und sich beständig verändert, soll mit dem Enneagramm erfaßt werden. Für Gurdjieff, Bennett und Ouspensky gibt es keine feststehenden menschlichen Typen. Jeder Mensch wird vielmehr als ein Ensemble verschiedener Ichs gesehen, wobei in verschiedenen Situationen ganz unterschiedliche Ichs die Herrschaft übernehmen können. Es herrscht ein dauernder Wechsel der Persönlichkeiten vor, solange der einzelne nicht mit einem Lehrer einer bewährten Übertragungslinie an sich arbeitet.

Obwohl seit Mitte der achtziger Jahre in Amerika und seit 1989 in Deutschland das Enneagramm im Verständnis von Oscar Ichazo in der Esoterik weiten Kreisen bekannt wurde, fehlt in allen mir zugänglichen Symbollexika das Stichwort »Enneagramm«. Trotz aller Bemühungen ist das Enneagramm letztendlich ein weißer Fleck auf der Landkarte der Esoterik geblieben. Dieses Buch will die ohnehin schwerfaßbaren Konturen, die sich hinter diesem Begriff verbergen, verdeutlichen und zeigen, welchen praktischen Wert die Beschäftigung mit dem Enneagramm haben kann.

Ein Werkzeug zur praktischen Lebensbewältigung

> Intelligenz ist völlig naiv und hat keine Vorstellung davon, daß es schon ›bewährte Methoden‹ gibt, wie Dinge getan werden können. Verstehen ist zu langsam und zu fremd, um irgendwie hilfreich sein zu können. [...] Daher ist die Intelligenz fröhlich.
>
> *Anthony G. E. Blake*

Jeder in sich abgeschlossene Vorgang und jedes Geschehen, das in Bewegung ist (oder in Bewegung sein sollte), kann mit Hilfe des Enneagramms erfaßt werden: so zum Beispiel das Wachstum einer Pflanze, die persönliche Entwicklung wie auch die eines Unternehmens beziehungsweise einer Gruppe. Die Perspektive des Enneagramms kann also helfen, noch laufende Vorgänge zum Abschluß zu bringen. Wenn ich in meiner persönlichen Entwicklung stecken bleibe, wenn der Erfolg in meinem Geschäft ausbleibt oder meine Zimmerpflanze nicht wachsen möchte, immer kann mir das Enneagramm Auskunft geben, wo und warum der Prozeß gestört ist. Das Enneagramm ist also auf alle Lebensprozesse anwendbar. Man kann mit ihm Organisationen, Institutionen und Produktionsabläufe erfassen, und es bietet zugleich ein hervorragendes Hilfsmittel, die eigenen Handlungen und Beziehungen besser zu verstehen. Überall dort, wo prozeßorientiertes Denken gefragt ist, hilft ein Blick auf das Enneagramm, denn es zeigt auf, wie jeder Schritt und jeder Punkt in einem größeren Zusammenhang zu sehen sind. Es schärft den Blick für die ganzheitliche Wahrnehmung und zeigt uns häufig

Bedingungen und Konsequenzen unserer Handlungen, die wir anders nicht klar erkennen können.

Beginnen wir eine Handlung, so haben wir zwar oft das Ziel klar vor Augen, wir sehen jedoch in den wenigsten Fällen voraus, welche Umstände uns auf diesem Weg zu unserem Ziel erwarten. Gerade bei der Planung größerer Projekte tendieren wir dazu, leidige Details auf dem Weg zu unserem Ziel zu übersehen. Betrachten wir unsere eigenen Beziehungen und Handlungen, so neigt jeder von uns dazu, blinde Flecken zu haben oder, wie die Tiefenpsychologie es ausdrücken würde: etwas zu verdrängen.

Die eigene Veränderung

An einer ganz konkreten Alltagssituation soll nun der Nutzen des Enneagramms ausführlich demonstriert und das Enneagramm selbst zum Sprechen gebracht werden. Falls Sie sich darüber wundern, wie ich zu den einzelnen Zuordnungen der Enneagramm-Punkte komme, dann blättern Sie vor zu dem Kapitel über die Geometrie des Enneagramms. Es ist jedoch ratsamer, sich vor der Beschäftigung mit der Theorie zunächst einmal auf die hier angeführten konkreten Beispiele einzulassen.

Jeder von uns kennt Situationen, in denen er mit sich selbst und seinem Leben unzufrieden ist. Wir alle sehnen uns danach, glücklich im Leben zu stehen. Betrachten wir dies nun im Enneagramm auf Seite 25.

Der Prozeß der Veränderung beginnt am *Enneagramm-Punkt 1,* an dem man seine Unzufriedenheit bemerkt. Diese Unzufriedenheit baut eine Spannung auf, die uns handeln läßt. In diesem Fall entschließe ich mich beispielsweise, meinen derzeitigen Lebenszustand grundlegend zu verändern und trete so in das Prozeßmodell des Enneagramms ein.

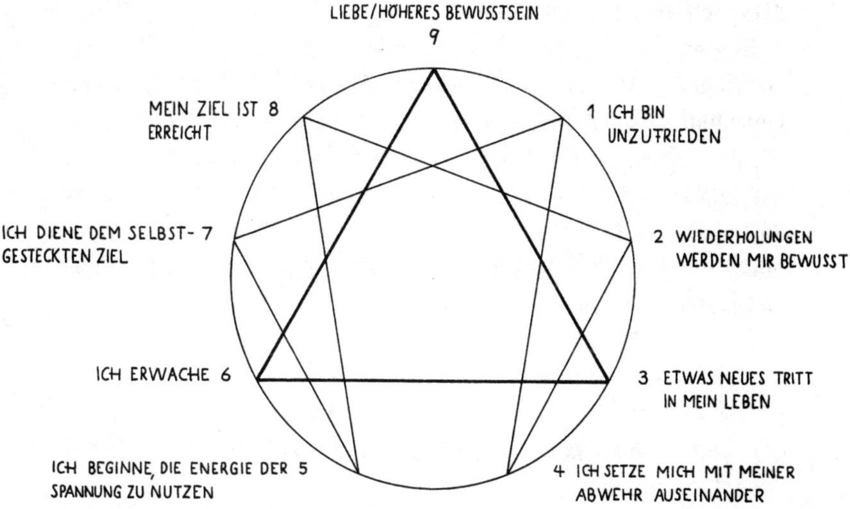

Abb. 6: Die Herausforderung durch die Unzufriedenheit

Auf dem Enneagramm-Punkt 1 stehend, kann ich zu dem Enneagramm- Punkt 7 schauen, wo ich einen Aspekt meines angestrebten Ziels sehe.

Was die Arbeit an meiner Zufriedenheit wirklich bedeutet, ist mir an diesem Enneagramm-Punkt noch nicht klar, aber ich weiß zumindest, daß ich meinen jetzigen Zustand ändern muß. Die Spannung zwischen meinem momentanen Gefühl der Unzufriedenheit und dem angestrebten Ziel der Zufriedenheit läßt mich den Enneagramm-Punkt 4 sehen. Am Enneagramm-Punkt 4 bin ich gezwungen, mich mit meiner Abwehr oder den Veränderungswiderständen auseinanderzusetzen – oft ist es auch nur die Faulheit, gegen die ich hier zäh ankämpfen muß.

Das Ziel vor Augen und mit einer Ahnung meiner Abwehr beginne ich zu verstehen, warum ich so unzufrieden bin. Mechanisch wiederhole ich nämlich beständig die gleichen Verhaltensweisen, die mich unglücklich beziehungsweise unzufrieden machen. Dies ist Sigmund Freuds Definition der Neurose: Die Neurose stellt eine zwanghafte Wiederholungsstruktur dar, die uns vom ersehnten Glück abschneidet.

Mit dieser Erkenntnis gelange ich auf den *Enneagramm-Punkt 2.* Hier kann ich mein Ziel schon genauer erkennen, da der Enneagramm-Punkt 8 in meine Blickrichtung rückt.

Allerdings trennt mich immer noch mein innerer Widerstand (Enneagramm-Punkt 4) von der ersehnten Zufriedenheit. Wenn ich mich jetzt nicht für etwas Neues öffne, das mir von außen neue Impulse gibt und mich berührt, werde ich weiterhin unzufrieden bleiben und als frustrierter Miesepeter enden.

In diesem Zustand weiß ich nicht mehr, wie alles weitergehen soll; ich bin sozusagen mit meinem Latein am Ende. Der Blick auf das Enneagramm macht mir sofort klar, daß ich an dieser Stelle unbedingt Hilfe von draußen brauche. Da tritt entweder ein (spiritueller) Lehrer, ein Buch, ein Therapeut oder eine Gruppe in mein Leben, wodurch ich herausgefordert werde, mich gegen meine eigenen Wiederholungen zu wenden. Solch ein Anstoß von außen, der auch ein Schock in der Art einer Trennung oder des Arbeitsverlustes sein kann, setzt in mir etwas Neues in Gang. In diesem Selbstveränderungs- oder Therapie-Enneagramm drückt jeder Punkt eine von mir zu erbringende Leistung aus. Das bedeutet, am *Enneagramm-Punkt 3* muß ich aktiv werden. Ich muß mir den Therapeuten, den Lehrer, die Gruppe oder die Bücher suchen, die mir helfen können, meine mechanischen Gewohnheiten zu durchbrechen. Wenn ich verlassen werde oder meinen Arbeitsplatz verliere, so hilft mir das auf meinem weiteren Lebensweg so lange nicht, bis ich nicht aktiv auf diesen Schock reagiere. Die weit verbreitete Haltung, an dieser Stelle darauf zu warten, daß ein Lehrer, ein hilfreicher Engel quasi vom Himmel vor mir herniederfällt, um mich zu retten, führt unweigerlich in die Wiederholung der alten mechanischen Verhaltensweisen: Ich falle zurück in den Schlaf. Die aufzubringende Aktivität ist hier allerdings meist noch nicht eine sehr bewußte und zielgerichtete, sondern eher eine unbewußte reaktive Handlung, die mich den rettenden Außenimpuls wic durch Zufall finden läßt.

Mit Schlaf (oder auch Blindheit) wird in der spirituellen Tradition der Sufis ein Zustand bezeichnet, in dem ich auf unwichtige Dimensionen der Welt besonders stark reagiere, um mir die für mich wichtige Wirklichkeit vom Hals zu halten. Ich will beispielsweise nicht sehen, daß ich undiszipliniert, faul, süchtig und vollkommen abhängig von meiner Außenwelt bin. Schlaf ist letztendlich immer eine Besessenheit vom Ego. Er ist die Illusion oder die Lüge, die uns immer wieder im ersten Abschnitt des Enneagramms gebunden hält, eben im vordergründig nicht unangenehmen Zustand des Schlafes. Dem wirkt die Übung der Selbsterinnerung entgegen.

Exkurs: Die Übung der Selbsterinnerung

In der Gurdjieff-»Arbeit«[1] beginnt man am dritten Enneagramm-Punkt mit der Übung der Selbsterinnerung und Selbstbeobachtung, die einem meistens von einem Lehrer in einer Gruppe gezeigt wird. Gurdjieff beschreibt die Selbsterinnerung als aktive, absichtliche und bewußte Kontemplation, in der man sich seiner selbst bewußt wird. Eine wirkliche Selbstbeobachtung findet im Bruchteil einer Sekunde statt, und sie trifft uns emotional. Sie sollten die Ergebnisse Ihrer Selbstbeobachtung möglichst nicht niederschreiben oder auf andere Art festhalten, da Sie sonst leicht versucht sein werden, der wirklichen Beobachtung etwas hinzuzufügen, das in Wirklichkeit nicht stattfand.

> »Bevor ein Mensch diese Mechanität und alle Prinzipien einer richtig gelenkten Selbstbeobachtung zu studieren beginnt, muß er sich zuerst unwiderruflich entschließen, immer rückhaltlos aufrichtig mit sich selbst sein zu wollen, seine Augen vor nichts zu verschließen und keinen Resultaten auszuweichen, wohin sie ihn auch führen, sich vor keinen Folgerungen zu fürchten und sich nicht durch zuvor festgesetzte Grenzen einzuschränken [...] Durch richtig gelenkte Selbstbeobachtung wird ein Mensch von den ersten Tagen an seine volle Macht- und Hilflosigkeit gegenüber buchstäblich allem, was ihn umgibt, klar einsehen und zweifellos erkennen.«[2]

Zunächst möchte ich Ihnen an einem Beispiel klarmachen, was die Selbsterinnerung oder Selbstbeobachtung von unserer alltäglichen Lebensweise unterscheidet. Wenn Sie jetzt diese Zeilen lesen, können Sie Ihre Aufmerksamkeit darauf richten, was ich hier erkläre. Das ist Konzentration. Sie können sich aber auch dessen bewußt sein, daß derjenige, der hier liest, das heißt Sie, sich seiner selbst als Leser bewußt ist und deutlich sich selbst spürt, indem er diese

Informationen aufnimmt. Sie spüren den Leser in sich … Die folgende buddhistische Geschichte verdeutlicht den Prozeß.

Ein Anhänger Buddhas besaß eine wunderschöne, kostbare und sehr alte Buddha-Statue, die er sehr verehrte und auf allen seinen vielen Reisen mit sich nahm. Auf einer Fahrt geschah es ganz unverhofft, daß er von einem Schneesturm überrascht wurde und schnell noch in einer Scheune Unterschlupf fand. Nach einiger Zeit zitterte er jedoch derart vor Kälte, daß er befürchtete, sterben zu müssen. Als er schon mit seinem Leben abgeschlossen hatte, erschien ihm der Buddha und fragte ihn: »Warum verbrennst du mich nicht?«

Der Mann bekam große Angst und wehrte sich mit aller Macht gegen diese Idee. Doch der Buddha lachte und sagte: »Wenn du mich in der Statue suchst, wirst du mich niemals finden. Ich bin in keinem Objekt, ich bin im Verehrenden. Ich bin es, der in dir zittert. Also verbrenne diese Statue!«

Die Geschichte zeigt, daß die Idee der Selbstbeobachtung eine lange Tradition hat und nicht nur in Gurdjieffs System zu finden ist.

Das Prinzip der Selbstbeobachtung nach Gurdjieff verlangt, daß man die überschüssigen Energien, die man weder zu seiner eigenen Reproduktion braucht, noch dazu, um einer höheren Kraft unbewußt zu dienen, zur eigenen Höherentwicklung anwendet. Dabei ist es wichtig, weder negative Gefühle auszudrücken, noch sich zu negativen Taten hinreißen zu lassen. Ziel ist es vielmehr, sie aus einer eher distanzierten oder neutralen Haltung zu beobachten. Die moderne Tiefenpsychologie sieht diese Haltung unter dem Aspekt des Zurückziehens der eigenen Projektionen. Hierdurch gelangt man in eine Haltung der permanenten bewußten Bemühung und des absichtlichen Leidens. Dieses Leiden entsteht, weil man mit seinen gewohnten mechanischen Verhaltensweisen bricht.

An dieser Stelle muß jedoch betont werden, daß Leiden alleine als passives Leiden nichts nutzt. Man muß zu einem Zustand des bewußten und freiwilligen Leidens vordringen. Aufmerksamkeit ersetzt die rein mechanische Identifizierung mit dem eigenen Leiden durch ein bewußtes Betrachten der Ursachen. Wir sollten deutlich erkennen, daß unsere Alltagsgefühle auf Grund unserer sozialen Situation von Ängsten geprägt und somit negativ ausgerichtet sind. Sie behindern unsere objektive Sicht der Realität und unsere Handlungen. Durch die minutiöse Beobachtung dieser Gefühle, ohne sie zunächst verändern zu wollen, verändern wir sie und öffnen uns für die hinter ihnen liegenden echten Gefühle, die wir jedoch erst ab Enneagramm-Punkt 6 lebendig erleben können.

Durch den Kampf gegen den Ausdruck negativer Gefühle können wir die Selbsterinnerung bestens unterstützen. Unsere negativen Gefühle sind uns immer unbewußt und stehen damit der bewußten Selbsterinnerung entgegen. Allerdings können wir bewußt die Energien nicht ausgedrückter negativer Gefühle zur Selbsterinnerung nutzen. Wenn wir beispielsweise statt unsere Wut über etwas auszudrücken, bewußt deren Energien nutzen, um zu erkennen, wie wir in diesen Zustand gekommen sind, dann können wir dies als Übung auffassen, die uns viel Unerwartetes über uns selbst zeigt.

Sie werden bemerken, daß Sie im Zustand der Selbsterinnerung vor negativen Gefühlen geschützt sind. Nun steht der tatsächlichen Gurdjieff-»Arbeit« nichts mehr im Wege.

Die »Arbeit« besteht zunächst darin, sich selbst systematisch zu beobachten. Ich selbst versuche beispielsweise, jeden Morgen für drei bis fünf Minuten mir meiner selbst bewußt zu werden. Dabei bemühe ich mich, hinter das, was der Schweizer Tiefenpsychologe Carl Gustav Jung (1875–1961) die »Persona« nannte, zu schauen, also hinter meine Maske. Ich sehe meine Rolle, die ich leider nicht aufhören kann zu spielen. Dabei bin ich oft erschrocken, wie viele Dinge ich sage und tue, von denen ich überzeugt bin, daß ich sie nie sagen und tun würde. Ich versuche, so ehrlich wie möglich zu mir selbst zu sein.

Bei dieser Übung der Selbsterinnerung bleibe ich mir meiner selbst bewußt, wenn ich auch zugleich die Außenwelt wahrnehme.

Ihr erster Schritt besteht darin, daß ich mich fortwährend selbst spüre, wie ich Impulse aus der Außenwelt aufnehme und verarbeite. Zunächst erinnert sich der Übende nur mit seinem Intellekt seiner selbst, indem er sich innerlich sagt: »Ich spüre mich selbst« oder: »Ich erinnere mich jetzt meiner selbst.« Das Ziel, das sich nach einiger Übung von alleine einstellt, besteht jedoch darin, daß man sich von seinen Emotionen her seiner selbst erinnert. Was das bedeutet, wird Ihnen erst klar werden, wenn Sie sich während der Selbsterinnerung plötzlich tief selbst spüren und vollkommen ruhig werden. Nach Gurdjieffs Auffassung wird durch diese bewußte Haltung im alltäglichen Leben letztendlich das Böse ausgeschlossen; wir werden also deutlich weniger Fehler im alltäglichen Leben machen, wenn wir uns im Verlauf des Tages öfters unserer selbst erinnern. So beten am Ende des Balletts »Der Kampf der Magiere« die weißen Magier:

> »Schöpfergott und alle Deine Helfer helft uns, daß wir uns zu jeder Zeit unserer selbst erinnern, auf daß wir unbeabsichtigte Handlungen vermeiden, denn einzig durch sie kann sich das Böse manifestieren.«[3]

Dieser bewußten Haltung der Selbsterinnerung kann man sich mit der folgenden Übung annähern:

- Man sitzt völlig bewegungslos auf einem harten Stuhl.
- Die Füße stehen fest auf dem Boden, die Augen sind geschlossen.
- Kopf, Nacken und Wirbelsäule bilden eine gerade Linie.
- Man ist völlig entspannt, die Schulter fallen locker herunter, und die Hände werden mit den Handflächen nach unten auf die Oberschenkel gelegt.
- Dabei wird tief, entspannt und regelmäßig geatmet.
- Nun versucht man sich auf eine Empfindung im Inneren des Solarplexus, des Herzens und des Kopfes zu konzentrieren und dabei völlig anwesend zu sein.

Die Übung sollte täglich vor dem Frühstück, anfangs nicht länger als drei Minuten, durchgeführt werden.

Sobald Ihnen diese Selbsterinnerung besser gelingt, können Sie versuchen, sich morgens, wenn Sie den ersten Bissen zu sich nehmen, und abends bei Sonnenuntergang so intensiv wie möglich, Ihrer selbst bewußt zu sein. Nach einiger Zeit führt diese Übung zu der Fähigkeit, seine Aufmerksamkeit zwischen sich selbst und der Außenwelt zu teilen (wie hier unter Enneagramm-Punkt 6 beschrieben). Erst dann kann man wirklich klar die Realität erkennen, was der Inhalt der Übung – wie auch des Lebens – ist.

Besonders zu Beginn hilft es, wenn Sie sich in dieser Haltung sagen: »Ich beobachte mich.« Es kommt darauf an, daß man während seiner Selbstbeobachtung sich seiner selbst erinnert, also seinen Körper so intensiv wie möglich spürt. Das erste Ziel dieser Übung ist einzusehen, daß wir uns tatsächlich nie, oder nur sehr selten, unserer selbst erinnern.

Gelingt es Ihnen, auch nur für einige Atemzüge sich ohne störende Nebengedanken Ihrer selbst zu erinnern, dann können Sie diese Übung auf Ihr alltägliches Leben ausdehnen. Wenn Sie jetzt diesen Text lesen, versuchen Sie einmal, Ihren Körper wahrzunehmen. Am leichtesten fällt es uns, unsere rechte Hand zu spüren. Konzentrieren Sie sich auf eine Empfindung in Ihrer rechten Hand, und lesen Sie weiter, wobei Sie sich zugleich sagen: »Ich lese.« Dabei werden alle Ihre Gefühle zum Stillstand kommen. Sie werden mit einer hohen Bewußtheit lesen, wodurch sich der Eindruck des Gelesenen verstärkt und Sie die Information länger behalten. Auf diese Weise können Sie bei jeder Arbeit vorgehen.

Bei der fortgeschrittenen Form der Selbsterinnerung wird unsere Aufmerksamkeit aufgeteilt in die Wahrnehmung unseres Körpers und in das, was wir gerade tun oder wahrnehmen. Die Selbstwahrnehmung teilt sich im alltäglichen Leben zwischen Ich und beobachtetem Gegenstand auf.

Weder Selbsterinnerung noch Selbstbeobachtung werden in unserer Gesellschaft gefördert. Deswegen fehlt uns oft die Geschicklichkeit und die Motivation zu ihrer Durchführung. Sie können innere Widerstände überwinden, indem Sie den festen Entschluß fassen, um jeden Preis täglich mindestens drei Minuten lang entspannt Ihren Körper von innen her zu fühlen. Trainieren Sie die Aufmerksamkeit, die Sie in Ihr Körperinneres schicken, wie einen Muskel!

Die Selbsterinnerung, die eine intensive Art der Selbstbeobachtung darstellt, hilft Ihnen, mit Ihren mechanischen Reaktionen Schluß zu machen. Der erste Schritt dazu besteht darin, sich besser kennenzulernen und sich seiner selbst bewußter zu werden.

Als einen der ersten Effekte bewußter Selbsterinnerung werden Sie (schmerzhaft) feststellen, daß Sie keinen Willen und keine Disziplin besitzen. Machen Sie sich klar, daß Sie durch die regelmäßige Selbsterinnerung Verhältnisse schaffen, in denen sich Ihr Wille langsam entwickeln kann. Bedenken Sie, welch tiefe Einsicht es darstellt, die Illusion eines selbstbestimmenden Willens zu durchschauen. Sie können diese Übung der Selbsterinnerung dadurch unterstützen, indem Sie mindestens einmal täglich innehalten und sich bewußt werden, welches Zentrum in Ihnen gerade in welcher Weise arbeitet. Sie werden feststellen, daß Ihr intellektuelles Zentrum durch den Vergleich zweier oder mehrerer Eindrücke Ihre Umwelt erfaßt. Ihr Gefühlszentrum bewertet danach, ob Ihnen etwas angenehm oder unangenehm ist. Ihr Bewegungszentrum wird Sie besonders durch seine hohe Reaktionsgeschwindigkeit faszinieren. Achten Sie einmal darauf, ob Ihre Zentren die Ihnen entsprechende Arbeit tun. Arbeitet zum Beispiel Ihr Gefühlszentrum, wo es eigentlich um rationale Entscheidungen geht?

Eine Variation der Übung der Selbsterinnerung besteht darin, das Wort »Ich« laut auszusprechen und dann genau zu beobachten, wo dieses Wort in einem erklingt. Nach einiger Erfahrung mit dieser Übung kann man versuchen, die Schwingung des Wortes »Ich« von einem Zentrum in ein anderes zu verlagern.

Der Gegensatz der Selbsterinnerung ist die Identifikation. Identifizieren wir uns mit etwas, ist unsere Aufmerksamkeit nur noch auf die Sache konzentriert, und wir spüren uns selbst nicht mehr. Damit werden wir zum Spielball der Außenwelt. Deshalb ist in der Partnerschaft die Identifikation mit dem anderen so gefährlich, da man sich identifizierend selbst verliert. An den Enneagramm-Punkten 1 und 2 (auch teilweise 4 und 5) lieben wir es, uns mit unserer Arbeit, unserer Persönlichkeit oder gesellschaftlichen Stellung oder aber auch unserem Leiden zu identifizieren. Diese Identifikation raubt uns die Energie, die wir zur Selbsterinnerung benötigen, und hält uns in der Lage fest, in der wir uns gerade befinden.

Nach diesem wichtigen Exkurs wollen wir in den mit Hilfe der Enneagramm-Punkte beschriebenen Prozeß der Veränderung zurückkehren.

Wir befinden uns noch immer an dem *Enneagramm-Punkt 3.* Hier gibt es viele Wege. Wichtig ist nur, Klarheit darüber zu erlangen, daß hier etwas aktiv getan werden muß, um die Unzufriedenheit zu verscheuchen. Manchmal muß man am Enneagramm-Punkt 3 seine Umgebung und seine Freunde wechseln. Man muß vielleicht umziehen, um irgendwo anders neu zu beginnen – auf jeden Fall muß man sich immer um etwas Neues bemühen (oft gerade um das, vor dem man Angst hat).

Ist mir dieses klar geworden, so habe ich, bildlich gesprochen, »meine Kur« gefunden und befinde mich an dem *Enneagramm-Punkt 4.* Hier werde ich auf jeden Fall, wofür auch immer ich mich entschieden habe, mit enormen inneren Spannungen konfrontiert.

Es ist gut, wenn man um diese Spannungen schon vorher weiß, denn dies hilft dem Suchenden, sie auszuhalten. Letztendlich rühren diese Spannungen von meinen alten Gewohnheiten her, die wie Partisanen aus dem Untergrund mit aller Kraft gegen meinen Versuch der Verhaltensänderung ankämpfen. An der Oberfläche wirken diese Gewohnheiten wie Faulheit. Gehe ich den Weg der Übungen, will ich diese Übungen nicht machen, denn sie erscheinen mir banal, als Zeitverschwendung und als blödsinniges Esoterikgetue. Ich will meine Therapie abbrechen, da ich Therapeuten und Lehrern mißtraue und denke, meine Zeit besser und genüßlicher verwenden zu können. Bin ich den Weg der Trennung in einer Beziehung gegangen, suche ich sogleich mehr oder weniger bewußt einen neuen Partner, in den ich mich über beide Ohren verliebe. Ich rede mir also die Verliebtheit ein und finde mich früher oder später bei meiner altbekannten Unzufriedenheit wieder.

Genau das zeigt das Enneagramm. Schauen Sie es sich genau an: Am Enneagramm-Punkt 4 ist gesetzmäßig eine Krise zu erwarten. Hier ist die Gefahr des Rückfalls in alte Mechanismen groß. Der Enneagramm-Punkt 4 bietet nämlich die Perspektive zurück zu den Enneagramm-Punkten 1 und 2, das bedeutet, daß man an dieser Stelle dazu neigt, die Vergangenheit zu verklären, und somit in die alten Mechanismen vor den neuen Spannungen flüchtet.

Das Enneagramm lehrt, daß es produktiv ist, diese abgelehnten Spannungen zu nutzen, denn sie lassen etwas Neues in uns entstehen – sie verändern uns, machen unsere psychische wie physische Umstrukturierung erst möglich.

Trotz all dieser Widerstände hat man jedoch am Enneagramm-Punkt 4 das Gefühl, daß die eigenen Bemühungen Wirkung zeigen. Dies läßt uns weiter an der Erreichung unseres Ziels arbeiten.

Indem ich diese Spannungen aushalte, kann ich zu *Enneagramm-Punkt 5* fortschreiten. Nach all dem Zweifel am Enneagramm-Punkt 4 ist hier leider immer noch nicht die ersehnte Befreiung erreicht. Dennoch ist ein wesentlicher Schritt getan, denn am Enneagramm-Punkt 5 erkenne ich deutlich die Verhaltensweisen, die mich wirklich glücklich machen. Ich habe mein Ziel, die Enneagramm-Punkte 7 und 8, klar vor Augen. Das macht es mir einerseits leichter, meine inneren Spannungen zu nutzen, andererseits leide ich daran, noch immer nicht das erwünschte Ziel erreicht zu haben, obwohl ich es deutlich sehe.

Der Enneagramm-Punkt 5 lehrt mich, daß ich bewußtes Leiden auf mich zu nehmen habe, wenn ich meinem Ziel näherkommen möchte. Indem der Mensch einen inneren Kampf ausficht und in der Spannung zwischen Ja und Nein lebt, verändert er sich. Ohne eine solche Spannung bleibt er, wie er ist. Bewußtes Leiden zerstört auf Dauer unsere fertigen Programmierungen und läßt den Menschen seine Vorstellungen und Phantasien über seine eigene Persönlichkeit und vom einfachen und reibungslosen Leben opfern.

Es bedarf nun wieder – wie schon am Enneagramm-Punkt 3 – eines Anstoßes von außen, um weiterzugehen. Dieser Anstoß von außen findet am *Enneagramm-Punkt 6* statt. Hier begreife ich die Erfahrungen, die ich bis jetzt gemacht habe. Mir gelingt es, meine mechanischen Reaktionen, mit denen ich so lange gerungen habe, endlich abzustellen. Nach Gurdjieff haben sich nun mein Körper und meine Psyche endgültig umstrukturiert. Ich bin aus meinem Schlaf erwacht und reagiere nicht mehr zufällig und mechanisch wie ein Blatt im Wind auf alle äußeren Einflüsse. Meine verschiedenen Persönlichkeiten, die sich in mir anarchistisch bekämpften, antworten nicht mehr chaotisch auf alle möglichen Außenimpulse und ersparen mir quälende innere Konflikte. Das Aushalten der Spannung hat ein konsistentes Ich in mir geschaffen, das einen zielgerichteten Willen besitzt. Vorher hatte jedes Ich seinen eigenen Willen, jetzt bin ich in der Lage, sie alle hinter einem Willen zu verbinden. Im Grunde kann ich erst jetzt zielgerichtet handeln. Vorher träumte oder assoziierte ich vor mich hin, was ich als »Denken« zu bezeichnen pflegte, und ich nannte »Willen« ein vages Ergebnis aus Wunsch und Begehren. Jetzt beginne ich zu verstehen, daß der Wille eine sehr bewußte Form des Seins voraussetzt, die ich mir hart erarbeiten mußte.

Jetzt ist der Moment für den Anstoß von außen gekommen. Ich benötige einen Therapeuten, einen Lehrer oder zumindest ein Buch, das mir diese Einsichten vermittelt – in seltenen Fällen kann auch ein mitfühlender Freund oder Partner diese Rolle übernehmen.

In der »Arbeit« gelingt es mir hier nach der Übung der Selbsterinnerung (Enneagramm-Punkt 3), meine Aufmerksamkeit zugleich auf mich und auf meine Umwelt auszudehnen. Ich bin nicht mehr nur auf mich selbst und die Empfindungen in meinem Inneren konzentriert, sondern bringe den Willen auf, in zwei Zentren zugleich zu sein: in mir und in der Außenwelt. Diese Aufteilung der Aufmerksamkeit hängt mit der Überwindung des Ego zusammen: Man empfindet sich nicht mehr als der Nabel der Welt, sondern man kann die äußere Realität objektiv erkennen. Für die Tiefenpsychologen entspricht dieses Phänomen dem Rückzug der Projektionen. Für C. G. Jung und seinen Mitarbeiter Erich Neumann (1905–1960) stellt die Aufteilung der Aufmerksamkeit eine Überwindung der Faszination dar: Ich bin nicht mehr entweder von mir selbst oder von etwas in der Außenwelt gebannt; ich vergesse mich nicht mehr, sondern erlebe mich real in meiner Umgebung eingebettet.

Am Enneagramm-Punkt 6 bin ich also erwacht – ich habe meinen Kampf gegen den Schlaf gewonnen und meine Unzufriedenheit aufgelöst. Ab hier stehe ich nicht mehr unter dem neurotischen Zwang unproduktiver Wiederholungen der immer gleichen reaktiven Handlungen.

So bin ich am *Enneagramm-Punkt 7* angelangt, an dem es mir gelingt, meiner Aufgabe beziehungsweise meinem Ziel mit all meiner Kraft zu dienen. In unserem Beispiel gelingt es mir, meine ganze Energie auf meine Zufriedenheit zu konzentrieren. Damit erreiche ich den *Enneagramm-Punkt 8,* an dem ich endlich mein Ziel gefunden habe. Hier kann ich meine mechanischen Wiederholungen als Quelle meiner Unzufriedenheit klar erkennen (Enneagramm-Punkt 2). Ferner verstehe ich, wie wesentlich es war, meine Spannungen produktiv zu nutzen (Enneagramm-Punkt 5).

Am *Enneagramm-Punkt 9* bin ich frei, mit einem veränderten Bewußtsein in eine neue Entwicklung einzutreten. Für mich drückt der Enneagramm-Punkt 9 immer einen Aspekt der Liebe aus. Gurdjieff unterschied drei Arten der Liebe:

– Die rein physische Liebe als sexuelle Anziehung
– Die emotionale Liebe, die oft dazu tendiert, in Haß umzuschlagen
– Die bewußte Liebe, die zur Perfektion der beiden Partner führt.

Am Enneagramm-Punkt 9 geht es um die dritte Art der Liebe. Er symbolisiert unser Höheres Selbst, das in uns die ganze Zeit gewirkt hat und uns die Energie gab, durch diesen oft sehr mühsamen Prozeß zu gehen.

Körper, Geist und Seele – die ganzheitliche Entwicklung des Menschen

Der Begriff »Seele« wird hier im Sinne C. G. Jungs gebraucht, für den die Seele die spezifische Einstellung der betreffenden Person zu ihrem Unbewußten darstellt. Für mich ist sie das lebendige Gefühl im Menschen. Gurdjieff vertrat nur, oberflächlich gesehen, einen anderen Seelenbegriff: Für ihn hat der Mensch keine angeborene Seele, sondern die Seele muß von dem Menschen erst verdient werden.

Alle Religionen gehen davon aus, daß der Mensch eine Seele besitzt, wohingegen der Atheismus ihre Existenz kategorisch ablehnt. Emma Jung[4] interpretiert die Gralssuche, die den Menschen des Mittelalters so sehr fesselte, im Sinne Gurdjieffs als ein Erarbeiten der Seele, ähnlich wie auch die Alchimisten die Seele in der Materie suchten, um sie in sich zu entwickeln. Die Gewinnung der Seele war *das* Problem des Mittelalters, welches sich sowohl in der Gralslegende als auch in der Alchimie und auch im Minnedienst deutlich äußerte. Nach C. G. Jung geht es hier um die Realisierung der Anima. Es ist die Bildung der Seele, die nicht fertig im Menschen vorhanden ist, sondern nur als Möglichkeit besteht und im Verlauf bestimmter Prozesse, die das Enneagramm verdeutlicht, gebildet werden kann.

Wenn in der Literatur zu Gurdjieff und zum Enneagramm oft die Ansicht vertreten wird, daß Gurdjieff der erste war, der davon ausging, daß der Mensch sich eine Seele erwerben muß, so ist das, historisch gesehen, falsch. Daß zwischen Jung und Gurdjieff deutliche Parallelen auftreten, mag unter anderem daran liegen, daß Schüler Jungs wie zum Beispiel Maurice Nicoll zu engen Schülern Gurdjieffs wurden – was übrigens C. G. Jung sehr schwerfiel, zu akzeptieren.

Das Enneagramm verdeutlicht, daß an bedeutsamen Veränderungen der Persönlichkeit vom ersten Enneagramm-Punkt bis zum neunten immer Körper, Gefühl (Seele) und Intellekt (Geist) beteiligt sind. Zunächst erlebe ich mich als Mensch mit einem Körper in diese Welt hineingeboren. Dieser Körper ist lebendig und ermöglicht es mir, mich zu bewegen. Somit befinde ich mich am *Enneagramm-Punkt 1* und erkenne, daß dieser lebendige Körper die Voraussetzung ist, meine Gefühle zu erkennen (Enneagramm-Punkt 4) und mich und meine Umwelt intellektuell zu verstehen (Enneagramm-Punkt 7).

Am *Enneagramm-Punkt 2* bin ich aufgefordert, meinen Körper gesund zu halten und zu trainieren, um seine Lebendigkeit zu bewahren. Ich bemühe mich um meine Gesundheit und halte mich beweglich, um eine bislang unbekannte Freiheit zu erreichen (Enneagramm-Punkt 8) und um mit meinen Gefühlen in Kontakt zu kommen (Enneagramm-Punkt 4).

Dieses Enneagramm zeigt deutlich, daß weder Geist noch Intellekt Freiheit ohne den Körper erreichen können. Auch werde ich meine Gefühle nie erkennen und wirklich wahrnehmen, wenn ich meinen Körper nicht lebendig und beweglich halte. Wie schon der Freud-Schüler Wilhelm Reich (1897–1957) erkannte, leben in einem abgestorbenen unbeweglichen Körper einzig verkrüppelte Gefühle.

Wenn ich meinen Körper auch noch so sehr trainiere, irgendwann – am *Enneagramm-Punkt 3* – wird mich der Schock treffen, daß da

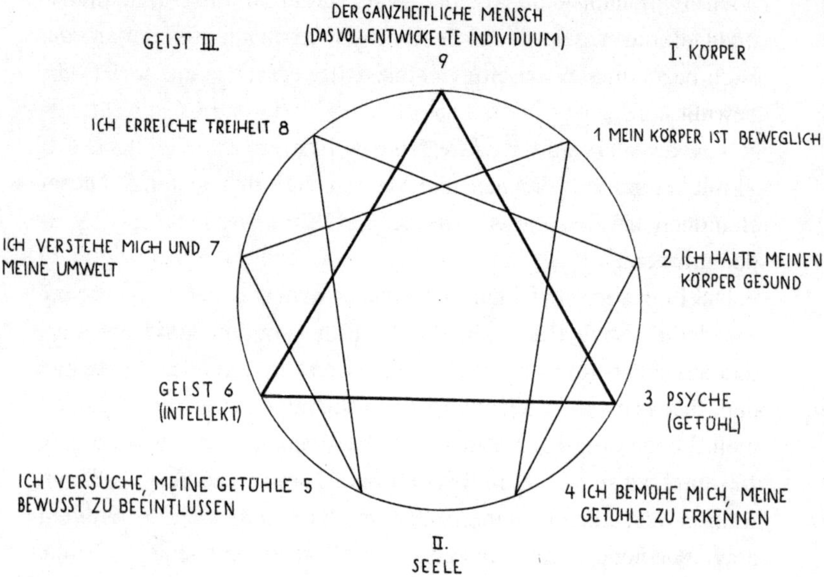

Abb. 7: Das Körper-Seele-Geist-Enneagramm

noch etwas anderes in mir lebt, das sich durch Stimmungen, Launen und Gefühle bemerkbar macht, die nicht durch kaltes Duschen oder Nichtbeachtung zu beseitigen sind. Ich werde mir meiner Psyche bewußt.

Am *Enneagramm-Punkt 4* stehe ich zu meinen Gefühlen und versuche, sie zu erkennen, zu erfassen und zu verstehen. Dieses Bemühen um das Erkennen meiner Gefühle wirft mich jedoch wieder auf meinen Körper zurück. Ich erlebe meine Triebabhängigkeit und Stimmungsschwankungen abhängig von meinen körperlichen Zuständen (Enneagramm-Punkte 1 und 2). Aber mir dämmert auch, daß das nicht die ganze Welt meiner Gefühle ist. Ich beginne mit dem Versuch, meine Gefühle willentlich zu beeinflussen, um nicht mein Leben lang Sklave meiner Stimmungen, Triebe und Launen zu sein. Jetzt stehe ich am *Enneagramm-Punkt 5* und sehe, daß zum wahren Verständnis meiner selbst und zur Erreichung der Freiheit noch eine neue Qualität in den Prozeß treten muß.

Am *Enneagramm-Punkt 6* entdecke ich die Kraft des Geistes oder meines Intellektes und beginne so, auf einer neuen Ebene mich und meine Umwelt zu verstehen.

Die *Enneagramm-Punkte 7 und 8* verdeutlichen nur, daß Körper, Geist und Seele gemeinsam für das Erlebnis der Freiheit notwendig sind. Ich verstehe mich und meine Umwelt nur (Enneagramm-Punkt 7), wenn mein Körper beweglich ist (Enneagramm-Punkt 1) und wenn ich zugleich der Herr meiner Gefühle bin (Enneagramm-Punkt 5). Ich erreiche dann die Freiheit (Enneagramm-Punkt 8), wenn ich der Herr meiner Gefühle (Enneagramm-Punkt 5) und meines Körpers (Enneagramm-Punkt 2) werde.

In meiner Gurdjieff-Gruppe liebt man Gurdjieffs Beispiel von der Kutsche, um die sinnvolle Verbindung von Körper, Geist und Seele zu veranschaulichen: Die Kutsche entspricht dem physischen Körper des Menschen, die davorgespannten Pferde entsprechen den Gefühlen und der Kutscher entspricht dem Intellekt. In der Kutsche sitzt der Herr und Meister (nach Gurdjieff das wahre Ich), der sagt,

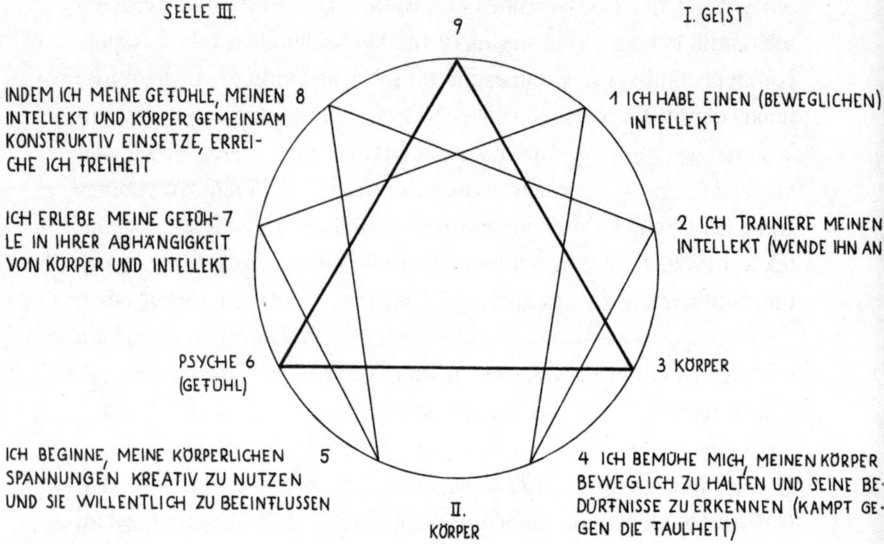

Abb. 8: Der männliche Archetyp im Enneagramm

wo es lang geht. Am Enneagramm-Punkt 8 angelangt, sind wir selbst die Meister, die unserem Intellekt (dem Kutscher) sagen, wohin er sich zu wenden hat, auf daß er unsere Gefühle (die Pferde) lenkt, damit die Kutsche (unser Körper) am erwünschten Ziel ankommt. Bis zu dem Enneagramm-Punkt 6 ist der Herr und Meister abwesend und keiner sagt, wohin die Reise gehen soll. Normalerweise endet solche Fahrt im Graben, zumal der Kutscher (der Intellekt) meistens schläft und uns (zumindest bis zum Enneagramm-Punkt 4) oftmals dazu noch die Pferde (unsere Gefühle) durchgehen.

Wenn Sie das Enneagramm auf sich selbst oder andere Personen anwenden wollen, ist es sehr hilfreich, dieses Gleichnis von der Kutschfahrt im Gedächtnis zu halten.

Die in Abbildung 7 dargestellte Dynamik von Körper, Seele und Geist ist jedoch nur eine Möglichkeit, die eigene Entwicklung im Spiegel des Enneagramms zu sehen. Sind Sie hauptsächlich intellektuell ausgerichtet, dann nehmen die Enneagramm-Punkte des Intellektes (7 und 8 in Abb. 7) die Stellung der Enneagramm-Punkte des Körpers (1 und 2 in Abb. 7) ein. Ist Ihnen dann Ihr Körper näher als Ihr Gefühl, mögen die Enneagramm-Punkte des Körpers (1 und 2 in Abb. 7) folgen: Das auf diese Weise entstandene Schema entspricht dem männlichen Archetyp. Der weibliche Archetyp ordnet die Enneagramm-Punkte in der Reihenfolge Gefühl, Körper und Intellekt.[5]

Dieses Beispiel zeigt deutlich, auf welche Weise sinnvolle Zuordnungen zu den einzelnen Punkten des Enneagramms von der Situation und unserem Erkenntnisinteresse abhängen.

Ein weiteres Enneagramm wäre denkbar, in dem die Punkte 1 und 2 dem Gefühlsbereich, die Punkte 4 und 5 dem intellektuellen Bereich und die Punkte 7 und 8 dem körperlichen Bereich zugeordnet werden. Vielleicht zeichnen Sie einmal selbst dieses Enneagramm auf und versuchen, seine Dynamik zu verstehen und auf sich zu beziehen.

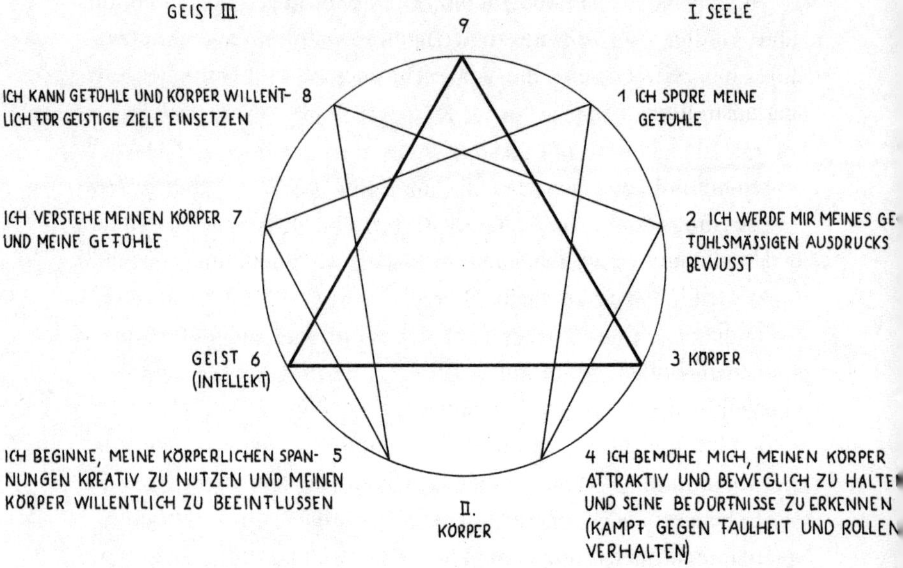

Abb. 9: Der weibliche Archetyp im Enneagramm

Nutzen wir das Enneagramm zur praktischen Selbsterkenntnis und Handlungsanweisung, so macht es uns auf folgende Gesetzmäßigkeiten aufmerksam, die wir leicht übersehen, verdrängen oder gar abstreiten:

- Ich muß meine materiellen Voraussetzungen oder meine äußerliche Situation klären, bevor ich zu sinnvollen und zielgerichteten Handlungen bereit bin. Ich muß mir meines Standpunktes bewußt werden (Enneagramm-Punkt 1).
- Ich muß aktiv werden und bereit sein, mich äußerer Hilfe zu öffnen (Enneagramm-Punkt 2).
- Wenn ich mir meiner mechanischen Reaktionen bewußt geworden bin und mich den hilfreichen Impulsen von außen geöffnet habe, werde ich mit inneren Spannungen konfrontiert werden (Enneagramm-Punkt 3).
- Eine kreative Lösung erfolgt nur dann, wenn ich diese Spannungen aushalte und nicht wieder auf alte mechanische Reaktionsweisen (den Schlaf!) zurückgrcife. Handele ich nicht so, gerate ich in einen Teufelskreis: Ich schreite vom Enneagramm-Punkt 1 bis zum Enneagramm-Punkt 4 vor und fliehe dort wegen der mir scheinbar unerträglichen Spannungen (oder aus Faulheit) in althergebrachte Verhaltensweisen, wodurch ich mich sogleich am Enneagramm-Punkt 1 wiederfinde. Bringe ich nicht irgendwann die Disziplin auf, diesen teuflischen Kreis zu durchbrechen und meine Spannungen auszuhalten, werde ich nie von der rechten auf die linke Seite des Enneagramms überwechseln können.
- Die emotionale Spannung an den Enneagramm-Punkten 4 und 5 öffnet mich für grundlegend Neues. Ich muß den Mut aufbringen, mich von etwas Unbekanntem berühren und anziehen zu lassen. Ich muß mich dem hingeben. Letztendlich öffnet mich diese Spannung der Intuition oder der inneren Stimme.

Ab dem Enneagramm-Punkt 6 leide ich nicht mehr an meinen widersprüchlichen Gefühlen, ungeklärten Motiven und an meiner Entscheidungsunfähigkeit (die von den vielen konkurrierenden Ichs hervorgerufen wird). Meine vielen Ichs sind unter dem Spannungsdruck [6] zu einem Ich verschmolzen worden. Diesen Zustand nannten die Alchimisten die Transmutatio, was bedeutet, daß das bisher bestehende Potential zur Wirklichkeit umgewandelt wurde.[7] In einfacheren Worten ausgedrückt: Die Möglichkeiten, die sich an den Enneagramm-Punkten 4 und 5 durch die innere Spannung gebildet haben – nämlich sich einem Individuum mit einem zielgerichteten Willen zu wandeln –, werden jetzt zur Realität.

Die Analyse von Arbeitsabläufen

Die praktische Anwendung des Enneagramms beschränkt sich jedoch nicht nur auf die Hilfe zur Selbsterkenntnis, es ist auch erfolgreich auf Produktions- und Arbeitsabläufe zu beziehen. Das zeigt sich auch am Zustandekommen dieses Buches.

Die erste materielle Voraussetzung zum Schreiben dieses Buches besteht in einem Medium zur Texterstellung *(Enneagramm-Punkt 1).* Dieses Medium muß von seiner Struktur her die darzustellende Idee abbilden und präsentieren können (Enneagramm-Punkt 4). Das heißt, in diesem Fall ist ein Computer sowohl mit einem Textverarbeitungs- als auch einem Grafikprogramm nötig. Ferner muß das Textmedium so beschaffen sein, daß der Verlag es als Grundlage zur Veröffentlichung dieses Buches benutzen kann. Die benutzten Programme müssen also mit dem Erfassungssystem des Verlags kompatibel sein (Enneagramm-Punkt 7).

Sind diese Voraussetzungen geklärt, müssen Erfahrungen im Umgang mit dem Enneagramm vorliegen und möglichst alle Informationen zu diesem Thema gesammelt und bekannt sein *(Enneagramm-*

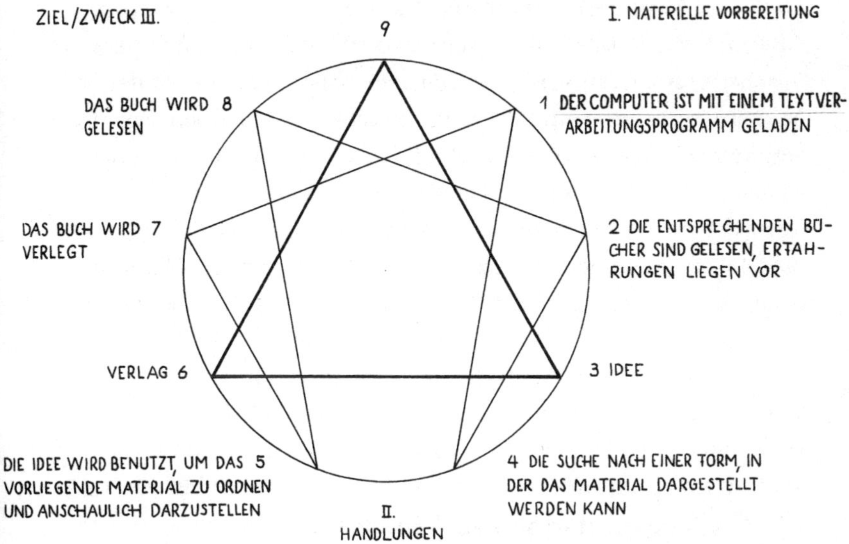

Abb. 10: Das Entstehen des Enneagramm-Buchs

Punkt 2). Die Erfahrungen als erlebtes Wissen, das Wissen anderer Autoren und Informanten zu diesem Thema bieten die notwendige Voraussetzung dafür, daß sich eine Idee bilden kann. Am Enneagramm-Punkt 4 muß ich mir darüber klar werden, was ich genau in diesem Buch darstellen und vermitteln möchte. Zum anderen ist die Kenntnis anderer Bücher zu diesem Thema wichtig, da sie den Erwartungshorizont der Leser prägen (Enneagramm-Punkt 8). So vermag ich als Autor zu beurteilen, was ich beim Leser voraussetzen kann und was nicht. Das heißt konkret in diesem Fall: Ich kann bei den Lesern dieses Buches weder Erfahrungen mit Gurdjieff-Gruppen voraussetzen noch die Kenntnis von Gurdjieff-Übungen.

Auf Grund dieser materiellen Voraussetzungen kann ich jedoch noch kein Buch schreiben. Ich brauche die berühmte Muse, die mich küßt, und mich mit einer Idee beglückt. *(Enneagramm-Punkt 3).* Die Idee muß für den Verleger akzeptabel sein (Enneagramm-Punkt 6). Zu diesem Buch kam mir die Idee in einem Gespräch mit meiner Lektorin, welche die Rolle der Muse übernahm und die Geburtshelferin spielte.

Die Idee, ein Enneagramm-Buch zu schreiben, lag nun vor, und es mußte jetzt ein Weg gefunden werden, das vorliegende Wissen und Material darzustellen *(Enneagramm-Punkt 4).* Dazu war die Kenntnis der Enneagramm-Bücher, die auf Oscar Ichazo zurückgehen, notwendig, denn von dieser auf dem Enneagramm aufbauenden Typenlehre wollte ich mich in diesem Buch abgrenzen. Ferner wollte ich das christlich-jesuitische Verständnis des Enneagramms nur am Rande darstellen, wenn auch die Arbeit von Ouspensky und teilweise die von Gurdjieff in der Tradition des Urchristentums stand. Meinen Schwerpunkt in diesem Buch sollten meine eigenen Erfahrungen mit der Lehre von Gurdjieff, Ouspensky und besonders Bennett bilden (Enneagramm-Punkt 2). Damit war das Thema und das Material eingegrenzt. Mit meinem Computer würde es bei dieser Darstellung des Enneagramms keine Schwierigkeiten geben (Enneagramm-Punkt 1).

Am *Enneagramm-Punkt 5* erwartete mich die schwierigste Aufgabe in diesem Prozeß, nämlich eine Struktur und somit ein Enneagramm und Inhaltsverzeichnis für dieses Buch zu entwerfen. Bei dem Entwurf der Gliederung des Materials mußte bedacht werden, daß dieses Buch vom Goldmann-Verlag verlegt wird. Es mußte also der Ausrichtung dieses Verlages und seines Programms entsprechen (Enneagramm-Punkt 7). Die Form als esoterisches Sachbuch, das informationsreich und anschaulich zugleich gestaltet sein sollte, bot sich an. Schließlich möchte ich noch gerne, daß das Buch bei Ihnen, liebe Leserin und lieber Leser, gut ankommt (Enneagramm-Punkt 8). So habe ich lange damit gerungen, ob ich von konkreten Beispielen zur allgemeinen Erklärung des Enneagramms fortschreiten sollte (also induktiv) oder umgekehrt (deduktiv). Mir schien jedoch im Hinblick auf Sie als Leser die induktive Darstellungsmethode interessanter und anschaulicher zu sein. Sie entspricht mehr dem Wesen des Enneagramms, das sich immer auf ganz konkrete Situationen, Unternehmungen oder Vorgänge bezieht.

Dann kam der Verlag am *Enneagramm-Punkt 6* hinein. Der Umfang des Buches, die Art der Abbildungen und vertragliche Formen wurden hier festgelegt. Nun endlich konnte das Buch geschrieben und veröffentlicht werden *(Enneagramm-Punkt 7).*

Hat man die Analyse eines Vorgangs mit Hilfe des Enneagramms so weit betrieben, dann bietet seine praktische Ausführung kein Problem mehr. Man kann sich jetzt genau an die Vorgaben durch das entsprechende Enneagramm halten.

Sie haben nun dieses Buch in der Hand und finden sich am *Enneagramm-Punkt 8* wieder. Das Ziel und der Zweck meiner Arbeit haben sich erfüllt, wenn Sie bis hierher gelesen haben und auch noch weiterlesen werden. Letztendlich werden Sie dann selber das Enneagramm auf Ihre eigene Arbeit anwenden können (das könnte man als den *Enneagramm-Punkt 9* ansehen).

Diese Analyse eines Arbeitsprozesses mit Hilfe des Enneagramms soll den amerikanischen Großindustriellen Henry Ford (1863–1947) dazu gebracht haben, das Fließband in der großindustriellen Produktion einzuführen. Mir ist nicht bekannt, auf welche Weise Henry Ford am Anfang dieses Jahrhunderts das Enneagramm benutzte, um die Automobilindustrie bis ins kleinste zu rationalisieren, um so zur Produktion eines billigen Massenautos zu kommen. Ich skizziere Ihnen kurz meine Vorstellung, wie es hätte sein können. Aber versuchen Sie es selbst einmal, und studieren Sie dann genau die vorgegebenen Verbindungslinien Ihres Enneagramms. Das Aufregende bei der Anwendung des Enneagramms ist, daß es oft viele kreative Lösungen eines Problems aufzeigt. Hier ist also mein Vorschlag:

I. *Materielle Voraussetzungen*

1. Rohmaterialien sind vorhanden.
2. Fabrik und Arbeitskräfte existieren.
3. Jetzt bedarf es einer Produktionsidee: das Auto.

II. *Überlegungen zum Produkt*

4. Man möchte möglichst viele Autos produzieren.
5. Das setzt die damals völlig neue Idee eines Serienautos voraus.
6. So ist die Autoherstellung zu rationalisieren.

III. *Die Produktion*

7. Das Fließband wird eingeführt.
8. Die Produktion wird rentabler und das Produkt billiger, wodurch der Umsatz steigt und die Produktion noch rentabler wird.
9. Damit ist das billige Massenauto geboren. Eine neue Ära des individuellen Massenverkehrs wird eingeleitet.

So etwa können Henry Ford und sein Sohn Edsel vorgegangen sein. Auf jeden Fall zeigt dieses Beispiel deutlich, daß die Anwendung des Enneagramms bei der Rationalisierung von Produktionsabläufen zu neuartigen praktischen Lösungen führen kann. Dies erkannte in den siebziger Jahren auch der Bennett-Schüler Tony Hodgon und gründete nach Bennetts Tod die Zeitschrift »Systematics« (bei der Coombe Springs Press erscheinend), in der die Anwendung des Enneagramms im modernen Industrie-Management propagiert wurde.

Die praktische Anwendung

Die vorangegangenen Beispiele der praktischen Anwendung des Enneagramms zeigen deutlich:

1. Daß die praktische Arbeit mit dem Enneagramm eine ganzheitliche Sichtweise komplexer Strukturen schult. Situationen werden von ihrer Bedingtheit her durchsichtig; der eigene Standpunkt mit seinen begrenzten Perspektiven wird klar. Benutzen Sie also das Enneagramm so oft wie möglich. Sie werden sehen, daß Ihnen nicht nur die Augen für neue, ungeahnte Möglichkeiten geöffnet werden, sondern Sie werden auch komplexe Zusammenhänge schneller und exakter überblicken und erfassen können.
2. Daß das Enneagramm bei einem Vorgang oder Ablauf deutlich zeigt, welche Schritte wann unternommen werden müssen und wovon die einzelnen Schritte abhängig sind. Es weist den Weg, wie ein Problem zielgerichtet und bewußt gelöst werden kann. Es wird Ihnen sicherlich helfen, vor größeren, schwer überschaubaren Arbeitsprojekten ein Enneagramm zu erstellen, das Ihnen dann die Richtung und die Reihenfolge der Aufgabenlösung weist.
3. Wo man sich in einem Prozeß befindet, welche Bezüge dort zu beachten und welche Herausforderungen zu erwarten sind und

warum ich an einem bestimmten Punkt nicht weiterkomme beziehungsweise mich im Kreis drehe.

Trotz dieses enormen Nutzens des Enneagramms sei hier eine Warnung ausgesprochen: Man sollte das Enneagramm nicht nur mit dem Intellekt erfassen. Die Abbildungen 7, 8 und 9 zeigen deutlich, daß es in der Erkenntnis immer um die Ganzheit von Körper, Seele und Geist geht. Lassen Sie sich vom Enneagramm mit Ihrer ganzen Person berühren; lassen Sie sich von ihm herausfordern. Malen Sie es; gestalten Sie es künstlerisch. Setzen Sie sich jenseits des Intellekts mit ihm auseinander! Wenn Sie am Strand sind, malen Sie ein großes Enneagramm in den Sand, dessen Linien Sie abschreiten. In Bennetts Institut im Sherborne House gab es einen Rosengarten in Enneagramm-Form, in dem man sinnlich durch Abschreiten die Dynamik des Enneagramms erfassen konnte.

Dies alles wird Ihnen bei der praktischen Arbeit mit dem Enneagramm helfen. Sie werden das Enneagramm immer besser verstehen. Durch solche Übungen und die konstante Anwendung des Enneagramms in unseren verschiedenen Lebenssituationen kommen wir zu einem tiefen Verstehen dieses kosmischen Symbols. Mit diesem Buch kann ich nur ein äußerliches Wissen über das Enneagramm vermitteln. Ich möchte Sie jedoch dazu anregen, das Enneagramm in Ihrem Inneren zu verstehen, dann ist die höchste Stufe der praktischen Anwendung des Enneagramms erreicht.

Die Geschichte des Enneagramms

»Was als ›reiner Zufall‹ erscheint, kann
der Schleier sein, der eine verborgene
Absicht der Intelligenz verdeckt.«
Anthony G. E. Blake

Für manchen Leser mag es von Interesse sein, woher das Enneagramm stammt und in welcher kulturellen Umgebung es entstanden ist. Bei geschichtlichen Betrachtungen darf jedoch nicht vergessen werden, daß Menschen in den verschiedenen historischen Epochen die Wirklichkeit auf ganz unterschiedliche Weise wahrgenommen haben. Heute, am Ende des zwanzigsten Jahrhunderts, unter dem Einfluß der Chaostheorie und der künstlichen Intelligenz stellt das Enneagramm etwas anderes dar als für eine Bruderschaft im zehnten Jahrhundert.

Die Sarmoun-Bruderschaft

Gurdjieff behauptet in seinem autobiographischen Roman *Begegnungen mit bemerkenswerten Menschen,* auf seinen vielen Reisen durch den Mittleren Osten bei der Sarmoun-Bruderschaft auf das Enneagramm gestoßen zu sein.

Die einzigen Hinweise auf dic Existenz dieser Bruderschaft stammen jedoch von Gurdjieff selbst. In seinem Umkreis nahm man an, daß diese geheimnisvolle Bruderschaft wahrscheinlich mit Absicht im verborgenen arbeitete (und es vielleicht auch heute noch tut), denn sonst müßten Hinweise auf sie und ihre Aktivitäten auch bei anderen zahlreichen Suchern im Mittleren Osten zu finden sein.

Bennett nimmt an, daß die gelehrte Achaldan-Gesellschaft aus Atlantis, die oft in *Beelzebubs Erzählungen für seinen Enkel* lobend erwähnt wird, ein Vorläufer der Sarmoun-Bruderschaft gewesen sei.

Indem wir die von Gurdjieff in den *Begegnungen mit bemerkenswerten Menschen* geschilderte Episode, in der er beschreibt, wie er die ersten konkreten Hinweise auf die Sarmoun-Bruderschaft fand, näher betrachten, wird es meiner Meinung nach deutlich, daß es sich hierbei um eine symbolische beziehungsweise metaphorische Beschreibung handelt. Um 1886 (im Alter von 20 Jahren) fand Gurdjieff einige alte Bücher, mit denen er sich, um sie sich in Ruhe anzuschauen, nach Ani, der verlassenen früheren Hauptstadt von Armenien, begab. Hier stieß er (der erste Schockpunkt am Enneagramm-Punkt 3) auf einen unterirdischen Gang, der in eine verfallene Mönchszelle führte. In ihr fand er alte Schriften mit dem Hinweis auf die Sarmoun-Bruderschaft.

Dieser unterirdische Gang und die alte Zelle tief unter der Erde scheinen mir eher auf eine psychische als auf eine physische Geographie zu verweisen. Es geht meines Verständnisses nach an dem ersten Schockpunkt (das Auffinden der Mönchszelle) um den psychischen Ort als einen Bereich des Unbewußten, aus dem die Kraft der Intuition stammt. Das wird im weiteren Verlauf der Geschichte noch klarer. Gurdjieff suchte den Sitz dieser Bruderschaft und wurde zwei bis drei Jahre später zu ihrem Hauptkloster geführt. In dieser Schilderung, in der er hochdramatisch mit verbundenen Augen zu dem Kloster geführt wird, finden wir alle geläufigen Angaben einer esoterischen Topographie: Wie in den skandinavischen Mythen geht es erst einmal über eine gefährliche Brücke, die auch an die islamische Vorstellung der Brücke über die Hölle erinnert oder an Lancelots Schwert-Brücke in der Artus-Sage. Danach gelangt Gurdjieff zu dem abgelegenen Kloster, das wie Shambala (der Ort des Glücks im tibetischen Buddhismus) vollständig von Bergen umgeben ist. Das erinnert an vergleichbare topographische Vorstellungen des heiligsten inneren Ortes, angefangen bei dem schwedischen Mystiker Emanuel Swedenborg (1688–1772), bei der Begründerin der Theosophie Helena Petrowna Blavatsky (1831–1891) oder bei der Schriftstellerin und Buddhismus-Spezialistin Alexandra David-Neel bis hin zu dem erst kürzlich verstorbenen Religionswissenschaftler Mircea Eliade. Aber damit ist die Symbolik noch nicht erschöpft: Das Kloster weist drei Hauptplätze auf, die unübersehbar auf das kosmische Gesetz der Drei verweisen.

An diesem mystischen Ort bekommt Gurdjieff seine beiden wichtigsten Informationen, welche die Grundlage seiner Lehre ausmachen sollten: Hier findet er das Enneagramm und sieht die heiligen Tänze, die ihn an Sarkis Pogossins Körperübungen erinnern.

Das Sarmoun-Kloster, dessen Name einen an Sarman, die göttliche Essenz in der Religion Zarathustras, denken läßt, und die Sarmoun-Bruderschaft scheinen mir eher einen Platz im eigenen Seelengrund als einen realen geographischen Ort zu bezeichnen.

Wie dem auch sei, in den Gurdjieff-Gruppen nimmt man an, daß diese Bruderschaft seit über 4000 Jahren als »Hüter der Tradition« wirkt. Ein wesentlicher Teil dieser Tradition bestand im Wissen um den Gebrauch des Enneagramms als ein universelles kosmisches Symbol, das alle Lebensvorgänge zu erklären vermag.

Man nimmt also an, daß das Enneagramm um 2000 vor Christus im Mittleren Osten auftauchte, als im mittleren Reich Ägyptens die Götter zu Neunheiten (Enneaden) zusammengefaßt wurden. Der Gebrauch des Enneagramms wurde dann von einer mehr oder weniger unbekannten Bruderschaft über die Jahrtausende hin als Geheimwissen gehütet, bis Gurdjieff zu Beginn unseres Jahrhunderts auf dieses kosmische Diagramm stieß und es dem Westen bekannt machte.

Warum konnte ein Jahrtausende lang sorgsam gehütetes Wissen plötzlich zu Beginn dieses Jahrhunderts fern von seinem kulturellen Ursprung veröffentlicht werden?

Wer versteckt sich hinter der Sarmoun-Bruderschaft, die auf ungeklärte Weise mit den Sufis verbunden scheint?

Das sind ungeklärte Fragen. Auch die wilden Spekulationen, daß das Erbe der Sarmoun-Bruderschaft von den Naqshbandi-Derwischen übernommen worden sei und daß es sich letztlich hierbei um frühchristliches Gedankentum handle, können nicht überzeugen. In diesen Versionen der Geschichte des Enneagramms begegnen wir zu vielen Geheimnissen, die meiner Meinung nach dort bewußt eingebaut wurden, um den naiven Sucher in die Irre zu leiten.

Den Hinweis auf eine weitere interessante Erklärungsmöglichkeit verdanke ich Arnold Graf Keyserling und dem Verleger Bruno Martin, die sich beide in der »Arbeit« sehr engagiert haben.

Der Ausgangspunkt für diese Überlegungen ist, daß der Begriff »Sarmoun« als »Bienen« übersetzt werden kann. Die Sarmoun-Bruderschaft entspricht den Bienen, die ihren Nektar aus vielen Blüten gewinnen, die also ihr Wissen aus mannigfaltigen Quellen beziehen. Wahrscheinlich sind hiermit die Neuplatoniker des 9. Jahrhunderts nach Christus gemeint, die unter dem Namen die »Lauteren Brüder von Basra« bekannt geworden sind. Es handelt sich um eine von dem griechischen Philosophen Plotin (205–270) beeinflußte Bruderschaft, die als einer der Vorläufer der christlich mystischen Tradition angesehen werden kann. Allerdings soll nicht verschwiegen werden, daß Gurdjieff von den griechischen Philosophen nicht viel hielt. Er charakterisiert sie als Fischer, »die aus Langeweile bei schlechtem Wetter verschiedene ›Wissenschaften‹ erfanden.«[1]

Eine von Plotins Lehren besagt, daß die Seele sich durch schauendes Erkennen reinigen muß. Und wie wir schon gesehen haben, stellt gerade das Enneagramm ein hervorragendes Hilfsmittel zur klaren und objektiven Selbsterkenntnis – also zur Reinigung – dar. Außerdem verblüfft diese philosophische Richtung der späten Neuplatoniker durch einen ausgeprägten Hang zur Systematisierung und einer Liebe zu komplexen Ordnungssystemen. Diese Systematisierungen führen dann bei den »Lauteren Brüdern von Basra« zur

Annahme von neun Seinszuständen, die auf die je dreifach gegliederten Gruppierungen der Welt in ein Mineral-, ein Pflanzen- und ein Tierreich zurückgehen.

Trotz vieler Anklänge ist im *Kitab Ihwan As-Safa,* dem philosophischen Werk der »Lauteren Brüder von Basra« allerdings kein direkter Hinweis auf das Enneagramm zu finden.

Es gibt ferner hartnäckige Spekulationen, nach denen das Enneagramm aus dem Bereich der pythagoräischen Philosophie stammen könnte, da in ihr die ungeraden Zahlen besondere Bedeutung hatten. Dieser Annahme ist jedoch entgegenzuhalten, daß nicht nur die Pythagoräer, sondern die gesamte griechische Antike die ungeraden Zahlen hochschätzte. Allerdings war das pythagoräische Gedankengut bei den Neuplatonikern wie den »Lauteren Brüdern von Basra« äußerst beliebt.

Bennett seinerseits nimmt, da das Enneagramm auf den Eigenschaften der Zahlen Drei, Sieben und Neun beruht, einen chaldäischen[2] Ursprung des Enneagramms an.

Wenn wir ehrlich sind, müssen wir zugeben, daß der genaue Ursprung des Enneagramms ein Geheimnis bleibt. Da Gurdjieff und Ichazo beide das Enneagramm auf Sufi-Bruderschaften zurückführen, liegt es nahe, dieses universelle kosmische Symbol mit dem Sufismus des Nahen und Mittleren Ostens verbunden zu sehen. Alles Weitere bleibt jedoch im Nebel der Geschichte verborgen und mehr oder weniger Spekulation.

Das Enneagramm als Mandala

Während meiner Beschäftigung mit dem Enneagramm fiel mir das Offensichtliche erstaunlich spät auf, nämlich daß das Enneagramm als eine einfache Form eines Mandalas angesehen werden kann.

Das Sanskritwort »Mandala« heißt wörtlich »Kreis« und bezeichnet also den Kreislauf des Lebens und die Gesetze des Kosmos, der nach C. G. Jung immer mit dem weiblichen Archetypen des Kreises dargestellt wird.

Abb. 11: Einfache Mandala-Formen

Ein klassisches Mandala besteht:
- Aus einem Mittelpunkt, der im Enneagramm durch den Mittelpunkt des Umkreises gegeben ist.
- Aus einem alles umschließenden Kreis.
- Aus unterschiedlich vielen Kardinalpunkten; im Falle des Enneagramms aus neun solcher Punkte.
- Außerdem ist ein Mandala immer achsensymmetrisch.

Alle diese hinreichenden und notwendigen Voraussetzungen sind beim Enneagramm gegeben.

Die Tibeter bildeten neben den Hopis die letzte Kultur, in der Mandalas im alltäglichen rituellen Gebrauch benutzt werden. Seit der Eroberung Tibets durch die Chinesen (1959) ist diese Kultur weitgehend zerstört worden und untergegangen. Das Mandala als archetypisches Symbol von Mensch und Universum, von Selbstfindung und Bewußtseinsentwicklung scheint mir nun neu in Form des Enneagramms im Westen aufzuleben, wo es am Anfang dieses Jahrhunderts zuerst auftrat und seit etwa zehn Jahren auf immer größeres Interesse stößt. Man könnte fast annehmen, Gurdjieff habe dieses Diagramm während seiner Reise in Tibet selbst erfunden.

In Tibet wurde das Mandala als ein Instrument zur Umwandlung dämonischer Kräfte angesehen. In diesem Sinne kann man auch das Enneagramm verstehen. Als das Dämonische würde ich diejenigen Energien ansehen, die uns zu einem falschen Leben verleiten wollen. Wie das Mandala, so spiegelt auch das Enneagramm verschiedene Bewußtseinsebenen wider. Mit seiner Hilfe kann man nicht nur seinen aktuellen Bewußtseinszustand erkennen, sondern diese Diagramme bieten einem zugleich eine Landkarte, die zeigt, wie man zu höheren Bewußtseinsprozessen und überpersönlichen Einstellungen gelangen kann.

Das Enneagramm als ein spezielles Mandala ist also ein Werkzeug für den Entwicklungsprozeß des Menschen. Wie jegliches Mandala vermag auch das Enneagramm der Erkenntnis vom Wesen der Realität Gestalt zu verleihen. So können wir das Enneagramm und das Mandala als ein Modell des Seins ansehen, das uns hilft, die Realität klarer zu erkennen.

Allerdings weicht das Enneagramm von der üblichen Form des Mandalas durch seine Neunteilung ab. Die meisten Mandalas weisen größere Mengen von Fokuspunkten auf, deren Anzahl meistens ein Vielfaches von vier (acht, zwölf etc.) darstellt.

Die Zahl Neun

Im Türkischen und allgemein im islamischen Bereich, aus dem der Sufismus ja stammt[3], spielte die Neun seit jeher eine bedeutende Rolle. Im Alttürkischen wird die Welt in neun Sphären aufgeteilt und man sagte damals, »es gibt nichts jenseits von Neun«[4]. Nach der Kosmologie des Islam baut sich das Universum aus neun Sphären auf, wobei sich in der neunten Sphäre keine Sterne mehr befinden.

Ohne Zweifel war die Neun in dem Einflußbereich der Sufis sehr beliebt. Die Wahrscheinlichkeit, daß das Enneagramm aus diesem Kulturraum stammt, scheint mir sehr groß zu sein. Die Neun als Symbol der Vollendung des großen Werkes geht letztendlich auf die neun Schwangerschaftsmonate zurück, nach deren Ablauf der Mensch geboren wird. So galt schon in der Antike die Neun als Zahl der Vollkommenheit. Der Islam kennt die 99 Gottesnamen, und wegen dieser 99 Attribute Gottes weist die islamische Gebetsschnur 99 Perlen auf.

Man könnte hier noch viele Beispiele anführen, auf welche Weise die Neun als archetypisches Symbol eines abgeschlossenen Zyklus angesehen wird. So bildet in den meisten Sprachen der Stamm des Zahlwortes »Neun« einen Anklang an den Begriff »neu«. Ich möchte mich jetzt aber wieder konkret dem Enneagramm zuwenden und die verschiedenen Erscheinungsformen der Zahl Neun in ihm aufzeigen.

Wie in der klassischen griechischen Kultur waren in der arabischen Welt des frühen Mittelalters Spielereien mit Zahlen sehr beliebt. Man besaß nicht wie heute eine quantitative Einstellung zur Zahl, sondern die Zahlen dienten qualitativ als Symbol für die Eigenschaften der Welt.

Die Abbildung 12 zeigt, daß das Enneagramm nicht nur neun Ecken aufweist, sondern daß die Neun in jedem Paar seiner Punkte anwesend ist: Teilen wir nämlich das Enneagramm in fünf horizon-

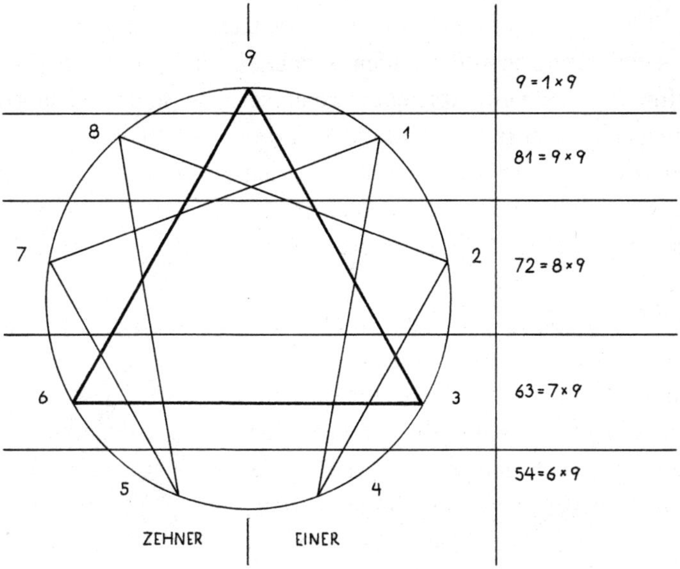

Abb. 12: Die Neun im Enneagramm

tale Abschnitte auf, so ergibt die Ziffernfolge eines jeden Abschnitts ein Vielfaches von Neun. Die Neun durchdringt das Enneagramm auf jeder Ebene, was daran liegt, daß unser aus dem Arabischen übernommenes Dezimalsystem auf den gleichen Gesetzen wie das Enneagramm beruht.

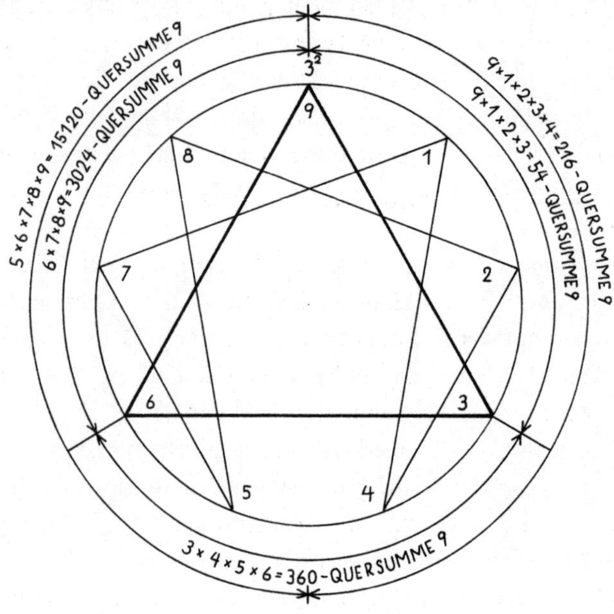

Abb. 13: Die Quersummen der Enneagramm-Abschnitte

Schauen wir uns den Linienzug des Sechsecks im Enneagramm (1, 4, 2, 8, 5, 7) an, so fällt auf, daß dessen Quersumme wiederum 9 beträgt:

1 + 4 + 2 + 8 + 5 + 7 = 27; Quersumme 27 = 9

Die Neun ist also direkt und indirekt auf allen Ebenen des Enneagramms anwesend. Die Vollendung des Zyklus oder des großen

Werkes ist also auf jeder Ebene des Enneagramms potentiell angelegt. Von jedem Enneagramm-Punkt aus können wir zur Vollkommenheit gelangen.

Für den an der Mathematik des Enneagramms Interessierten möchte ich noch eine weitere verblüffende Beobachtung anführen, in deren Mittelpunkt wieder die Neun steht. Multipliziert man den Zahlenwert der Punkte auf der rechten und auf der linken Seite des Enneagramms, so ergibt die Quersumme beider Seiten je neun. Ebenso summiert sich das Produkt der Zahlenwerte der drei durch das gleichseitige Dreieck gebildeten Enneagramm-Abschnitte zur Quersumme neun. Wie gesagt, die Neun ist auf jeder Ebene des Enneagramms anwesend. Sie entspricht der geistigen Essenz des Enneagramms.

Höchstwahrscheinlich wurde das Enneagramm entwickelt, als arabische und indische Mathematiker die Zahl Neun im späten 9. Jahrhundert in Europa einführten und so die besondere Stellung der Neun deutlich wurde: Mit der Neun hat sich ein Zyklus vollendet, der auf der nächsten Ebene mit der Zehn von neuem beginnt.

Es sei noch kurz angemerkt, daß auch im Buddhismus die Zahl Neun eine besondere Rolle spielt. Man nimmt im Buddhismus 108 Eigenschaften des Buddha an, weswegen die buddhistische Mala (Gebetskette) 108 Perlen aufweist. Die Quersumme von 108 beträgt neun ($1 + 0 + 8 = 9$). So bildet auch in der ostasiatischen Kultur des Buddhismus die Neun ein Symbol der Vollendung und den Abschluß eines bestimmten Zyklus.

Die einzelnen Linien des Enneagramms

»... jeder glaubt, die Wahrheit, die er sieht, sei die einzige.
... Alles Wahre ist einfach.«

Rodney Collin

Ein Enneagramm setzt sich aus drei Elementen zusammen: dem Kreis, dem gleichseitigen Dreieck, das auch »das göttliche Dreieck« genannt wird, und dem unregelmäßigen Sechseck (das Hexagramm). Ziehen wir eine Linie durch die obere Dreiecksspitze und den Mittelpunkt des Kreises, bildet diese Gerade die Symmetrieachse des Enneagramms. Das bedeutet, daß die Formen rechts und links dieser Linie spiegelgleich (klappsymmetrisch) sind. Wie wir später noch genauer betrachten werden, so ist gerade der Übergang von der rechten zur linken Seite des Enneagramms – also von dem Enneagramm-Punkt 4 zu dem Enneagramm-Punkt 5 – besonders problematisch. Auf der rechten Enneagramm-Seite finden wir die Ursachen oder die Voraussetzungen für einen Prozeß, auf der linken Seite begegnen wir den Wirkungen, die diese Ursachen hervorbringen.

Das gleichseitige Dreieck schafft eine Teilung des Enneagramms in drei gleiche Teile, welche die drei Stufen auf dem Weg durch das Diagramm widerspiegeln. Das Sechseck bildet eine sehr eigenwillige unregelmäßige Form, die dem Betrachter mit ihrer senkrecht verlaufenden Symmetrieachse einen wichtigen Anhaltspunkt bietet. Sechseck und Dreieck sind in ihren Linienzügen nicht miteinander verbunden, sondern sie überlagern und schneiden sich in 15 Punkten.

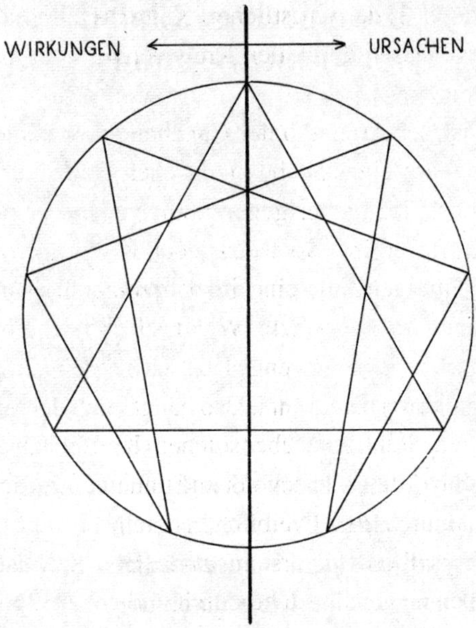

Abb. 14: Die Symetrieachse des Enneagramms

Durch diese Anordnung der drei Elemente (Kreis, Dreieck und Sechseck) des Enneagramms entsteht ein eigenartig »regelmäßig unregelmäßiges« Muster. Die perfekte Räumlichkeit des Kreises wird durch die ausgeprägte Symmetrie der sich kreuzenden Linien aufgeteilt. Das erinnert an islamische geometrische Muster, die in ausgewogener Symmetrie den Raum einnehmen und als Symbol der kreativen Kräfte der Einheit (Allah) anzusehen sind.

Der Kreis

Das Symbol des ganzheitlichen Denkens ist der Kreis. In der indianischen Tradition (Medizinrad), bei den Buddhisten (Mandala) und letztendlich auch in der christlichen Kultur (Heiligenschein) wird ganzheitliches Wissen durch den Kreis verdeutlicht und mit seiner Hilfe vermittelt.

Der Kreis ist der Archetyp der Ganzheit, aber keineswegs einer statischen, sondern einer hochdynamischen Ganzheit, die sich aus dem Zusammenspiel zweier gegensätzlicher und zugleich sich ergänzender Kräfte ergibt. So weist jeder Kreis auch immer zwei Bewegungsrichtungen auf: eine im Uhrzeigersinn und eine dem Uhrzeigersinn entgegengesetzte. Wie das Rund der Erde und deren Kreisbahn durch zwei entgegengesetzt wirkende Kräfte (Rotations- und Zentrifugalkraft) bestimmt ist, so hängt auch der Weg des Menschen und allen Seins von ebensolchen Kräften ab. Durch zwei gegensätzliche Kräfte – wie bewußt und unbewußt, aufmerksam und schlafend, männlich und weiblich, anziehend und abstoßend – kommt der Kreis überhaupt erst zustande. Er symbolisiert den Weg zwischen diesen Gegensätzen hindurch und erinnert uns daran, daß solch ein Weg nie eine gerade Linie sein kann. Emma und Carl Gustav Jung sehen den Kreis als Symbol des Individuationsweges, also der Verwirklichung des Selbst, die nur in der Konfrontation mit den Gegensätzen des Lebens erreicht werden kann.

Auf der Kreislinie (Peripherie) befinden sich die neun Enneagramm-Punkte. Der Kreisverlauf im Uhrzeigersinn gibt dem Prozeß, den das Enneagramm beschreibt, die Richtung. Ich schreite von Enneagramm-Punkt 1 bis hin zu Enneagramm-Punkt 9 voran. Der Kreis gibt also unsere Wahrnehmung der zeitlichen Abfolge eines Geschehens oder eines beliebigen Prozesses wieder.

Kehren wir zur Verdeutlichung kurz zurück zu dem praktischen Beispiel auf Seite 24ff. (Abbildung 6): Ich erkenne meine Unzufriedenheit, ahne ihren Grund, gehe aktiv dagegen an, gerate dabei in jene Spannungen, die mein Leiden auslösen, und verlasse den Prozeß zum Schluß – wenn alles gutgegangen ist – zufrieden und glücklich. Das ist eine zeitliche wie auch eine logische Abfolge, die unseren normalen linearen Denkgewohnheiten entspricht.

Indem man den Kreis des Enneagramms im Uhrzeigersinn beschreibt, kann man mit dieser Blickrichtung den logischen und zeitlichen Ablauf eines Prozesses erkennen und analysieren. Der Weg von dem Enneagramm-Punkt 1 bis hin zu dem Enneagramm-Punkt 9 zeigt meine Ausrichtung auf eine ganz bestimmte Intention und auf ein spezielles Ziel.

In gewisser Hinsicht ist jedoch dieser Kreis das Symbol unseres Kopfes, und »unser Kopf ist rund, damit das Denken seine Richtung ändern kann«, wie der avantgardistische Philosoph Francis Picabia treffend bemerkte. Das kreisförmige Denken (im Gegensatz zum linearen Denken) versucht die Wirklichkeit von verschiedenen Standpunkten aus zu sehen, um das Ganze vollständig zu verstehen.

Betrachtet man also den Kreis des Enneagramms gegen den Uhrzeigersinn, dann erkennt man besonders deutlich die Zusammenhänge, die bedacht werden müssen, wenn der betreffende Prozeß erfolgreich ablaufen soll. Der Betrachter steht am Ziel und blickt auf den Weg zurück, der ihn das Ziel hat erreichen lassen. Er geht mit dieser Perspektive von einem Ideal aus und versucht die Voraussetzungen zu planen, um dieses Ideal auch wirklich zu erreichen. Die Blickrichtung reicht von der Zukunft in die Gegenwart. In dieser Betrachtungsweise liegt sehr viel Weisheit, und sie war es, die der englischen Mythologie zufolge den Zauberer Merlin am besten charakterisierte.

Die Abfolge der Enneagramm-Punkte im Uhrzeigersinn stellt den Funktionszyklus dar, die gegen den Uhrzeigersinn gibt die ganzheitliche Schau eines abgeschlossenen idealen Prozesses wieder. Während letzteres alle zu unternehmenden Schritte in bezug auf das ideale Ziel hin verdeutlicht, so eignet sich der Funktionszyklus hervorragend dazu, die Details, die man bedenken muß, wenn man einen Ablauf in Gang halten möchte, genauer zu betrachten. In unserem Beispiel von der Unzufriedenheit entspricht die Betrachtung der Abfolge der einzelnen notwendigen Schritte (im Uhrzeigersinn) der funktionalen Sichtweise des Praktikers. Betrachtet man nun diesen Prozeß von seinem Ziel aus und fragt sich, »Wie werde ich richtig zufrieden?«, so visualisiert man am besten dieses Ideal so genau wie möglich, um seine Eigenschaften zu erkennen.

Das Dreieck

Gurdjieff und Ouspensky gingen davon aus, daß der Mensch drei Zentren besitzt, um mit der Lebensenergie umzugehen. Die Enneagramm-Punkte 3, 6 und 9, die das gleichseitige Dreieck bilden, teilen das Enneagramm in drei gleichgroße Abschnitte, die diesen Lebensenergiezentren entsprechen. Diese drei Kreissegmente können wie folgt charakterisiert werden:

Erster Abschnitt

An den Enneagramm-Punkten 1 und 2 geht es um unseren Körper und um seine mechanische Reaktionsweise. Es ist nicht bewußte Aktion, die den Menschen hier bestimmt, sondern körperlich-instinktive Reaktion. Nach Gurdjieffs Auffassung reagiert der Mensch hier wie eine Maschine, die auf einem Aktions-Reaktions-Mechanismus beruht, von Eindrücken energetisiert wird und dafür mit Verhalten antwortet. An diesen Stellen im Ablauf finden die neurotischen Wiederholungen eines uns Unglück bescherenden Verhaltens statt. Es wird hier also entweder eine äußerliche Situation materiell beschrieben oder die grundsätzliche Voraussetzung des zu betrachtenden Prozesses geklärt. Zusammenfassend könnte man diesen Abschnitt der beiden Enneagramm-Punkte 1 und 2 als die materiellen Voraussetzungen eines Ablaufs charakterisieren.

Zweiter Abschnitt

An den Enneagramm-Punkten 4 und 5 begegnen wir den Handlungen, die etwas in der psychischen Welt verändern, und treten somit in den Bereich des Gefühls ein. Unser Tun bringt uns, auf der Grundlage der materiellen Voraussetzungen, die durch die Enneagramm-Punkte 1 und 2 markiert werden, dem erwünschten Ziel näher. Zusammenfassend könnte man die beiden Punkte im zweiten Kreissegment als jene Veränderungen beschreiben, die notwendig sind, um einen Prozeß zielgerichtet in Gang zu halten.

Dritter Abschnitt

An den beiden Enneagramm-Punkten 7 und 8 gelangen wir endlich zum Ziel und erreichen den Zweck unserer »Arbeit«. Bei der Persönlichkeitsentwicklung treten wir im dritten Abschnitt des Enneagramms in den intellektuellen Bereich ein, der unsere Erfahrungen (besonders aus dem zweiten Enneagramm-Abschnitt) auf das gewünschte Ziel hin organisiert. Es geht jetzt um die geistigen Ergebnisse des Prozesses. Das dritte Kreissegment steht also für »Ziel und Zweck der Arbeit«. Gurdjieff selbst beschreibt als das Ziel der »Arbeit«, »sich nicht mit seinen unvermeidlich inhärenten Leidenschaften zu identifizieren und nicht durch Äußeres beeinflußt zu werden.«[1]

Mit dieser Charakterisierung der drei Enneagramm-Abschnitte gelingt uns eine sinnvolle Zuordnung der einzelnen Ereignisse und Handlungen zu den behandelten Enneagramm-Punkten.

Erster Abschnitt:
Die materiellen Voraussetzungen eines Prozesses

– Prozesse
Äußere Voraussetzungen werden geschaffen oder erkannt. Die materiellen Grundlagen oder Bedingungen werden bereitgestellt.
– Persönliche Entwicklung
Das motorische Zentrum, der Körper, agiert. Mechanische Reaktionsweisen und instinktmäßige Handlungen bestimmen den Prozeß.

Zweiter Abschnitt:
Die notwendigen Veränderungen, um den Prozeß zielgerichtet in Gang zu halten

– Prozesse
Es erfolgt die Einwirkung auf die im ersten Abschnitt bereitgestellten und vorgefundenen Voraussetzungen. Aktion und Handlung, also alles, was die materiellen Voraussetzungen verändert, steht im Vordergrund.
– Persönliche Entwicklung
Das Gefühlzentrum, die Seele, agiert. Emotionale Reaktionsweisen, Gefühle und das Bemühen im Umgang mit dem Leiden, bestimmen den Prozeß.

Dritter Abschnitt:
Ziel und Zweck der »Arbeit«

– Prozeß
Der Prozeß oder die »Arbeit« wird erfolgreich zu Ende geführt.
– Persönliche Entwicklung
Das intellektuelle Zentrum, der Geist, agiert. Es findet das intellektuelle Durchdringen der Erfahrungen bis hin zum echten Verstehen statt. Das gewünschte Ziel wird erreicht.

Gurdjieff charakterisiert die drei Schockpunkte des Enneagramms (Enneagramm-Punkte 3, 6 und 9), die wir bisher ausgelassen haben und auf die wir später im einzelnen zurückkommen wollen, als »Heilige Bejahung« (Enneagramm-Punkt 3), die als intelligente Funktion im Gehirn lokalisiert ist, als »Heilige Verneinung« (Enneagramm-Punkt 6), die als mechanische Reaktionsweise vom Rückenmark aus gesteuert wird, und als »Heilige Versöhnung« (Enneagramm-Punkt 9), die als Gefühls- und Herzkraft dem Nervenknoten (Synapse) des menschlichen Körpers entspricht und sich besonders im Solarplexus kristallisiert hat.[2] In unserem Leben kommt es darauf an, diese drei Zentren miteinander zu verbinden. Wir alle kennen die Momente, in denen unser Gefühl uns etwas anderes sagt als unser Kopf. Wir wissen, wie es ist, zwischen zwei Möglichkeiten hin- und hergerissen zu sein. Die Ursache hierfür liegt in der mangelnden Verbindung zwischen unseren emotionalen, intellektuellen und motorischen Zentren. Sie arbeiten in den Augenblicken, in denen wir die schmerzhafte Erfahrung der Entscheidungsunfähigkeit machen, gegeneinander.

Ein typisches Symptom dieser inneren Getrenntheit in unserer Gesellschaft ist die Intellektualisierung beziehungsweise die Rationalisierung von Gefühlen. Ertappen Sie sich beispielsweise dabei, wie Sie darüber nachdenken, ob Sie Ihren Partner noch lieben, dann hat Ihr intellektuelles Zentrum die Herrschaft über Ihr Gefühlszentrum übernommen, was Sie unweigerlich in emotionale Schwierigkeiten bringen wird. Ist jede Verbindung zwischen den drei Zentren abgeschnitten, dann tritt der Tod ein. Gurdjieff weist in *Beelzebubs Erzählungen*[3] darauf hin, daß der Tod vieler Pyramidenräuber und der ersten Archäologen beim Öffnen der Grabkammern auf dieses Prinzip zurückzuführen sei. Die alten Ägypter haben die »Heilige Kraft der Versöhnung« in den Grabkammern konzentriert, um die Mumien unzerstört zu erhalten. Beim ersten Öffnen dieser Grabkammern verband sich diese »Heilige Kraft der Versöhnung« mit den Kräften der eintretenden Menschen und brachte deren Energien derart ins Ungleichgewicht, daß sie bald darauf starben. Noch heute ist es ein Rätsel für die Wissenschaft, warum die Archäologen, die als erste die Königskammer der Großen Pyramide in Gizeh öffneten, alle innerhalb kürzester Zeit starben. Wir sehen also, diese Art von inneren Spannungen ist tödlich.

Gurdjieff hat immer wieder betont, daß sein Hauptwerk, *Beelzebubs Erzählungen,* ebenfalls auf drei Ebenen zu lesen und zu verstehen ist: vom Kopf, vom Herz und vom Körper beziehungsweise Instinkt her. Es gibt also eine äußere, eine innere und eine tiefe Bedeutung dieses Buches. Zum wahren Verständnis des Werkes gelangt man erst, indem man alle drei Zentren am Vorgang des Lesens beteiligt. Auf der höchsten Ebene entsprechen den drei Abschnitten des Enneagramms die echte Individualität, der wahre Wille und das objektive Bewußtsein. Die letzte Ebene übersteigt jedoch bei weitem unser Bewußtsein und kann nur erahnt werden.

Die drei Abschnitte des Enneagramms unterscheiden sich deutlich durch die Geschwindigkeit der Reaktionen, Handlungen und Einsichten, die in ihnen ausgeführt werden.

Im ersten, dem *motorischen oder mechanischen Kreissegment,* reagiert der Mensch überaus schnell. Das Bewegungszentrum, das an den Enneagramm-Punkten 1 und 2 wirkt, stellt das von Geburt an am besten ausgebildete Zentrum dar. In diesem Bereich laufen solche Lernschritte ab, die weitgehend auf dem Prinzip der Nachahmung beruhen. Mit dem Bewegungszentrum hat sich besonders der Physiker und Therapeut Moshe Feldenkrais (1904–1984) beschäftigt.

Im zweiten, dem *gefühlsgeprägten Kreissegment,* reagiert der Mensch schon merklich langsamer. Hier treten normalerweise die meisten Konflikte auf. Da unsere Gesellschaft keine Institutionen kennt, die unsere Gefühle zu bilden und kultivieren suchen, ist das Gefühlszentrum der Mitteleuropäer meist erschreckend unterentwickelt. In einer vom männlichen Archetypen dominierten Kultur wie der unsrigen ist es ungemein schwierig, Eigenschaften des weiblichen Archetypen zu entwickeln oder gar auszuleben.

Im dritten, dem *geistgeprägten Kreissegment* des Enneagramms, reagieren wir am langsamsten. Das ist der Bereich, auf den alle Bildungsanstrengungen in unserer Gesellschaft ausgerichtet sind.

Um sich diese unterschiedlichen Reaktionsgeschwindigkeiten der drei Bereiche des Enneagramm zu verdeutlichen, kann man sich vorstellen, beim Autofahren eine Unfallsituation gerade noch vermieden zu haben. Der folgende Ablauf ist typisch:

- Sie fahren auf einer unübersichtlichen Straße und plötzlich rennt ein Kind auf die Fahrbahn.
- Zuerst reagiert Ihr Bewegungszentrum (der 1. Abschnitt des Enneagramms): Sie weichen blitzschnell aus oder bremsen scharf und haben den Unfall vermieden.
- Dann übernimmt Ihr Gefühlszentrum (Enneagramm-Abschnitt 2) die Regie: Es kommt meist zu unkontrollierten emotionalen Reaktionen, die oft einen hysterischen Charakter aufweisen.
- Schließlich, wenn Sie die Situation fast schon überstanden haben, verarbeitet erst Ihr intellektuelles Zentrum (Enneagramm-Abschnitt 3) das Geschehene, indem es Ihnen Gedanken darüber eingibt, was alles hätte passieren können.

Die drei Arten der menschlichen Nahrung

Das Enneagramm steht in enger Beziehung zu den von Bennett in Sherborne House veranstalteten Essen. Ganz in der Tradition Gurdjieffs, in der Essen und Trinken eine große Rolle spielt, erklärte Bennett die Bezüge des Enneagramms an dem, was für ein Essen notwendig und zu bedenken ist. Alles beginnt mit der Vorbereitung der Küche, dann folgt die Auswahl der Nahrungsmittel, sie werden gekocht, serviert, gegessen und schließlich muß wieder aufgeräumt

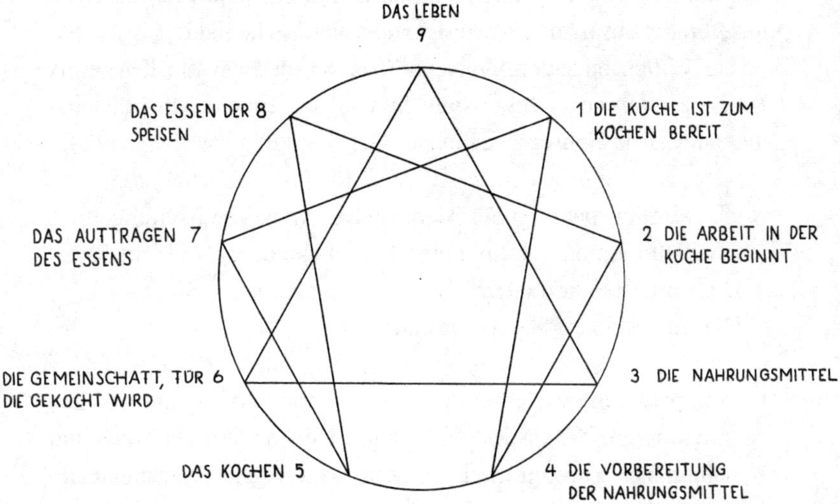

Abb. 15: Die Küche als Kosmos

werden. Daß dabei die Küche unserem Körper entspricht, das Essen unseren Erfahrungen beziehungsweise der Seele und der Koch unserem Willen oder dem Geist, führt dazu, daß wir die Küche als Kosmos erfahren. – Im folgenden wird es jedoch mehr um eine nichtstoffliche Nahrung gehen.

Nach Gurdjieff benötigt der Mensch drei Arten von Nahrung:
- Die Nahrung, die wir als Lebensmittel essen.
- Die Luft, die wir atmen.
- Die Sinneseindrücke, die uns anregen.

Die *Nahrung*, die wir essen, gehört dem ersten Abschnitt des Enneagramms an. Sie ist Materie, deren Umwandlung (im zweiten Abschnitt des Enneagramms) lebensnotwendig ist. Sie bietet die materielle Voraussetzung unserer Existenz.

Die *Luft*, die wir atmen, gehört dem zweiten Abschnitt des Enneagramms an. Besonders die humanistische Psychologie mit Therapieformen wie Rebirthing (Atemtherapie) hat darauf aufmerksam gemacht, daß der Atem eng mit unserem Gefühlsleben verbunden ist: In Schrecksituationen halten wir unseren Atem an; fühlen wir uns entspannt und sicher, atmen wir ruhig und regelmäßig. In diesem von Emotionen geprägten zweiten Kreissegment stoßen wir auf unsere Bewertungen, auf unser Bemühtsein und unsere unnötigen Verspannungen – hier tritt uns, durchaus in körperlicher Form, das Leiden entgegen. Ferner treffen wir dort auf unsere Vorstellungskraft, auf unsere Wünsche und Phantasien. Wir ringen damit, all unsere Wünsche, Vorstellungen und Phantasien mit unserer Realität in Einklang zu bringen.

Der dritte Abschnitt des Enneagramms ist von unseren *Sinneseindrücken* geprägt, die unseren Geist anregen und unseren Verstand herausfordern. Hier wird die Synthese dessen geschaffen, was in den ersten beiden Kreissegmenten angelegt wurde. Man kommt an seinem Ziel an, weil man auf seinem Weg gelernt hat, seinen Körper, seine Gefühle und seinen Intellekt einzusetzen und zu beherrschen. Um auf das Beispiel der Kutsche zurückzukommen: Jetzt kann der Herr und Meister dem Kutscher sagen, wo es langgeht. Der Kutscher wiederum gehorcht und beherrscht die Pferde, auf daß sie die Kutsche in die angegebene Richtung ziehen.

Es ist die kontemplative Selbstbeobachtung, welche die drei Nahrungen zu etwas Höherem transformieren kann, so daß sie zu einer »Hilfe für Gott« werden. Das setzt aber »absichtliche Kontemplationsbereitschaft« voraus, sonst wird nach Gurdjieff die Nahrung nicht auf die Weise transformiert, daß uns ihre »heiligen kosmischen Stoffe« zugutekommen.[4] Reagiert man zum Beispiel assoziativ auf die hereinkommenden Sinneseindrücke, so bleibt man dem mechanischen Reagieren verhaftet und die Nahrung wird nicht umgeformt. Erst durch bewußtes Verhalten, das mit den gewohnten Mechanismen bricht, ist die Transformation unserer Nahrung möglich, und sie kann höheren geistigen Zentren zugeleitet werden. Das durch die Atmung angesprochene Gefühl wird bewußt zur Nahrung des höheren Gefühlszentrums genutzt, wie auch der durch die Sinneseindrücke angesprochene Intellekt zur Nahrung des höheren geistigen Zentrums dient.

In seinem autobiographischen Buch *Das Leben ist nur dann wirklich, wenn »ich bin«*[5] spricht Gurdjieff gleich zu Beginn von zwei fast tödlichen Verwundungen, die er als tiefgreifende Schicksalsschläge in seinem Leben ansah. Bei dem ersten Schicksalsschlag stand das körperliche Befinden im Vordergrund: Nach einer ersten Verwundung durch eine verirrte Gewehrkugel wurde Gurdjieff zuerst von Skorbut, dann von Ruhr, Grippe und der Malaria heimgesucht. All diese körperlichen Krankheiten überwand er. Von einer zweiten Kugel getroffen, fiel Gurdjieff in eine psychische Krise. Er zweifelte an sich und seiner Arbeit und litt darunter, daß sein Ziel noch so weit entfernt war und unerreichbar schien. Diese psychische Krise jedoch ließ das Ziel klar vor Gurdjieffs Augen entstehen:

»… den Menschen die Neigungen zur Beeinflußbarkeit zu zerstören, die sie allzuleicht unter den Einfluß der Massenhypnose fallen läßt.«[6]

Was Gurdjieff auf diese Weise, verborgen unter dem Mantel der Autobiographie, beschreibt, ist nichts anderes als die drei Kreissegmente des Enneagramms, die so an Hand seines Lebenslaufs prägnant charakterisiert werden.

So wie man Gurdjieffs zwei Verwundungen durch Gewehrkugeln als Enneagramm-Schockpunkte verstehen kann, so ist es sicher auch Ihnen möglich, Ihr eigenes Leben unter dem Aspekt bedeutsamer Einschnitte zu sehen. Hierbei ist allerdings eine Haltung empfehlenswert, die die Schocks nicht dogmatisch als starre Punkte festlegt. Wenn Sie das Enneagramm produktiv auf Ihr eigenes Leben beziehen wollen, sollten Sie spielerisch mit ihm umgehen und es nicht als starre Struktur sehen, sondern als etwas Lebendiges, das in unserem Leben als Grundmuster wirkt.

Als Therapeut stellte ich oft fest, daß fast jeder Mensch zwei Schocks in seinem Leben festmachen kann. Der erste ist fast immer in Außeneinflüssen während der frühen Kindheit zu suchen. So finden wir hier beispielsweise den Tod der geliebten Großmutter oder eine massive Ablehnung durch die Eltern, die sich in vielen unterschiedlichen Formen äußern kann. Es ist natürlich, daß wir auf den ersten Schock negativ reagieren, da wir die mit ihm verbundenen Verletzungen um jeden Preis abwehren wollen.

Der zweite Schock beendet meist die Negativität, die sich durch den ersten Schock der Kindheit ins Leben eingeschlichen hat. Zwar resultiert er im allgemeinen aus dem ersten Einschnitt, aber es kommt nun zu einer Änderung in der Lebensrichtung – oftmals durch das Finden eines Therapeuten, einer spirituellen Gruppe oder seltener durch eine liebe- und verständnisvolle Beziehung.

Es ist typisch, daß die Zeit nach dem ersten Schock von Wiederholungen oder gar Zwangshandlungen geprägt ist. Die Angst vor Nähe, die Sucht nach Anerkennung, die negativen Lebenseinstellungen und Minderwertigkeitsgefühle sind oft die Gründe für diese neurotischen Wiederholungen. Der zweite Schock ist dann von einer Bewegung auf mehr Selbständigkeit und innere wie äußere Freiheit hin geprägt. Meistens trennt man sich hier trotz größter Ängste von einem Partner, um zu bemerken, daß des Lebens Glück in der Selbständigkeit liegt, die uns für Beziehungen neuer Qualität öffnet.

Ich habe die Erfahrung gemacht, daß es sehr produktiv ist, nach den beiden beschriebenen Schocks im eigenen Leben zu forschen. Indem man sich des ersten Schocks erinnert, kann die Trauer und/oder Wut, die mit ihm verbunden ist, freigesetzt werden. Der Ausdruck dieser Gefühle reinigt und öffnet uns für neue tiefe Erfahrungen. Meistens wird uns der erste Schock erst nach dem zweiten bewußt, da wir uns durch die relative Sicherheit, die dem zweiten Schock folgt, der Erkenntnis des ersten zuwenden können. Den drei Abschnitten des Enneagramms entsprechen auch drei verschiedene Bewußtseinsabschnitte, auf welche die Schulung nach der Methode Gurdjieffs Bezug nimmt:

- Die exoterische Schulung, bei der es um die Ausbildung der äußeren Persönlichkeit und besonders der Ansammlung von Wissen geht.
- Die mesoterische Schulung, bei der es um die Ausbildung des Gefühlszentrums geht, auf daß ein echtes Ich als Zentrum der Persönlichkeit entstehen kann.
- Die esoterische Schulung, während der der Mensch neu geboren wird, um seine höheren geistigen Zentren zu benutzen.

Dieser Dreiteilung aller Prozesse liegt die Beobachtung zugrunde, daß Ursache (Aktion) und Wirkung (Reaktion) alleine nicht erklären können, auf welche Weise Prozesse ablaufen. Zu dieser Erklärung bedarf es einer dritten, einer Bindekraft, die zwischen Ursache und

Wirkung ausgleichend und versöhnend wirkt. Oftmals wissen wir nicht, wie diese Kraft konkret aussieht. Wir fühlen und beobachten dann nur, daß sie wirkt und etwas verändert. Ähnlich verhält es sich zum Beispiel mit der Kraft des Geistes, des Intellektes, oder der Kraft der Liebe und des Höheren Selbst, die oft ungesehen bewirken, daß wir unser Ziel erreichen. Die Abbildung 17 verdeutlicht uns diese Zusammenhänge.

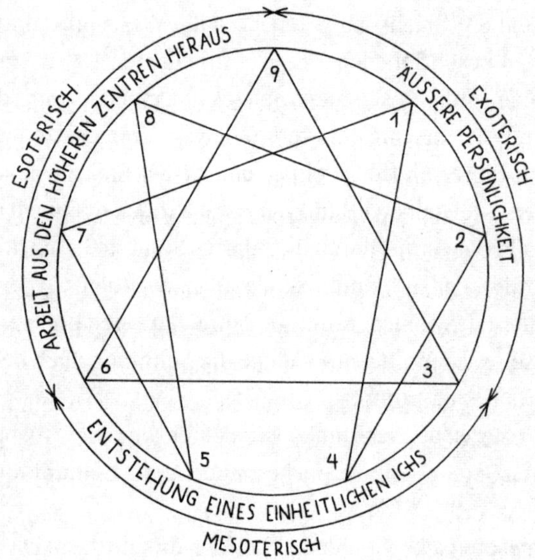

Abb. 16: Die drei Bewußtseinsstufen im Enneagramm

Indem wir auf unseren Solarplexus meditieren, nehmen wir mit unserer mechanisch-körperlichen Seite Kontakt auf. Meditieren wir dagegen auf unser Herz, so treten wir mit unserer Gefühlsebene in Kontakt. Und wenn wir uns auf das Innere unseres Kopfes konzentrieren, klären wir unseren Intellekt und die auf uns einströmenden Sinneseindrücke. Um alle drei Seiten des Enneagramms zu einer abgeschlossenen dynamischen Gestalt zu verbinden, sollten wir auf das Innere unseres Kopfes, unser Herz und auf unseren Solarplexus gleichzeitig meditieren. Mit dieser gar nicht so schwierigen Übung können wir unsere drei Zentren, die den drei Seiten des inneren Dreiecks im Enneagramm entsprechen, in eine perfekte Balance bringen.

In den Schulen des Vierten Wegs (Gurdjieff, Ouspensky und Bennett) versucht man deswegen, täglich auf alle drei Zentren zugleich zu meditieren, denn erst das führt zu einer vollständigen Selbsterinnerung. Zugleich wird der Körper für die bewußte Aufnahme und Umwandlung seiner drei Nahrungsmittel gut vorbereitet.

Gurdjieff nennt das kosmische Gesetz der Drei »Triamazikamno«, und versinnbildlicht in diesem Kunstwort seine Vorstellung, daß sich Oben und Unten verbinden, um eine Mitte zu erzeugen. Er nimmt damit Bezug auf den körperlichen Vorgang bei der Selbsterinnerung. Das kosmische Gesetz der Drei im Zusammenhang mit den drei Arten der menschlichen Nahrung ist keineswegs nur ein theoretisches Konstrukt oder metaphorisch gemeint. Der Übende kann die Wirkung des Gesetzes in seinem eigenen Körper spüren, indem er sich seiner selbst zu erinnern versucht. Tritt ein Sinneseindruck (dritte Art der Nahrung) gerade dann in unser Bewußtsein, wenn wir uns unserer selbst erinnern, dann können wir das Gesetz der Drei körperlich erleben: Wir spüren unser Herz, wobei uns klar wird, daß unser Gefühlszentrum den Sinneseindruck aufnimmt. Dabei verlieren wir uns aber nicht (assoziativ oder träumend) in diesem Sinneseindruck, sondern wir bleiben bei unserem Körpergefühl und spüren uns selbst in unserem Körper. Gleichzeitig erleben wir, wie wir den Sinneseindruck aufnehmen. Meist tritt eine innere Bewegung – die häufig wie ein Energiefluß, eine Art leichter Wärmestrom oder auch ein leichter Schauer erlebt wird – auf, die vom Herz nach unten in das Gebiet des Nabels oder Solarplexus fließt, um von dort in die Kopfgegend aufzusteigen: Brust (Herz), Oberbauch und Kopf im Sinne von Gefühls-, Bewegungs- und Geisteszentrum sind dann

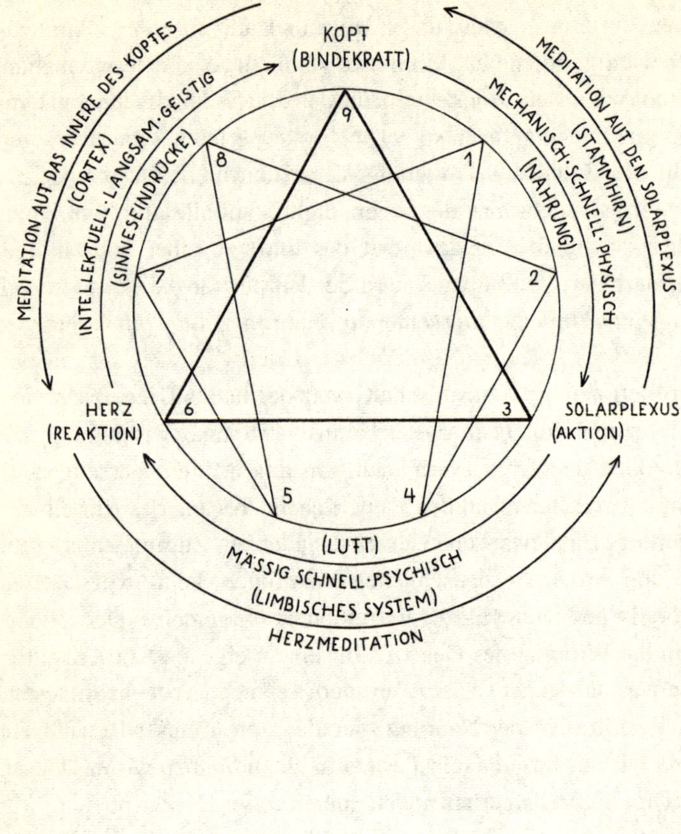

Abb. 17: Die Dreiteilung des Enneagramms

gleichermaßen am Prozeß der Aufnahme des Sinneseindrucks beteiligt.

Bei dem zweiten Nahrungstypen, der Luft, die für unseren Kontakt mit der emotionalen Welt steht, beobachten wir den gleichen Bewegungsablauf. Hier besteht die Voraussetzung zum bewußten Umgang mit der Luft darin, daß wir versuchen, uns nicht mehr mit unseren negativen Emotionen zu identifizieren. Haben wir diese Stufe erreicht, dann bleiben wir uns unserer selbst bewußt. Der Gefühlsimpuls fließt dann spürbar als Wärmestrom vom Herzen in den Unterkörper, um darauf im Kopf bewußt erfaßt zu werden.

Bei mehr intellektuell ausgerichteten Menschen mag sich bei der Selbsterinnerung auch ein Strom vom Kopf in den Unterkörper und von dort ins Herz ergeben. Das Herz als Gefühlszentrum gibt dann die Bindekraft, die es genausogut wie der Kopf als intellektuelles Zentrum beisteuern kann. Darauf, daß der Körper das dritte, ausgleichende Element bilden kann, bauen die bereits erwähnten »movements« auf. Auch Übungssysteme wie Yoga und Tai-Chi können die Rolle des körperlichen Vermittlers zwischen Emotionen und Intellekt übernehmen.

Erst wenn wir das Wirken der drei Kräfte beziehungsweise der drei Zentren in unserem Körper spüren können, erst dann haben wir dieses kosmische Gesetz der Drei, wie es im Dreieck des Enneagramms dargestellt ist, wirklich verstanden.

Die dritte Kraft

Die Idee von den drei Kräften besitzt eine lange Tradition. Wir finden sie sowohl in den Veden, den ältesten Texten der indischen Literatur, als auch in der Lehre von den drei Gunas in der indischen Vedanta. In der ursprünglichen Darstellung waren die drei Gunas drei Kräfte, durch die alle Unterschiede in der Welt bedingt sind. Erstaunlicherweise entsprechen sie perfekt dem Gesetz der Drei, das

Abb. 18: Der alchimistische Ofen

ja die ganze Welt der Erscheinungen durchdringt. Die dritte, die göttliche Kraft, hat auch hier die Aufgabe, die Welt zu einem höheren Ziel zu öffnen.

Die Alchimisten, die das eigene Innere auf das damals Unbekannte der Materie projizierten, erkannten ebenfalls das Gesetz der Drei, das als archetypische Kraft alle Lebensprozesse prägt. Folglich besaß der klassisch alchimistische Ofen drei Öffnungen, in denen der Umwandlungsprozeß stattfand.

Mercurius beziehungsweise Quecksilber wurde als die Bindekraft angesehen, die zwischen der Welt des Feuers (der Sonne oder des Bewußtseins) und der Welt des Wassers (des Mondes oder des Gefühls) neutralisierend vermittelt. Diese dritte, meist unsichtbare Kraft steuert die Bedeutung zu einem Prozeß bei, das heißt, sie läßt ihn sinnvoll werden. Sie ist die Vermittlerin zwischen Yin und Yang, männlich und weiblich, oben und unten. Die Polaritäten von Materie und Seele, Körper und Gefühl werden im dritten Abschnitt des Enneagramms verstandesmäßig aufgehoben. So entsteht durch die Bindekraft des Intellekts die neue Qualität, die unser Ziel darstellt. Genau das haben die Alchimisten in ihrer Vorstellung vom dynamischen Mercurius ausdrücken wollen. Die dritte ist diejenige Kraft, die einen Prozeß in Bewegung hält. Kommt ein Ablauf zum Stillstand, dann liegt das meistens an einem Mangel der dritten Kraft.

Modernen physikalischen Vorstellungen folgend, nehmen wir als die drei Grundkräfte des Universums Raum (passiv), Zeit (aktiv) und eine vermittelnde Dimension als dritte Kraft (neutral) an. Der statische Raum symbolisiert in dieser Vorstellung die Möglichkeiten und potentiellen Energien einer Situation. Die dynamische Zeit regiert die Umsetzung und Benutzung dieser Kräfte und Möglichkeiten und die neutrale, vermittelnde Kraft regelt das Zusammenspiel der beiden anderen Energien.

Typisch ist für Gurdjieffs Lehre, daß er, genau betrachtet, zwei verschiedene Versionen des Gesetzes der Drei anbietet, die sich in der Charakterisierung der dritten Kraft unterscheiden: Einmal formuliert er das Gesetz der Drei als Zusammenkunft der aktiven, passiven und der neutralen Kraft und formuliert: »Das Höhere verbindet sich mit dem Niedrigeren, um das Mittlere zu erzeugen.«[7] Hierbei bezieht sich »höher« auf dasjenige, was außerhalb unserer normalen Wahrnehmung liegt. Der Einfachheit halber können wir sagen, es bezieht sich auf das Geistige, wohingegen »das Niedrigere« sich auf das Materielle bezieht. Um zu zeigen, was mit diesem Satz konkret gemeint ist, kehre ich zu dem Beispiel zurück, wie ich dieses Enneagramm-Buch schreibe. Meine Hand und ein Stift bzw. die Tastatur des Computers müssen zusammenkommen, um das Schreiben zu ermöglichen. Dabei steht meine Hand im Dienst des Geistigen und entspricht so dem Höheren, der Stift oder die Computertastatur stellen Formen der Materie dar. Das Mittlere, das als eine neue Qualität entsteht, ist das Schreiben. Weder meine Hand alleine noch der Computer oder der Stift können schreiben. Es bedarf also zum Schreiben der Verbindung von Höherem und Niedrigerem. Nach Gurdjieff sind wir für diese neue Qualität des Mittleren, eben die dritte Kraft, weitgehend blind, das heißt, wir empfinden das Schreiben gar nicht als neue Qualität und können so die Wirkung des Gesetzes der Drei nicht wahrnehmen.

Zum anderen stellt die dritte Kraft für Gurdjieff eine Art Katalysator dar, der eine Reaktion zwischen den beiden anderen Kräften erst ermöglicht. In physikalischer Begrifflichkeit ausgedrückt, entspricht diese dritte Kraft einem Energiefeld, das dem elektromagnetischen Feld eines Atoms ähnelt, das aus dem Kern und den Neutronen erst den grundlegenden Baustein macht. Diesen Aspekt deutet Gurdjieff lediglich an, um wieder zu dem Beispiel der Entstehung dieses Buches zurückzukommen: Die Idee, über das Enneagramm zu schreiben, erzeugt eine bestimmte Motivation (das Feld), welche die Hand als Instrument des Höheren und die Computertastatur als Instrument des Niederen zusammenführt und sinnvoll zusammenwirken läßt.

Der amerikanische Astrologe Rodney Collin macht darauf aufmerksam, daß die verschiedenen Elemente dieser Dreiheit wie Motorik (Körper, passiv), Gefühl (Seele, aktiv) und Intellekt (Geist, neutral) ihre Positionen in diesem Modell je nach Bezugspunkt und Situation ändern können. Das haben wir in den beiden Abbildungen 8 und 9 bereits dargestellt. Mich erinnert dieser Ansatz, der die Dynamik des Enneagramms so betont, an Albert Einsteins Relativitätstheorie aus dem Jahre 1905. Frei nach Gurdjieff kommt es darauf an, ob wir motorische, emotionale oder intellektuelle Menschen sind oder ob wir uns mehr vom Brot, von der Luft oder von den Sinneseindrücken ernähren. Jede dieser drei Gruppen sieht die Welt verschieden und entwickelt sich auf unterschiedliche Weise. Bezieht man diese Triade der Kräfte auf die »Arbeit« der Schulen des Vierten Weges, dann ergeben sich drei Schritte:

- Selbsterinnerung (Enneagramm-Punkt 3),
- Aufteilung der Aufmerksamkeit (Enneagramm-Punkt 6),
- Bewußtsein (Enneagramm-Punkt 9).

Das Bewußtsein stellt nach Gurdjieff einen Zustand dar, in dem man weiß, was man weiß, und zugleich sieht, wie wenig und widersprüchlich das ist. Der höchste Bewußtseinsstand, den der neunte Enneagramm-Punkt symbolisiert, herrscht dann vor, wenn der Mensch sich völlig seiner Aktivitäten bewußt ist und sich dabei zugleich als sein eigener Beobachter erlebt.

Spielereien mit der Zahl Drei

Zum Abschluß dieses Abschnitts über das Gesetz der Drei möchte ich zeigen, daß die Drei wie die Neun das Enneagramm auf allen Ebenen durchdringt.

Jeder der drei Abschnitte des Enneagramms beinhaltet ein Vielfaches von drei. Schauen wir uns jedoch die Summen von einem

Dreieckspunkt zum anderen genauer an, bemerken wir, daß der erste, der körperliche Abschnitt, durch 5 x 3 charakterisiert ist. Die Fünf gilt seit Leonardo da Vinci als die Symbolzahl für den menschlichen Körper, den der große Renaissance-Künstler als Fünfeck im

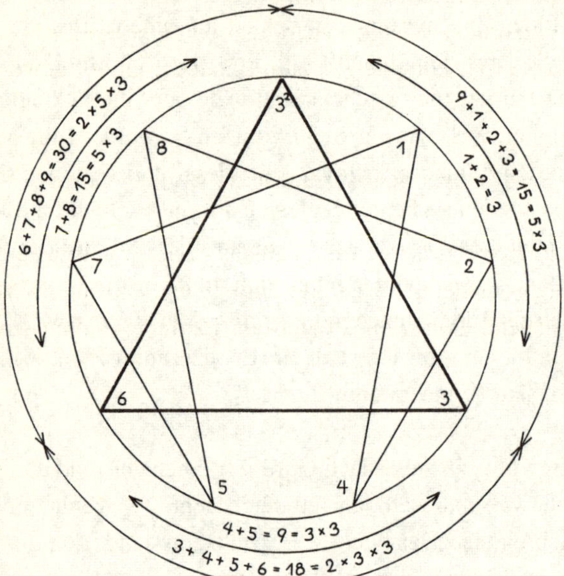

Abb. 19: Die Drei im Enneagramm

Kreis darstellte. Der zweite, gefühlsmäßige Abschnitt enthält dreimal 2 x 3. Die Zwei entspricht dem menschlichen Gefühl, das in seiner Reaktion auf der Dualität des Seelenlebens von Liebe und Haß, Lebens- und Todestrieb aufbaut. Der dritte, geistige oder intellektuelle Abschnitt enthält sowohl zweimal die charakteristische Zahl des Körpers 5 x 3 als auch fünfmal die charakteristische Zahl des Gefühls 2 x 3. Verblüffend ist ferner die Tatsache, daß man bei der Multiplikation von 5 x 3 x 2 (also die unterschiedlichen Elemente der Maßzahlen von Körper und Gefühl) die Maßzahl des Geistes – nämlich 30 – als Produkt erhält.

Das heißt nichts anderes, als daß im dritten Abschnitt des Enneagramms die Elemente der beiden anderen Abschnitte enthalten und miteinander verschmolzen sind. Man hat also die Erfahrungen der ersten beiden Enneagramm-Abschnitte integriert und ist selbstbestimmt geworden. Wie das alchimistische Quecksilber kann man sich jetzt frei bewegen und ist zum Boten der Götter geworden.

Die drei Schockpunkte im Enneagramm

Wir haben bis jetzt festgestellt, daß das Enneagramm jeden Prozeß in drei verschiedene Abschnitte aufteilt und ihn übersichtlich zu gliedern sucht. Damit ein Prozeß am Laufen gehalten wird, sind

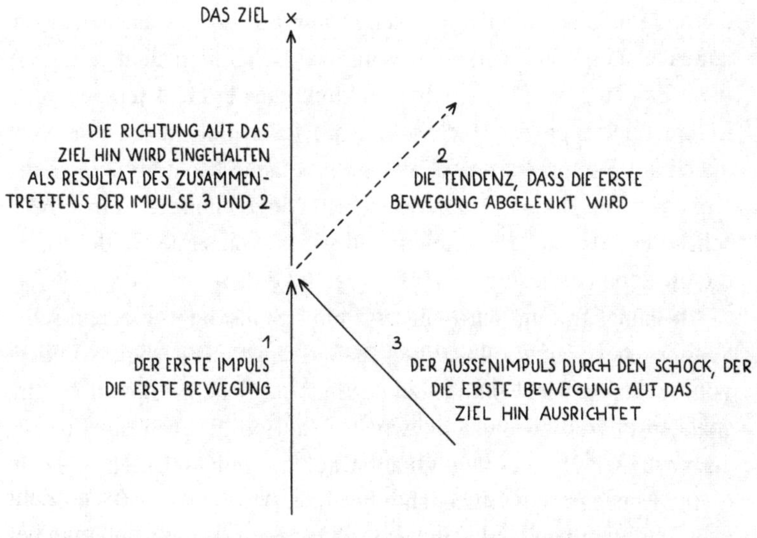

Abb. 20: Schock und Richtung im Enneagramm

Impulse oder Schocks von außen notwendig. Im Enneagramm verlangt jeder Prozeß, der zu seinem Ende geführt werden soll, unbedingt Außenimpulse, die weder zu stark noch zu schwach wirken dürfen und genau zum rechten Zeitpunkt eintreten müssen. Treten diese wohldosierten Schocks auf, wenn sich der Prozeß am Enneagramm-Punkt 3 oder 6 befindet, dann halten sie nicht nur die Dynamik des Prozesses aufrecht, sondern sie organisieren zugleich den Prozeß auf dessen erwünschtes Ziel hin. Die Schockpunkte verdeutlichen, daß kein Vorgang in der Welt ohne Unterbrechung abläuft, wie auch keine Kraft permanent in die gleiche Richtung wirkt. Ohne die Schockpunkte käme jedes Ereignis entweder früher oder später ganz zum Stillstand oder es verliefe in unvoraussagbare Richtungen.

Jedes Ereignis ruft normalerweise eine oder mehrere Reaktionen hervor, die meistens nicht genau berechenbar sind und Richtung wie Wirkung dieses Ereignisses erheblich ändern können.

Kehren wir noch einmal zu dem Beispiel der Unzufriedenheit zurück (Seite 24ff.; Abb. 6). Ich fühle mich unzufrieden und möchte das ändern. Wenn nicht am *Enneagramm-Punkt 3* etwas Neues von außen in mein Leben tritt, wird es mir wahrscheinlich nicht gelingen, mein Ziel zu erreichen. An diesem Punkt mag es ein Therapeut, ein Lehrer oder auch ein Buch sein – auf jeden Fall muß etwas von außen auf mich zukommen, um mir eine neue Richtung zu geben. Um das zu verstehen, ist es wesentlich, von der kühnen Selbstüberschätzung Abstand zu nehmen, daß wir wie einsame Helden sind, die ihr Leben ohne äußere Hilfen regeln können.

Im Enneagramm wird dieser Punkt 3 als »der mechanische Schock« bezeichnet, als etwas, das auf unser körperliches Leben von außen einwirkt, um es zu verändern. Gehen wir von einem sozialen Prozeß oder einem Arbeitsablauf aus, so tritt am Enneagramm-Punkt 3 eine neue Qualität auf. In dem Beispiel, wie ich dieses Enneagramm-Buch schreibe (Seite 46ff.; Abb. 10), kommt nach der Bereitstellung der materiellen Voraussetzungen die Idee oder man könnte auch sagen der Inhalt ins Spiel. Betrachten wir die

Persönlichkeitsstruktur des Menschen, erscheint an diesem ersten Schockpunkt die Psyche als neue Qualität.

Falls an diesem mechanischen Schockpunkt des Enneagramms keine neue Qualität ins Spiel kommt und von dem Prozeß assimiliert werden kann, erschöpft sich der Prozeß in der mechanischen Wiederholung des immer Gleichen. Der Mensch versinkt im Unglück seiner eigenen Neurose, die ihn als unwiderstehliche Macht zu ewigen Wiederholungen zwingt.

Den zweiten Schockpunkt des Enneagramms finden wir an der gegenüberliegenden Dreiecksspitze, am *Enneagramm-Punkt 6*. Dieser Impuls wird als der »bewußte Schock« bezeichnet.

Schauen wir uns abermals den Weg von der Unzufriedenheit in die Zufriedenheit an (Seite 24ff.; Abb. 6), dann markiert der Enneagramm-Punkt 6 mein Erwachen. Ich bin nun in der Lage, bewußt durch eigene Anstrengungen meinem Leben eine Richtung auf das erwünschte Ziel hin zu geben. Im Grunde kann man erst an diesem zweiten Schockpunkt von einem ausgebildeten Willen sprechen, der sich konsequent auf ein Ziel hin ausrichten kann. Das hängt unter anderem damit zusammen, daß es uns an diesem zweiten Schockpunkt gelingt, durch Nichtidentifikation negative Gefühle in positive zu verwandeln. Ich betrachte meine Gefühle, ohne mich in sie hineinziehen zu lassen und ohne in ihnen zu versinken. Diese Haltung entspricht der von Sigmund Freud so hoch gepriesenen freischwebenden Aufmerksamkeit.

Eine andere Umsetzung dieser hilfreichen, unpersönlichen Einstellung besteht in der Betrachtung des Lebens als Spiel. In dem Entstehungsprozeß dieses Buches tritt am zweiten Schockpunkt der Verlag als neue Qualität auf. Ohne diese neue Qualität kann mein Ziel, daß dieses Buch viele Leser finden möge, nicht erreicht werden.

Der zweite Schockpunkt wird durch die Zahl Sechs charakterisiert. Sie gilt als die vollkommene Zahl, da sie sowohl die Summe als auch das Produkt ihrer Teile darstellt: 1 + 2 + 3 = 1 x 2 x 3 = 6.

Auf der Ebene der Zahlensymbolik bedeutet dies, daß hier die Analyse (die Addition) und die Synthese (die Multiplikation) miteinander verbunden werden. Wir bekommen am Enneagramm-Punkt 6 den Gesamtüberblick und uns wird klar, welche einzelnen, konkreten Schritte noch auf das Ziel hin notwendig sind. Wird nicht erkannt, an welchem Punkt Systemänderungen notwendig sind, dann können funktionsfähige Gesellschaften plötzlich zusammenbrechen. Individuen werden krank oder sterben gar und Organisationen lösen sich plötzlich auf.

Jede Systemänderung an den beiden Schockpunkten 3 und 6 birgt natürlich auch ein erhebliches Risiko in sich. Man kann nie genau voraussagen, ob ein Außenimpuls stattfindet und wie er auf das bestehende System und den laufenden Prozeß wirkt. Die Auflösung von Staaten wie der UdSSR und Jugoslawien zeigt deutlich, daß die Wirkung von Außenimpulsen nicht immer genau kalkulierbar ist. Außerdem sollte man bedenken, daß jeder, auf ein Ziel hin ausgerichtete Prozeß durch die Reaktionen, die er hervorruft, von seinem Ziel abgelenkt werden kann.

An den beiden Schockpunkten 3 und 6 wird letztendlich unser Prozeß mit Abläufen unabhängigen Ursprungs synchronisiert.[8] Das bedeutet, dieser Prozeß wird in Einklang mit den parallel laufenden Prozessen der Umgebung gebracht.

Es fällt auf, daß die moderne Chaos-Theorie die Annahme des Enneagramms von den zwei Schockpunkten bestätigt. Ein stabiler, geordneter Prozeß kippt nämlich keineswegs »irgendwann einmal« ins Chaos um. Es gibt genau festgelegte Grenzpunkte, an denen das geschehen kann. Diese Grenzpunkte entsprechen exakt den Schockpunkten im Enneagramm.

An den Schockpunkten wird zugleich besonders deutlich, wie das Enneagramm immer in Interaktion mit weiteren Enneagrammen zu sehen ist. Auf dem Weg vom unzufriedenen zum zufriedenen Menschen ist der erste Schockpunkt mit dem Enneagramm des Therapeuten, Lehrers oder des Autors, der das hilfreiche Buch geschrieben hat, verbunden. Der zweite Schockpunkt ist abermals mit dem Enneagramm eines »Lehrers« im weitesten Sinne verbunden. Dieser »Lehrer« mag eine spezielle, mich tief berührende Situation sein oder das klärende Gespräch mit einer Freundin.

Der Vollständigkeit wegen sei noch der dritte Schockpunkt am *Enneagramm-Punkt 9* erwähnt. An dieser Stelle haben wir unser Ziel erreicht und wir sind offen, in einen neuen Prozeß einzutreten.

Zusammenfassend ist folgendes zu den Schockpunkten des Enneagramms zu sagen:

Erster Schockpunkt:
mechanischer Schock am Enneagramm-Punkt 3

Er betrifft einen Außenimpuls, der dem bis jetzt abgelaufenen Prozeß eine neue Richtung oder einen neuen Bewegungsanstoß gibt. Eine neue Qualität kommt ins Spiel, die den Prozeß auf sein Ziel hin ausrichtet.

Zweiter Schockpunkt:
bewußter Schock am Enneagramm-Punkt 6

Er wandelt das vorliegende Material um und organisiert es auf das erwünschte Ziel hin.

Dritter Schockpunkt:
das Ziel, Enneagramm-Punkt 9

Das Ziel und der Zweck der »Arbeit« sind erreicht, und das System ist bereit, in einen neuen Prozeß einzutreten.

Um diese Impulse an den Schockpunkten produktiv nutzen zu können, hilft es bei der Planung eines Prozesses, den Linien des Sechsecks (Hexagramm) zu folgen.

Das Sechseck

Das Sechseck oder Hexagramm wird von den Enneagramm-Punkten 1, 2, 4, 5, 7 und 8 gebildet. Die Bewegung entlang seiner Linie erinnert an ein Labyrinth. Sie führt von oben nach unten, wieder hinauf, wechselt die Seiten, erneut nach unten, zurück nach oben und wieder auf die andere Seite, wo der gesamte Bewegungsablauf wieder von vorne ablaufen kann. In diesem Hin und Her der Bewegung finden wir uns selbst wieder. Wie die Katze den heißen Brei, so umkreisen wir unser Höheres Selbst und erarbeiten uns seine verschiedenen Aspekte. Jung vergleicht diese Bewegungsgeste mit dem Umkreisen der Stupa im tibetischen Buddhismus und nannte sie entsprechend »Circambulation« (um etwas herumschreiten). Dieses circambulierende Bewegungsmuster charakterisiert wie das Labyrinth unseren Lebensweg.

Um diese Labyrinth-Bewegung des Sechsecks nachempfinden zu können, ist es gut, sich ein großes Enneagramm auf den Boden aufzuzeichnen, um dann seine Linien abzuschreiten. Am Strand hat man für dieses Spiel am meisten Platz.

Es fällt auf, daß das Sechseck unten offen ist. Man kann das symbolisch als Schöpfung, die aus einer Einheit hervorgeht, auffassen. Astrophysikalisch spricht man hier von einem undifferenzierten Gasnebel und dem Urknall.

Im Verlauf der Schöpfung differenziert sich diese Einheit, die auch als Leere angesehen werden kann. Zunächst entstehen zwei Teile, die von der rechten und linken Seite des Enneagramms veranschaulicht werden. Diese erste Differenzierung der Schöpfung weist zugleich ein drittes auf, nämlich die Beziehung zwischen den beiden Teilen, die genauso wichtig ist wie diese beiden Teile selbst. So entsteht aus der Leere durch die Urbewegung der Schöpfung eine Dreiheit. Diese drei Kräfte, die miteinander in Beziehung stehen, entsprechen dem, was wir in der Physik als Proton, Elektron und die Bewegung des Protons um das Elektron herum kennen. Sie sind aktiv (A), passiv (P) und neutral (N), sonst könnten sie nicht in Wechselbeziehung zueinander treten und neue Atome und Moleküle schaffen. In gewissem Sinne symbolisieren die sechs Enneagramm-Punkte des Hexagramms die sechs verschiedenen Kombinationen dieser drei Grundkräfte (ANP, NPA, PAN, NAP, PNA, APN).

Abb. 21: Symbolische Darstellung des Hexagramms nach Eliphas Lèvi

Das nach unten geöffnete Sechseck stellt ein Bild dafür bereit, wie sich aus der Leere – der Öffnung, die auch als weibliches Genital, Gebärmutter oder als das alchimistische Gefäß anzusehen ist – sechs schöpferische Kräfte bilden. Wir wissen aus der modernen fraktalen Geometrie[9], daß gerade solche unregelmäßigen Formen wie unser Hexagramm in der Natur die Regel darstellen – vollständig symmetrische Formen sind dagegen die Ausnahme.

Diese sind die kosmologischen beziehungsweise physikalischen

Hintergründe des Sechsecks im Enneagramm. Hierbei ist zu beachten, daß der Kosmos und der Mensch den gleichen Gesetzen folgen.

Im Grunde stellt das Hexagramm die wesentlichste Form des Enneagramms dar, denn Gurdjieff, Bennett und Rodney Collin weisen ausdrücklich darauf hin, daß zwar jeder Kosmos ein Enneagramm ist, aber nicht jedes Enneagramm auch notwendigerweise ein Dreieck beinhalten muß.[10] Nach Gurdjieff symbolisiert das Dreieck im Enneagramm die Essenz eines Vorgangs. Er spricht in diesem Zusammenhang von der »Seele eines Prozesses«. Unbeseelte Vorgänge und Prozesse brauchen kein Dreieck aufzuweisen. Mit anderen Worten: Das Hexagramm stellt den notwendigen und hinreichenden Teil des Enneagramms dar. Das trifft sich mit den Ansichten der späten Alchimisten des 17. Jahrhunderts, die davon ausgingen, daß es sechs kosmische Prozesse gibt, die den sechs alchimistischen Operationen entsprechen.[11]

Für unsere Frage, wie wir konkret mit dem Enneagramm arbeiten können, müssen wir uns den sechs durch das Hexagramm gebildeten Enneagramm-Punkten zuwenden. Dem Linienzug des Sechsecks folgend, ergibt sich 1, 4, 2, 8, 5 und 7 als Abfolge der Punkte. Diese Anordnung der Enneagramm-Punkte kann man als den Willenszyklus betrachten. (Im Gegensatz zum Funktionszyklus, der die logische und zeitliche Abfolge einer Handlung wiedergibt.) Der Mensch, der seinen Willen auf das Erreichen eines bestimmten Ziels innerhalb oder außerhalb seiner selbst ausrichten möchte, muß in dieser Abfolge den Prozeß betrachten. Dabei fällt deutlich auf, daß er zunächst bei seinen Betrachtungen auf der rechten Enneagramm-Seite bleibt, um sich dort seinem Körper- (Enneagramm-Punkte 1 und 2) und seinem Gefühlszentrum (Enneagramm-Punkt 4) zuzuwenden. Danach wechselt seine Perspektive auf die linke Enneagramm-Seite über, wo er sich seinem intellektuellen (Enneagramm-Punkte 7 und 8) und seinem Gefühlszentrum (Enneagramm-Punkt 5) zuwendet.

Auf äußere Prozesse bezogen, analysiert der Betrachter zunächst seine materiellen Voraussetzungen (Enneagramm-Punkte 1 und 2), die er mit dem Produkt oder dem umzuwandelnden Material (Enneagramm-Punkt 4) in Beziehung setzt. Ist er hierbei zu einem Ergebnis gekommen, wird er klar sein Ziel vor Augen haben (Enneagramm-Punkt 8) und entsprechend auf sein Material (Produkt oder Dienstleistung) einwirken, um es umzuwandeln (Enneagramm-Punkt 5). Hierbei muß immer der Aspekt der Präsentation (oder der Vermarktung bzw. der Konsumtion) mitbedacht werden, was am Enneagramm-Punkt 7 geschieht.

Das Hexagramm gibt also den Weg an:

- Wie man sich willentlich selbst auf sein Ideal hin erfolgreich verändert,
- Wie man einen Prozeß oder eine Handlung zielgerichtet und erfolgreich ausführt,
- Wie man sich selbst in einer bestimmten Situation analysiert,
- Wie man einen sozialen oder ökonomischen Prozeß analysiert.

Perspektiven im Enneagramm

Um den praktischen Umgang mit dem Enneagramm zu verstehen, hat es mir sehr geholfen, die Verbindungslinien des Hexagramms und jene des Dreiecks als hilfreiche Perspektiven zu verstehen, die sich einem anbieten, wenn man an den betreffenden Punkten steht.

Betrachten wir hierzu noch einmal die Abbildung 6 (Seite 25), die den Weg von der Unzufriedenheit zur Zufriedenheit verdeutlicht. Zu Beginn stehe ich am *Enneagramm-Punkt 1.* Ich fühle mich unzufrieden. Die hilfreiche Perspektive, die sich mir anbietet, besteht im Blick auf den Enneagramm-Punkt 7 und auf dem Enneagramm-Punkt 4. Diese Sichtweise führt mir mein selbstgestelltes Ziel – wieder zufrieden zu sein – vor Augen und zeigt mir zugleich meine Abwehr dagegen auf. Meine Perspektive bei der Erreichung des Ziels ist von der Spannung zwischen der größten Anstrengung, mein Ziel zu erreichen, und dem Aufgeben dieses Ziels geprägt.

Den Linien des Hexagramms folgend, setze ich mich jetzt mit meiner Abwehr auseinander. Ich stehe also am *Enneagramm-Punkt 4* und schaue auf den Enneagramm-Punkt 2. So werden mir meine Wiederholungen bewußt. Daß ich zugleich den Enneagramm-Punkt 1 sehe, an dem mir meine Unzufriedenheit klar geworden ist, bedeutet, daß ich mir diese wichtige Erkenntnis vor Augen halten muß, um die Motivation für meine Handlungen und Bemühungen aufrechtzuerhalten.

Vom Enneagramm-Punkt 4 gelange ich – wieder dem Linienzug des Sechsecks folgend – zum *Enneagramm-Punkt 2*, an dem ich genau sehe, wie mein selbstgestecktes Ziel beschaffen ist (Enneagramm-Punkt 8).

Mit klaren Vorstellungen von meinem Ziel stehe ich am *Enneagramm-Punkt 8* und schaue hinunter auf den *Enneagramm-Punkt 5*, an dem ich zu verstehen beginne, wie ich die Energien meiner Spannungen nutzen kann.

Habe ich auch das verarbeitet, gelingt es mir, mit der Perspektive auf den *Enneagramm-Punkt 7* meinem selbstgewählten Ziel zu dienen. Zugleich weiß ich genau, wie ich konkret mein Ziel erreichen kann.

Betrachte ich die Impulse, die von außen auf diesen Prozeß einwirken werden – was zumeist unmöglich ist, da sie nur schwer voraussehbar sind –, dann begebe ich mich auf den Enneagramm-Punkt 3 und blicke auf den Enneagramm-Punkt 6. Hier zeigt sich wieder die Besonderheit der Enneagramm-Punkte 4 und 5, die in der zeitlichen Abfolge des Geschehens jetzt folgen würden: Am Enneagramm-Punkt 4 eröffnet sich mir einzig die Perspektive auf die rechte Seite des Enneagramms, also auf die Ursachen (vgl. Abb. 14); am Enneagramm-Punkt 5 jedoch kann ich deutlich die Wirkung meiner Handlungen überblicken.

Möchte ich also willentlich und zielgerichtet etwas ändern oder bewirken, ist es äußerst hilfreich, die einzelnen Verbindungslinien des Hexagramms als Wegweiser für meine Blickrichtung zu benutzen. Um erfolgreich handeln zu können, muß ich an den verschiedenen Punkten des Funktionszyklus die entsprechende Perspektive des Willenszyklus einnehmen. Seine oben beschriebene Blickrichtung entspricht dem inneren Prozeß eines Ablaufs oder Vorgangs. Es ist die Richtung, in die ein idealer oder objektiver (im Sinne von »neutraler«) Beobachter blicken würde.

Die möglichen Blickrichtungen im Enneagramm

Die Reihenfolge, in der ein idealer Beobachter einen Prozeß betrachten würde (Willenszyklus)

1 nach 4 Der Blick auf die Widerstände im Prozeß, die sich nach der Klärung materieller Voraussetzungen ergeben. Der Blick auf die möglichen Schwierigkeiten nach der Klärung der Details.

4 nach 2 Der hilfreiche Blick von diesen Widerständen aus auf die Voraussetzungen des Prozesses.

2 nach 8 Der klare Blick auf das Ziel.

8 nach 5 Der hilfreiche Blick zurück, wie die Energien des Prozesses kreativ genutzt werden können.

5 nach 7 Der Blick auf die Organisation von Energien, um das Ziel zu erreichen. Hier erhält man die notwendigen und kreativen Inspirationen zur Vollendung einer Handlung oder eines Prozesses.

Andere mögliche produktive Blickrichtungen

1 nach 7 Der Blick voraus auf das erste grobe Verständnis des Ziels.

2 nach 4 Der Blick von den materiellen Voraussetzungen aus auf die zu erwartenden Widerstände im Prozeß.

4 nach 1 Der Blick von den Widerständen aus auf die Vorausset-

zungen des Prozesses. In dieser Perspektive liegt die Gefahr des Teufelskreises mechanischer Wiederholung.

5 nach 8	Der klare Blick auf das Ziel hin.
7 nach 1	Oftmals bereits der Blick auf eine neue, eventuell höhere Stufe des Enneagramms und auf die neuen Prozesse dort.
7 nach 5	Der klärende Blick zurück auf das Ringen mit den kreativen, umformenden Energien.
8 nach 5	Eine Blickrichtung, die sich fast immer auf eine neue Stufe des Enneagramms bezieht (wie 8 nach 2).
8 nach 2	Eine Blickrichtung, die sich fast immer auf eine neue Stufe des Enneagramms bezieht (wie 8 nach 5).

Die Punkte

Nach diesen Untersuchungen zu den verschiedenen geometrischen Figuren im Enneagramm können wir nun auf seine einzelnen Punkte zu sprechen kommen und somit aufzeigen, was inhaltlich jedem Enneagramm-Punkt zugeordnet werden kann. Nachdem wir diese Zuordnungsmöglichkeiten verstanden haben, können wir selbst systematisch unsere eigenen Enneagramme entwerfen.

Wir betrachten nun einen Prozeß in seinem funktionalen Ablauf vom Enneagramm-Punkt 1 bis hin zum Enneagramm-Punkt 8 beziehungsweise 9.

Am *Enneagramm-Punkt 1* sind die materiellen Voraussetzungen geschaffen, um aus Unzufriedenheit, Tatendrang oder Unternehmergeist etwas zu machen. Wir spüren den »Geschmack des Anfangs«. Wir lassen uns auf das Abenteuer ein, etwas zu verändern. Im Kampf gegen unsere Unzufriedenheit wird uns an dieser Stelle klar, daß unser Leben so nicht weitergehen kann.

Am *Enneagramm-Punkt 2* betrachten wir unsere materiellen

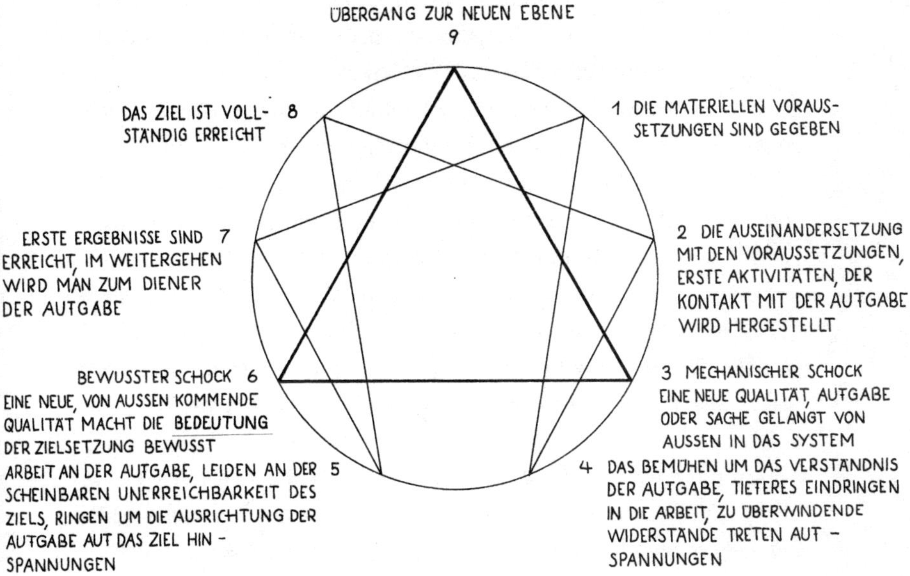

Abb. 22: Die einzelnen Punkte im Enneagramm

Voraussetzungen genauer, und wir versuchen, eventuell kleine Änderungen an diesen Voraussetzungen vorzunehmen. Dabei beginnen wir, unser Ziel und unsere Aufgabe klarer zu verstehen. Durch diese Auseinandersetzung mit unseren Voraussetzungen wird uns klar, womit wir bei der »Arbeit« zu rechnen haben. Hiermit ist die Klärung auf der materiellen Ebene abgeschlossen. Als Mensch haben wir uns hier mit dem Körper und den mechanisch-motorischen Reaktionen auseinandergesetzt.

Am *Enneagramm-Punkt 3* (1. Schockpunkt) kommt eine neue Qualität ins Spiel, ohne die der gerade in Gang gekommene Prozeß wieder einschlafen würde. Eine neue Qualität, Aufgabe oder Sache bringt uns als Außenimpuls neue Stärke, Kraft und Hinweise – auf jeden Fall Impulse, die den Prozeß auf das Ziel hin ausrichten.

Am *Enneagramm-Punkt 4* treten wir in einen neuen Bereich ein. Ging es bei den Enneagramm-Punkten 1 und 2 um das Verständnis der äußeren Anordnung des Materials, so geht es bei den beiden Enneagramm-Punkten 4 und 5 um das zu transformierende Material und die Methoden seiner Wandlung. Auf der menschlichen Ebene handelt es sich um die Gefühle, denn in bezug auf den Menschen tritt am Enneagramm-Punkt 3 die Psyche als neue Qualität auf den Plan.

Am *Enneagramm-Punkt 4* kämpfe ich zunächst mit meinen Widerständen. Denn nach wie vor gibt es starke Anteile in mir, die sich gar nicht ändern wollen. Dazu kommt häufig noch die Umwelt, die meine Veränderungen (durch ihre Reaktionen) zu boykottieren sucht. Im positiven Fall werden an dieser Stelle die Widerstände überwunden und dadurch dringe ich tiefer in die »Arbeit« ein, die zu erledigen ist, um das selbstgesetzte Ziel zu erreichen.

Der Übergang zum Enneagramm-Punkt 5 ist der schwierigste im gesamten System. Auf ihn werde ich im folgenden Kapitel noch genau eingehen. Dieser Übergang ist ein unharmonischer Übergang, an dem der Kontakt mit dem Ausgangspunkt verlorengeht, wo hingegen die Verbindung mit dem Ziel noch nicht gefunden ist. Auf das Beispiel des Schreibens dieses Buches angewandt, denke ich hier, daß ich nie und nimmer die Kraft aufbringe, all die verschiedenen Informationen und Meinungen zum Enneagramm klar darzustellen. Ich fühle zwar, daß ich dieses Buch, an dem ich nun schon so lange gearbeitet habe, schreiben muß, aber zugleich habe ich das Gefühl, daß ich nicht dazu in der Lage bin. An diesem Punkt stellt sich beim Schreiben das Gefühl ein, den roten Faden verloren zu haben. Ist dieser Punkt endlich überwunden (und solch eine Stimmung kann lange anhalten und wird als Schreibblockade betrachtet), dann wirkt das Ziel als starke magnetische Kraft, die uns mächtig anzieht und wieder Zuversicht schenkt, empfunden.

Am Enneagramm-Punkt 5 findet man sich in der »Arbeit« wieder und leidet daran, daß man zwar sein Ziel klar vor Augen hat, es scheint jedoch unerreichbar zu sein. Man ringt darum, alles auf das Ziel hin zu organisieren, und wird oft ungeduldig, wodurch wiederum neue Spannungen entstehen.

Wenn am *Enneagramm-Punkt 6* (2. Schockpunkt) kein neuer Außenimpuls auftritt, läuft der Prozeß hier abermals Gefahr, zu versanden. Dieser erforderliche neue Außenimpuls macht uns unmißverständlich klar, was wir tun müssen, um unser Ziel zu erreichen. Wenn wir unzufrieden sind, müssen wir hier erwachen und uns nicht mehr fortwährend in unfruchtbare Wiederholungen verstricken. Bei dem Beispiel, wie ich das Enneagramm-Buch schreibe, tritt an diesem Punkt der Verlag auf. Er leistet durch einen Repräsentanten im wahrsten Sinne des Wortes Geburtshilfe. Ohne diese Geburtshilfe kommt es nicht zum Abschluß des Werkes.

Nachdem wir uns an den beiden Enneagramm-Punkten 4 und 5 mit dem umzuwandelnden Material beschäftigt haben, am Enneagramm-Punkt 6 ein neuer hilfreicher Impuls von außen den Prozeß belebte, können wir uns mit den beiden Enneagramm-Punkten 7 und 8 dem Ziel und Zweck unserer Arbeit zuwenden.

Am *Enneagramm-Punkt 7* sind die ersten Ergebnisse erreicht, und sie werden der Außenwelt präsentiert oder einfach nur als solche sichtbar. Hier können wir uns mit den Ergebnissen unserer Arbeit zufrieden geben und den Prozeß beenden oder die schöpferische Arbeit fortsetzen. Jedes vollständige Ganze ist nach Gurdjieff aus sieben Elementen zusammengesetzt. Am Enneagramm-Punkt 7 hat man also die Vollständigkeit erst mal erreicht: Man hat etwas geschafft. Hier können wir entscheiden, ob wir weitergehen wollen oder nicht. Auf den Menschen bezogen, ergibt sich die Frage, ob wir von unseren ersten Erfolgen so fasziniert sind, daß wir dort stehenbleiben oder entwickeln wir uns weiter fort. Lassen wir uns von Erfolgen fesseln oder werden wir dem Erreichten dienen und uns dabei aufgeben, um uns so selber wiederzufinden?

Am *Enneagramm-Punkt 8* ist das Ziel vollständig erreicht, um am Enneagramm-Punkt 9 den Prozeß auf einer höheren Stufe fortzusetzen. Allerdings können wir nur dann den entsprechenden Prozeß auf einer höheren Stufe fortsetzen, wenn wir uns am Enneagramm-Punkt 8 vollständig in das Resultat oder Ergebnis versetzen, um so über uns selbst hinauszuwachsen. Im Zen-Buddhismus kennt man den Koan: »Hast du den Gipfel des Berges erreicht, steige weiter!« Ich denke mir, diese Haltung ist hier gemeint.

Am *Enneagramm-Punkt 9* erleben wir die vermittelnde dritte Kraft, die Bindekraft des Systems (von der wir im Abschnitt über das Dreieck ausführlich sprachen). Diese verbindende, neutralisierende Energie kann als die Liebe bezeichnet werden, die uns auf eine neue Bewußtseinsstufe hebt. Der Enneagramm-Punkt 9 stellt das Ende des alten und den Beginn eines neuen Prozesses dar. Hier schließt sich der Kreislauf, um wieder von vorne zu beginnen.

Die folgende Tabelle zeigt noch einmal die Bedeutung der neun Enneagramm-Punkte im Überblick.

Rechte Seite des Enneagramms: Ursachen

Die materiellen Voraussetzungen beziehungsweise der Körper	1. Die materiellen Voraussetzungen werden erkannt und betrachtet. Wir verdeutlichen uns, wo wir stehen. Uns wird die Notwendigkeit einer Veränderung klar.
	2. Die materiellen Bedingungen werden analysiert, eventuell ausgebaut. Wir informieren uns genauer über unsere Voraus setzungen und unsere Ausgangssituation. Der erste Schritt zur Veränderung unserer Situation, bei dem uns die Mühe und Arbeit auf dem weiteren Weg bewußt wird.
Das umzuwandelnde Material	*3. Die neue Qualität: der mechanische Schock* Um den zaghaft anlaufenden Prozeß nicht versanden zu lassen, wird hier ein Außenimpuls benötigt. Dieser hilft, den Prozeß, in Ausrichtung auf das erwünschte Ziel hin, ablaufen zu lassen. Wir wissen an dieser Stelle oft nicht genau, wie es weitergehen soll. Wir bekommen jedoch Hilfe von außen, der wir uns öffnen müssen. Eine neue Qualität wird in der »Arbeit« erreicht.
	4. Die mühevolle »Arbeit«, die zielgerichtete Handlungen von uns erfordert, beginnt. Widerstände, die Spannungen erzeugen, treten im Prozeß auf. Wir bemühen uns, diese Widerstände zu überwinden, um den Prozeß nicht stagnieren zu lassen.

Linke Seite des Enneagramms: Wirkungen

	5. Alles bisher Erreichte muß systematisch und konsequent auf unser Ziel hin organisiert werden. Wir leiden an dieser Stelle, da wir fürchten, unser Ziel nie zu erreichen, obwohl es uns deutlich und klar vor Augen steht. Wir können nicht mehr aus dem Prozeß heraustreten, da wir ihn schon zu weit vorange trieben haben. Wir sind frustriert, weil es nicht schneller geht. Wir müssen lernen, unsere Spannungen positiv zu nutzen.
	6. Die neue Qualität: der bewußte Schock Abermals kommt Hilfe von außen. Wir nehmen den neuen Impuls auf und verarbeiten ihn. Jetzt erst wird uns richtig bewußt, was es bedeutet, ein bestimmtes Ziel zu erreichen.
Ziel und Zweck der »Arbeit«	7. Die neue Qualität ist aufgenommen worden und wird nach außen hin dargestellt. Man dient jetzt seinem Ziel. Das geistige Ergebnis der Arbeit wird präsentiert oder stellt sich von selbst nach außen hin dar.
	8. Das Ziel ist erreicht.
	9. Die neue Qualität: ein neuer Prozeß beginnt Ende des alten und Beginn des neuen Prozesses.

»Die Nachtmeerfahrt des Helden«

Der Übergang von dem Enneagramm-Punkt 4 zu dem Enneagramm-Punkt 5 stellt eine große Schwierigkeit dar. Zwischen diesen beiden Punkten ist schon rein optisch das Enneagramm weit geöffnet und zeigt so die große Kluft zwischen diesen beiden Enneagramm-Punkten. Gurdjieff hat die Erkenntnis dieser Kluft in seinen Schriften »Harnelahut« genannt. Harnelahut hat mit schmerzlichen Erfahrungen zu tun. An dieser Stelle zweifelt der Suchende daran, ob er sich auf dem rechten Weg befinde, ob sich die ganze Mühe und Arbeit überhaupt lohnt oder ob er nicht eigentlich völlig unfähig für solche Arbeit ist.

In seinem zweiten Buch *Begegnungen mit bemerkenswerten Menschen* (in dem Kapitel über den tragischen Tod von Soloviev) wird, meines Verständnisses nach, Harnelahut durch die Wüste Gobi symbolisiert. Die Wahrheitssucher wissen nicht, wie sie diese Wüste durchqueren können, und dennoch geben sie ihren Plan trotz aller Zweifel nicht auf. Sie wagen sich in diese Wüste abseits der gewöhnlichen Pfade nicht hinein, da sie nicht genügend Wasser mitnehmen können und von Sandstürmen bedroht sind. Hier wird die Notwendigkeit klar, neue Pfade zu begehen. Es ist notwendig, das Unternehmen mit genügend emotionaler Spannung und Sehnsucht (Symbol des Wassers) durchzuführen. Außerdem geht es in geradezu offensichtlicher Symbolik darum, etwas Verschüttetes unter dem Wüstensand aufzufinden. Kurzum, Gurdjieff scheint uns damit eine große Beschreibung des Zustandes am Übergang vom Enneagramm-Punkt 4 zum Enneagramm-Punkt 5 zu geben: Man braucht eine starke Emotionalität, um die Verzweiflung an diesem Übergang von der einen zur anderen Seite des Enneagramms auszuhalten. Um hier weiterzukommen, muß man neue, daß heißt individuelle Wege gehen, um tief Verschüttetes in sich selber wieder freilegen zu können.

Wir stehen am Übergang von der rechten zur linken Seite des Enneagramms. Die rechte Seite des Enneagramms (Enneagramm-

Punkte 1 – 4) erleben Sie durch passives und unbewußtes Leiden. Sie fühlen sich nicht glücklich und nicht wohl, sind unzufrieden und sehnen sich nach etwas anderem, von dem Sie weder wissen, was es ist, noch wie Sie es erlangen können. Die linke Seite des Enneagramms ist zwar auch durch das Leiden geprägt, jedoch nehmen Sie hier das Leiden bewußt auf sich. Solch bewußtes Leiden hat einen völlig anderen Geschmack. Für mich ganz persönlich bestand dieses bewußte Leiden darin, einzusehen, daß mein Leben nicht dazu da ist, mit aller Macht glücklich zu werden. Ich mußte diesen Kindertraum aufgeben. Und nun kommt der verblüffende Effekt: Ich fühle mich glücklicher als je zuvor. Beim Übergang von der rechten zur linken Seite des Enneagramms muß man viele (angenehme) Illusionen hinter sich lassen. Aber dadurch kommen wir einer wirklichen Befreiung näher.

Kehren wir noch einmal zum Bild der Bergbesteigung zurück: Bei der Bergbesteigung gelangen wir oft an einen Punkt, an dem wir das Gefühl haben, den Gipfel nie mehr zu erreichen. Jedoch beim Blick zurück liegt das Tal inzwischen unerreichbar weit entfernt. Wir müssen durch diese Spannung zwischen »Ich will!« und »Ich kann nicht!« hindurch. Genau das ist es, was Jung mit der »Nachtmeerfahrt des Helden« bezeichnete: Ein Zustand, in dem man mit der Schattenseite seiner Seele durch Zweifel und Minderwertigkeitsgefühle konfrontiert wird.

Wenn wir den Sprung vom Enneagramm-Punkt 4 zum Enneagramm-Punkt 5 hin schaffen wollen, werden wir bewußtes Leiden auf uns nehmen *müssen.* Als C. G. Jung einen tibetischen Lama fragte, warum dem heutigen Menschen Gott so fern ist, antwortete dieser, das liege daran, daß der moderne, westliche Mensch nicht tief genug ins Leiden falle. In dieser Hinsicht reagiert die gesamte westliche Menschheit kollektiv wie der siebte Enneagramm-Typ nach Ichazo und den Jesuiten. Es ist jedoch die Funktion dieses Leidensprozesses, unsere Illusionen zu zerstören – was natürlich sehr schmerzhaft ist.

Es ist notwendig, durch diese dunklen Erfahrungen zu gehen, um in der persönlichen Vervollkommnung sein Ziel zu erreichen. In den Gurdjieff-Gruppen wird immer wieder nachdrücklich betont, daß man nicht lachenden Auges seinem Ziel entgegenstürmen kann. In der in diesen Gruppen üblichen Sprache hört sich das Ganze noch viel fürchterlicher und abschreckender an: Der persönliche Bankrott ist notwendig, um ein selbstgesetztes, spirituelles Ziel zu erreichen. Nur aus der Spannung des persönlichen Niedergangs bekommen wir derart viel Energie, daß wir uns aus schierer Verzweiflung weiterentwickeln. Solch ein Niedergang übt einen derartigen Streß aus, daß unsere Programmierungen gebrochen werden und wir nicht mehr in mechanischer Weise reagieren können. Das ist es, was ein Betroffener meint, wenn er sagt, er sei »aus seiner Bahn geworfen worden«. Nur demjenigen steht eine neue Bahn offen, der sich aus seiner alten werfen läßt!

In der gnostisch-christlichen Tradition wird diese Ansicht ausdrücklich vertreten. Ihr entsprechend bietet die rechte Seite des Enneagramms den breiten Weg, der materiell ausgerichtet und lustbetont ist. Die linke Seite des Enneagramms dagegen wird als schmaler Pfad charakterisiert, der zwar von Arbeit und Dienen geprägt ist, jedoch zur Befreiung führt. Ob das nun alles abgestandene lustfeindliche Moral oder empirische Erkenntnis darstellt, vermag ich nicht zu beurteilen. Auf jeden Fall habe ich – wie zu erwarten ist – mit diesen Ansichten große Schwierigkeiten und sie aktivieren, genau wie das Enneagramm voraussagt, all meine Widerstände. Als ich in meiner Gruppe vor einiger Zeit voller Ablehnung fragte, ob ich denn hier säße, nur um zu leiden, war die eindeutige Antwort meines Lehrers: »Ja!« Als ich protestierte, erzählte er mir die folgende Anekdote von Gurdjieff: »Nach einem üppigen Schaschlik-Essen wurde Gurdjieff gefragt, wie es ihm gehe. Er antwortete darauf: ›Ich bin froh, daß es mir so schlecht geht. An 19 Stellen spüre ich das Unbehagen in meinem Körper. Diese Stellen würde ich sonst nicht fühlen. Also bin ich für diesen Erfolg dankbar.‹«

Gurdjieff hat in seiner Einstellung zum Leiden sehr viel Ähnlichkeit mit Freuds Sublimationstheorie. Beide beobachteten in gleicher Weise, trotz all ihrer Unterschiedlichkeiten, daß man sich bewußt der direkten Lusterfüllungen enthalten muß, wenn man sich weiterentwickeln und kulturelle Güter schaffen möchte.

Das Siebeneck

Wenn Sie das Enneagramm genau betrachten, werden Sie feststellen, daß die Schnittpunkte des gleichseitigen Dreiecks und des Sechsecks ein unregelmäßiges Siebeneck im Inneren des Enneagramms bilden. Dieses innere Siebeneck spielt eine wichtige Rolle im Enneagramm.

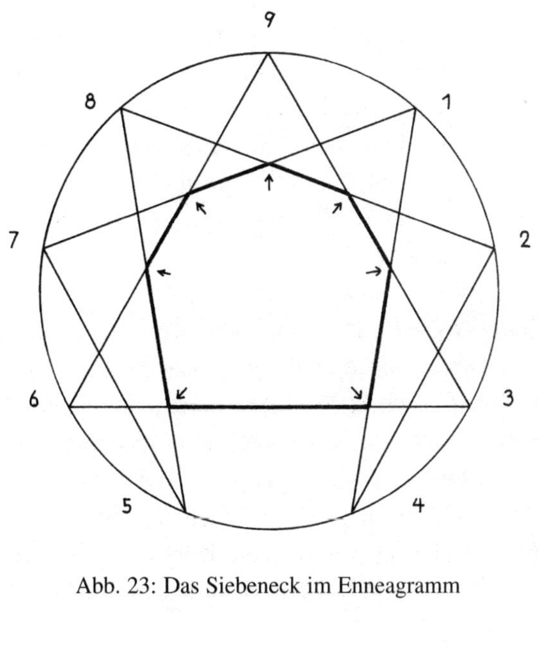

Abb. 23: Das Siebeneck im Enneagramm

Als man im 15. Jahrhundert in Europa die Bedeutung der Zahl Null entdeckte, stieß man zugleich auf die periodischen Zahlen, also auf eine in regelmäßigen Abständen auftretende Wiederholung einer Ziffernfolge. Sie ergeben sich, wenn z. B. eins durch drei oder sieben geteilt wird. Teilen wir eins durch sieben, ergibt sich: 0,142857142… Die Ziffernfolge 142857 kehrt also ohne Ende immer wieder und ist mit jener des Sechsecks im Enneagramm identisch.

Die periodische Ziffernfolge 142857 symbolisiert den Ablauf eines Prozesses, der beständig von einer Dimension zur anderen übergeht. Dieser algebraische Ausdruck der periodischen Zahl macht das Enneagramm zum dreidimensionalen Korpus und verdeutlicht, daß die einzelnen Enneagramm-Punkte, genaugenommen, sich immer wiederholend auf einer Spirale und nicht auf einem Kreis angeordnet sind.

Auf der anderen Seite zeigt die periodische Zahl 1/7 an, wie jeder Ablauf sich durch seine Selbsterneuerung aufrechterhält. Wenn in der modernen Physik und Biologie von der »dynamischen Selbstregulation des Universums« gesprochen wird, dann ist genau dieser Ablauf gemeint, den der Linienzug des Sechsecks im Enneagramm geometrisch verdeutlicht.

Daß durch diesen Linienzug und dessen Schnittpunkten mit dem Dreieck ein unregelmäßiges, aber dennoch klappsymmetrisches Siebeneck entsteht, ist abermals ein Hinweis auf die Wichtigkeit der Sieben im Enneagramm. Jede Erscheinung besitzt sieben Aspekte, die in der Sprache Gurdjieffs dazu noch zwei Lücken oder Unregelmäßigkeiten aufweisen, so daß wir zum Gesetz der Neunfaltigkeit oder des Enneagramms kommen.

Der englische Dichter William Shakespeare (1564–1616) erwähnt in seinem Drama *Wie es Euch gefällt* die sieben Stufen des Lebens, Rudolf Steiner spricht von den siebenjährigen Entwicklungszyklen des Menschen, und nach dem Religionshistoriker Boris Mouravieff[12] regelt das Gesetz der Sieben alle Bewegungen im Kosmos. So scheint die Zahl Sieben archetypisch mit der menschlichen Entwicklung verbunden zu sein und somit das Siebeneck den dynamischen Kern des Enneagramms darzustellen.

In der esoterischen Tradition wird der siebte Schöpfungsstrahl als derjenige Strahl angesehen, der die Ordnung der Schöpfung ausdrückt. Was ist das Enneagramm anderes als ein dynamisches Ordnungsmodell, mit dem große und kleine Schöpfungen analysiert und verstanden werden können?

Diesem inneren Siebeneck des Enneagramms können die sieben Chakras als Energiezentren des menschlichen Körpers zugeordnet werden. Es ergibt sich hierbei eine aufschlußreiche Verteilung der sieben Chakras, die als sieben verschiedene Bewußtseinszustände gedeutet werden können:

Alle Chakras liegen gleich weit voneinander entfernt, außer das Solarplexus- (Manipura) und das Herz-Chakra (Anahata), die von den anderen Chakras aber auch voneinander durch größere Abstände getrennt sind.

- Das *Basis-* (Muladhara) und *Sexual-Chakra* (Svadhishthana) sind beide folgerichtig der körperlichen, materiellen Seite zugeordnet (den Enneagramm-Punkten 1 und 2).
- Das *Kehl-Chakra* (Vishuddha) und das *Dritte Auge* (Ajna-Chakra) sind der geistigen Seite des Enneagramms zugehörig, nämlich den Enneagramm-Punkten 7 und 8.
- *Das Kronen-Chakra* (Sahasrara), das in andere Bewußtseinsebenen führt, entspricht logisch dem Enneagramm-Punkt 9.
  Bis hierher liegt ausnahmslos eine sofort einleuchtende Zuordnung vor. Das Herz- und das Solarplexus-Chakra fallen jedoch aus diesem System heraus, da sie keinem Enneagramm-Punkt klar gegenüberliegen.
- Der Körperschwerpunkt, das Hara oder *Solarplexus-Chakra,* liegt zwischen den beiden Enneagramm-Punkten 3 und 4. Hier kommt ein positives Kämpfen ins Spiel. Man ringt, geerdet von seinen

Voraussetzungen, gegen die Widerstände, die sich am Enneagramm-Punkt 4 zeigen.

- Zwischen den beiden Enneagramm-Punkten 5 und 6 kommt am *Herz-Chakra* die von den Sufis beschriebene »Intelligenz des Herzens« hinzu. Ohne sie kann man nicht zum zweiten Schockpunkt gelangen. So wie das Solarplexus-Chakra den Körperschwerpunkt darstellt, so symbolisiert das Herz-Chakra die Körpermitte als mittleres (viertes) der sieben Energiezentren.

Um noch einmal auf das Solarplexus-Chakra zurückzukommen: Es ist eine wichtige Gurdjieff-Übung, die Erfahrung zu machen, einzig und allein zu kämpfen, um zu siegen. Wenn Sie sich einmal vornehmen, einen bestimmten Kampf gegen eine andere Person oder besser eine Institution vollkommen bewußt bis zum Ende durchzuführen, um auf jeden Fall zu siegen, dann werden Sie nicht nur Ihre moralischen Begrenzungen sehr deutlich sehen, sondern Sie werden höchstwahrscheinlich auch ganz neue Verhaltensweisen in Ihnen entdecken. Ferner wird diese Übung Fragen nach dem Sinn des Kämpfens in Ihnen provozieren. Versuchen Sie es einmal, und betrachten Sie dabei genau und so bewußt wie möglich Ihre Verhaltensweisen. Es ist etwas vollkommen anderes, ob man sich dieses Ringen nur vorstellt oder ob man es wirklich tut. Sie werden große Klarheit über die Wirkungsweise Ihres Solarplexus-Chakras gewinnen.

Wir gelangen also zu der Zuordnung der sieben Chakras zu den einzelnen Enneagramm-Punkten wie in der Tabelle auf Seite 114.

Die beiden »Körpermitten« (das Herz- und das Solarplexus-Chakra) befinden sich in diesem System zwischen je zwei Enneagramm-Punkten. Hier liegt der Schwerpunkt dieses Kosmischen Diagramms. Nicht nur von den Enneagramm-Punkten her finden wir dort unten die am schwersten zu meisternde Stelle im System. Von

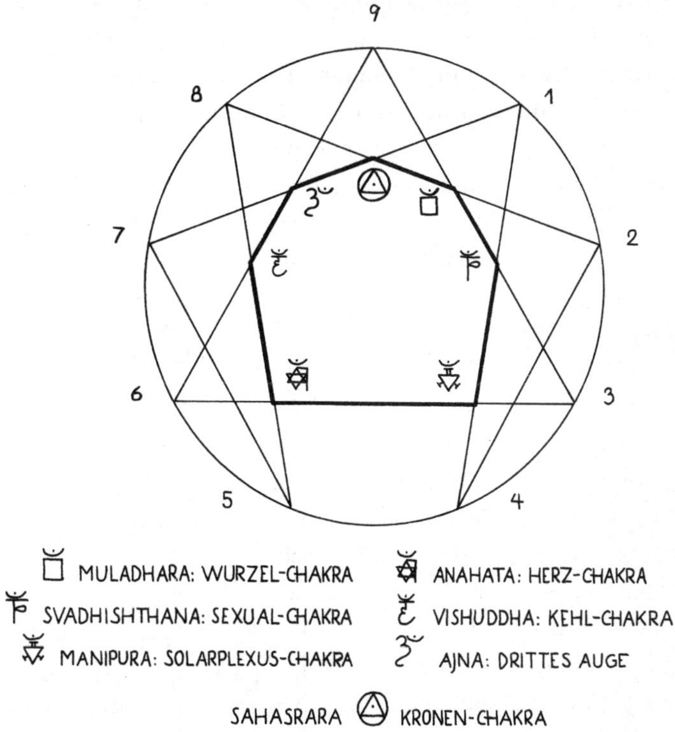

Abb. 24: Die Chakras im Enneagramm

den Chakras her gilt der Übergang von der Auseinandersetzung mit der eigenen Aggression und seinem Durchsetzungsvermögen (Solarplexus-Chakra) hin zur Herzkraft (Herz-Chakra) als einer der schwierigsten Übergänge im System der Energiezentren.

1. *Basis-Chakra* *Enneagramm-Punkt 1*	Alles beginnt am unteren Ende der Wirbelsäule, wo die Lebensenergie (Kundalini)[13] schläft und aufgeweckt werden möchte.
2. *Sexual-Chakra* *Enneagramm-Punkt 2*	Man geht von seinen schöpferischen Voraussetzungen aus auf sein Ziel oder einen anderen Menschen zu. Es kommt zu einem Kontakt, der es uns erlaubt, zu uns selbst einen besseren Zugang zu erhalten.
3. *Solarplexus-Chakra* *Enneagramm-Punkt 3 und 4*	Das positive Kämpfen gegen die Widerstände bei der »Arbeit« ist hier das vorrangige Thema.
4. *Herz-Chakra* *Enneagramm-Punkt 5 und 6*	Die »Intelligenz des Herzens« öffnet uns für eine neue Qualität.
5. *Kehl-Chakra* *Enneagramm-Punkt 7*	Die intellektuelle Darstellung der Erfahrungen durch das Wort findet statt – sowohl als sozialer Erfahrungsaustausch als auch als Analyse von Prozessen.
6. *Drittes Auge* *Enneagramm-Punkt 8*	Das Ziel, die Vergeistigung, ist erreicht.
7. *Kronen-Chakra* *Enneagramm-Punkt 9*	Man hat sich dem Übergang zu neuen Ebenen geöffnet.

So zeigt sich, daß der Weg der Bewußtseinsentwicklung über sieben archetypische Stufen, die Chakras, dem der Bewußtseinsentwicklung über neun archetypische Stufen, die Enneagramm-Punkte, weitgehend strukturell und inhaltlich entspricht. In fünf Fällen wird sogar eine identische Entwicklung angenommen.

Die psychologischen Typen

> Der größte Fehler ist zu glauben, der Mensch sei immer ein und derselbe. Der Mensch bleibt niemals für lange Zeit der gleiche. Er wandelt sich unaufhörlich. Selten bleibt er auch nur für eine Stunde der gleiche.
>
> *G. I. Gurdjieff*

In der letzten Zeit wurde das Enneagramm als ein Modell neun psychologischer Persönlichkeitstypen bekannt. Diese Idee, die von dem chilenischen Psychologen Oscar Ichazo stammt, steht in gewissem Gegensatz zur Lehre Gurdjieffs und Ouspenskys, die beide den unentwickelten oder schlafenden Menschen als eine Ansammlung vieler unterschiedlicher Ichs betrachten. Im Grunde haben die Pioniere der Arica-Schule nur die äußere Form des Enneagramms übernommen, ohne auf dessen innere Dynamik, wie sie Gurdjieff schildert, einzugehen. Dennoch will ich keineswegs die Leistung der Arica-Schule und deren Nachfolger herabsetzen. Sie haben aus dem Enneagramm ein sehr gutes psychodiagnostisches Modell gemacht, dessen Stärke in seiner leichten Handhabung liegt. Eine Grundlage dieser enneagrammatischen Typenlehre liegt in der Ansicht, daß es nur neun – nicht mehr und nicht weniger – grundsätzlich unterschiedliche Persönlichkeitstypen des Menschen gibt. Außerdem machten besonders die Jesuiten darauf aufmerksam, daß das Enneagramm dem Betrachter deutlich seine Schattenseiten aufzeigen kann, ohne dabei moralisch zu werden. Gerade der einflußreiche amerikanische Jesuitenpater Bob Ochs hat diese Seite der Typenlehre sehr betont.

Die Jesuiten gingen davon aus, daß die neun Typen des Enneagramms neun Typen verselbständigter Abwehrmechanismen kennzeichnen, die sie als Sünde ansehen. Diese Sünde liegt darin, daß der entsprechende Typ nicht seine Ganzheit lebt (die in den Reaktionsweisen aller Typen zusammen liegt), sondern sein Ego betont. Trotz aller Unterschiede beider Standpunkte kann man hier eine deutliche Parallele zu Gurdjieffs Auffassung erkennen, daß menschliches Fehlverhalten auf egoistischen Tendenzen beruht. Man erreicht keine Ganzheit, weil man sein Ego pflegt statt die »Partkdolg«-Pflicht zu üben, sich also durch bewußtes Leiden weiterzuentwickeln. Wie Gurdjieff nehmen die Jesuiten an, daß das Ausleben des Ego eine Abtrennung von der Welt und der Ganzheit bedeutet. Durch diese Abtrennung entsteht ein verzerrter Realitätssinn und damit auch eine falsche Selbsteinschätzung. Im Denken Gurdjieffs ausgedrückt, sagt man, daß das Ego einen behindert, sich seiner selbst zu erinnern.

Ein wichtiger Einwand gegen die Typenlehre besteht meines Erachtens darin, daß es nach Gurdjieff und Ouspensky gar nicht erst zu einer Ausbildung einzelner Typen kommt, da, je nach der Situation, Außenimpuls oder Stimmung, verschiedene Ichs im Menschen die Oberhand bekommen und für eine Weile die betreffende Person in ihrem Fühlen, Denken und Handeln bestimmen. Bald gerät die Person wieder unter den Einfluß eines neuen Impulses, wodurch ein anderes Ich die Herrschaft der Persönlichkeit an sich reißt. Kurzum, es gibt keine Einheit des Ichs oder der verschiedenen Ichs, die man in sich spürt.

Die Dynamik der unterschiedlichen Ichs kann jeder gut an sich selbst beobachten: Scheint die Sonne, haben wir Erfolg, werden wir geliebt, dann herrschen unsere guten Seiten beziehungsweise die positiven Ichs über uns. Wechselt jedoch das Wetter zu einem bedrückenden, kalten Grau, bedrängt uns die Steuer und haben wir Mißerfolge, dann sinkt auch zugleich unsere Stimmung und die negativen Ichs übernehmen das Kommando. Wenn Sie Ihre Launen in Abhängigkeit von den Außenimpulsen betrachten, werden Sie verwundert sein, wie viele verschiedene Ichs in Ihnen herrschen, die Sie großzügig, kleinlich, offen und verschlossen, freundlich und aggressiv, je nach Ihrer momentanen Situation, erscheinen lassen. Wo bleibt da die Individualität? Wenn wir nicht gerade sehr entwikkelt sind, leben wir als eine Ansammlung vieler Typen. Über den »normalen« Menschen schreibt Gurdjieff:

> »Sein Ich wechselt mit gleicher Geschwindigkeit wie seine Gedanken, Gefühle und Stimmungen, und er begeht einen gewaltigen Irrtum, wenn er sich immer für ein und die gleiche Person hält; in Wirklichkeit ist er immer eine verschiedene Person, nicht die gleiche, die er im vorigen Augenblick war.«[1]

Etwas später führt Gurdjieff weiter aus:

> »Das charakteristische Kennzeichen eines modernen Menschen ist das Fehlen der Einheit in ihm ...«[2]

Erst der erwachte Mensch, der die Lehren des Enneagramm-Punktes 6 bewußt verinnerlicht hat, ist als ein Individuum zu bezeichnen – und nur auf ein Individuum kann eine Typenlehre angewendet werden. Der mechanische Mensch, die überwiegende Mehrheit aller Personen, nimmt je nach der Situation in mehr oder weniger schneller Folge jeden der neun Typen ein: Einmal ist er der »Bemühte«, dann wieder der »Anfänger« oder »Planer«. Geht alles gut, strahlt er als der »Optimist«, wird das Leben schwer, zieht er sich als der »Beobachter« leidend zurück. Jeder kann an sich beobachten, wie Mißerfolge ihn schnell in den leidenden »Beobachter« (Enneagramm-Punkt 5) verwandeln und eine plötzliche unerwartete Anerkennung und Zuneigung aus dem gerade noch »Leidenden« den »Optimisten« (Enneagramm-Punkt 7) werden lassen.

Was mich ferner an der Typenlehre des Enneagramms stört, ist deren Starrheit. Die neun Typen des Enneagramms verleiten dazu, sich einzuordnen und sich dann mit diesem Typen zu identifizieren. So führt das Enneagramm erst richtig in den Schlaf, statt uns aufzuwecken. Mich erinnern diese neun Typen des Enneagramms an das, was der Freud-Schüler Wilhelm Reich als Charakter oder, drastischer noch, als Charakterpanzer bezeichnete.[3] Sich als einer der neun Enneagramm-Typen mehr oder weniger durchgängig zu verhalten bedeutet, ein Abwehrsystem gegenüber anderen Erfahrungen aufzubauen. Dieses Abwehrsystem ist zumeist aus der Erfahrung mit der Angst entstanden, sich selbst nicht genügend von der Umwelt abgrenzen zu können. Aus Angst, die eigene Identität zu verlieren oder aus Gründen des Persönlichkeits- oder Imagestylings, identifiziert man sich mit einem der angebotenen neun Typen, ohne dabei zu sehen, welche anderen Reaktionsmöglichkeiten man dadurch für sich ausschließt. Letztendlich stellen die neun Typen des Enneagramms ein neurotisches Schutz- und Verteidigungssystem dar, das uns als Kind half, dem drohenden Liebesentzug zu entgehen, und das sich im Laufe unserer weiteren Sozialisation verfestigte. Die neun Typen des Enneagramms können so als neun Strategien angesehen werden, Liebe zu erlangen. Nur leider schließen wir gerade mit solchen erstarrten einseitigen Verhaltensweisen die Liebe aus, denn die Liebe ist ein Kind der Freiheit und Beweglichkeit!

Trotz aller Widersprüche und Gegensätze möchte ich hier versuchen, die Gurdjieffsche Auffassung vom Enneagramm und Ichazos Typenlehre miteinander zu verbinden. Beide Systeme haben ihre hilfreichen Seiten, und ich möchte einen praktischen Ansatz vorschlagen – ohne die tiefgreifenden Unterschiede zu überspielen – der beide Anschauungen einander annähert.

Wenn ich jetzt im weiteren Verlauf dieses Kapitels auf die neun

Typen des Enneagramms nicht nur eingehe, sondern auch eine eigene Typenlehre anbiete, dann geht es mir dabei keineswegs darum, eine Identifikationsgrundlage anzubieten. Mein Ziel besteht darin, neun verschiedene Reaktions- oder Ausdrucksmöglichkeiten eines jeden Menschen zu beschreiben.

Als die ersten Bücher über die neun Typen des Enneagramms herauskamen, habe ich sofort begierig nachgeschaut, welchem Typ ich mich denn zuordnen kann. Da gab es Typen, die wäre ich gerne gewesen, wie der »Künstler« (Enneagramm-Punkt 4 bei Eli Jaxon-Bear[4]) oder das »magische Kind« (Enneagramm-Punkt 7 ebenfalls bei Jaxon-Bear), und Typen, die ich ablehnte, wie der »smarte Dreier« (Enneagramm-Punkt 3 bei den Theologen Rohr und Ebert[5]) und der »Reformer« (Enneagramm-Punkt 1 nach Richard Riso[6]). Letztendlich habe ich mich dann einordnen können – Gott sei Dank! – und dennoch schaute ich nicht ohne Eifersucht auf andere Typen. Dabei wurde mir endlich in meinem neidvollen Herzen klar, daß ich doch auch das »magische Kind« bin und künstlerische Eigenschaften besitze. Als Schock der Selbsterkenntnis kam hinzu, mich als der »smarte Dreier« locker und leicht im Konkurrenzkampf mit Ellenbogenkraft gewinnen zu sehen und zu bemerken, wie ich als moralischer »Reformer« in Diskussionen meinen väterlichen Zeigefinger phallisch erhob. Ich war endlich von der Last befreit, nicht mehr *einer* dieser Typen sein zu müssen!

Die Lehre des Enneagramms, das sollte man nicht vergessen, stammt aus der Tradition der Schulen des Vierten Wegs. Ihnen ging es zunächst darum, die mechanischen Gewohnheiten ihrer Schüler zu brechen, um die so befreiten und erwachten Schüler auf »höhere Aufgaben« vorzubereiten.

Die Typenlehre des Enneagramms kann helfen, seine eigenen Fixierungen und Erstarrungen zu erkennen. Die Stärke und die Schwäche der psychologischen Betrachtung des Enneagramms liegt in seiner pathologischen Sicht. Wenn wir uns spontan in einem der aufgeführten Typen wiederfinden, ist die Chance groß, daß wir auf dem Weg sind, in dieser Handlungsstruktur zu erstarren – und das noch um so mehr, wenn wir uns in der Rolle dieses Typen auch gefallen. Wir sollten immer ein waches Auge darauf haben, welchen Typ wir im System der neun Fixierungen ablehnen. Typen, die wir unausstehlich, fürchterlich und schrecklich finden, entsprechen unserem Schatten.

Der Schatten ist diejenige Seite in uns, die wir derart an uns ablehnen, daß wir sie sofort auf andere Menschen projizieren müssen. Wenn ich über den Enneagramm-Punkt 9 bei Jaxon-Bear lese und denke: »Genau! Das ist meine fürchterliche Nachbarin; immer dieses scheinheilig-freundliche Gehabe, dieser Geiz und diese falsche Bemühung um Anerkennung – einfach schrecklich!« dann kann ich sicher sein, daß diese falsche, scheinheilige Schlange in mir selbst wohnt. Es wäre klüger zu erforschen, wie sich diese Verhaltensweisen bei mir zeigen, als meine Nachbarin zu hassen.

Mit Typen, die auf uns gar nicht zu passen scheinen und die wir dazu noch negativ bewerten, sollten wir uns besonders eingehend auseinandersetzen. Oftmals reagieren wir auf diese Typen emotional oder meinen, deren Beschreibung sei widersprüchlich und solche Menschen gäbe es gar nicht. Wie dem auch sei, die Ablehnung des Schattens kann viele Gesichter zeigen. Auf jeden Fall stellt die Arbeit an unserem Schatten nach C. G. Jung die Voraussetzung zu unserer Selbsterkenntnis dar.

Um es noch einmal zu betonen: Alle neun Typen des Enneagramms leben in uns und können im Sinne Gurdjieffs als die verschiedenen Ichs angesehen werden, die in unterschiedlichen Situationen uns meist sehr tyrannisch regieren. Diese Ansicht führt zu sechs Handlungsstrategien (den drei Schockpunkten werden keine eigenen Handlungsstrategien in meinem System zugeordnet), die sozusagen dem Verhaltensrepertoire unserer »Haupt-Ichs« entsprechen.

Die sechs Strategien des menschlichen Handelns

In jedem von uns ist das Potential zu sechs unterschiedlichen Strategien des menschlichen Handelns angelegt. Das bedeutet allerdings nicht, daß wir diese sechs Wahlmöglichkeiten auch immer nutzen. Meistens besitzen wir ausgeprägte Vorlieben und Abneigungen, die uns jede Freiheit rauben, unsere Handlungsstrategien rational und frei wählen zu können.

Der eine liebt es, intellektuell zu reagieren und die ihn umgebende Welt wissenschaftlich zu betrachten. Diese Person wird den Handlungsstrategien der Enneagramm-Punkte 7 und 8 zuneigen. Eine emotionale Person dagegen wird automatisch zu den Handlungsstrategien der Enneagramm-Punkte 4 und 5 tendieren. Ihr werden die intellektuellen Handlungsstrategien der Enneagramm-Punkte 7 und 8 fremd sein, genauso wie ihre vornehmliche Handlungsweise dem Intellektuellen fernsteht. Wer hauptsächlich aus seinem Bewegungszentrum heraus handelt, der wird den ersten beiden Handlungsstrategien (Enneagramm-Punkte 1 und 2) zuneigen und wird womöglich die intellektuellen oder emotionalen Handlungsstrategien ablehnen.

Das nun folgende Enneagramm der sechs Strategien des menschlichen Denkens und Handelns kann uns helfen, die Einseitigkeiten unserer Weltsicht zu erkennen und starre Handlungs- und Reaktionsweisen durch deren Erkenntnis aufzulockern.

Am *Enneagramm-Punkt 1* ist es für uns wichtig, daß unsere äußere Situation perfekt ist. Das gibt uns Sicherheit, und so setzen wir alles daran, unsere materiellen Grundlagen zu regeln. Wir können hier zwar auch unseren Schatten erleben (Enneagramm-Punkt 4), da er jedoch unsere äußere Harmonie stört, wird er sogleich auf den »fiesen Nachbarn«, den »blöden Chef« und auf wen immer projiziert. Diese einseitige Handlungsstrategie findet ihre Öffnung zu mehr Beweglichkeit darin, einen Blick zum Enneagramm-Punkt 7 zu wagen, um uns bewußter zu betrachten oder gar der Gemein-

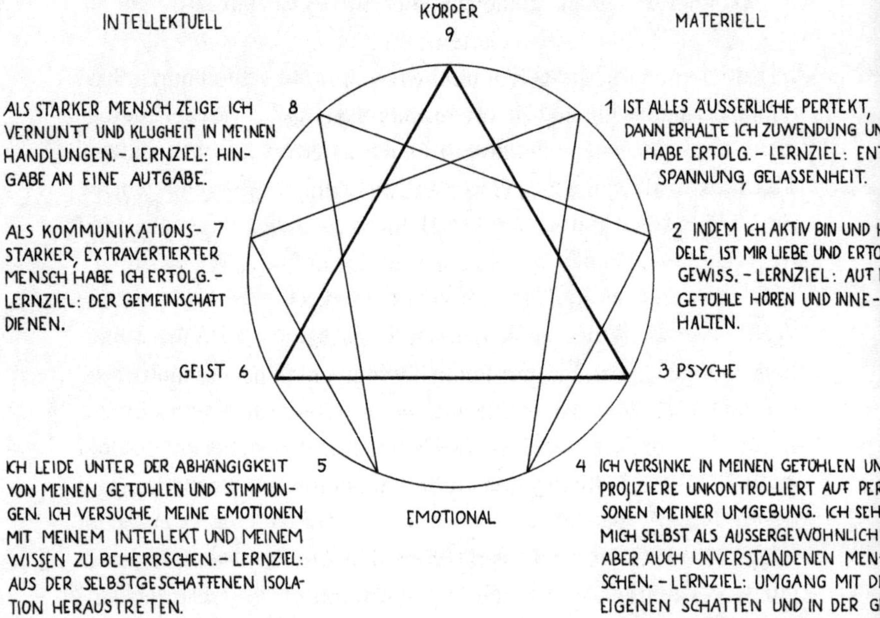

Abb. 25: Die sechs Strategien des menschlichen Denkens und Handelns

schaft, in der wir leben, zu dienen. Hier hilft es, mehr Lässigkeit zu üben und über den eigenen Gartenzaun hinauszublicken.

Die Handlungsstrategie vom *Enneagramm-Punkt 2* ist durch Aktivität gekennzeichnet. Mit oft größter Emsigkeit versuchen wir durch permanentes Handeln unser Glück zu erhaschen. Dieses unermüdliche Tun ist oftmals von einer Angst vor den eigenen Gefühlen geprägt. Aber diesen Gefühlen können wir nicht entgehen, und so hilft es, innezuhalten und auf den Enneagramm-Punkt 4 zu schauen, der uns mit unserer eigenen Übellaunigkeit, mit jenen miesen Stimmungen und Frustrationen des Alltagslebens, konfrontiert. Der Blick auf den Enneagramm-Punkt 8 zeigt uns eine vernünftigere und reifere Handlungsstrategie auf, die uns von unserer einseitigen Handlungsbesessenheit unter der typisch amerikanischen Devise »without action no satisfaction« (ohne Handeln keine Befriedigung) befreien kann.

Diese beiden Handlungsstrategien der *Enneagramm-Punkte 1 und 2* sind weitgehend auf die Organisation und Veränderung äußerer materieller Situationen ausgerichtet und lehren uns, geerdet und realistisch unsere konkrete Situation zu betrachten. Sie vernachlässigen jedoch die Betrachtung unseres eigenen Inneren und unserer geistigen Fähigkeiten.

Im Gegensatz dazu stehen wir an *Enneagramm-Punkt 4 und 5* hauptsächlich vor unserem eigenen Inneren. Durch diese einseitige Haltung leben wir in beständiger Abhängigkeit von unseren Stimmungen und Emotionen, die uns häufig die Energie rauben, die wir benötigen, um uns der Außenwelt zuzuwenden. Man kann dieses Enneagramm der Handlungsstrategien als dialektisches Modell im Hegelschen Sinne sehen: Die These stellt die Handlung der ersten Triade dar, die Antithese das Gefühl, das oft die Handlungen blokkiert, und die Synthese wird in diesem Prozeß durch den Geist oder Intellekt gewonnen, der im günstigen Fall die beiden anderen Verhaltensweisen bewußtseinsmäßig beinhaltet.

Am *Enneagramm-Punkt 4* betrachten wir die Welt von unseren

Emotionen her und fühlen uns oft von unseren Mitmenschen abgelehnt und unverstanden. Hier hilft der Blick auf die Handlungsstrategien der Enneagramm-Punkte 1 und 2, die sich auf die äußere materielle Situation beziehen. Wir können an dieser Stelle lernen, daß das Innen wie das Außen seine Berechtigung und seine Realität besitzt.

Auf der psychischen Ebene führt uns das zu der Erkenntnis unseres Schattens, den wir unberechtigterweise auf das Außen projizieren, obwohl er einen kreativen Teil unseres Inneren darstellt. Tiefenpsychologisch gesehen geht es am Enneagramm-Punkt 4 um die Frage: Wo sind meine Grenzen und wo fängt die Außenwelt an? Die Beantwortung dieser Frage wird oft dadurch erschwert, daß ich schwankend entweder in der Vergangenheit lebe oder daß mein Blick von den Mühen der Zukunft gebannt wird. Die Lernaufgabe besteht darin, im Hier und Jetzt zu leben, was uns automatisch vor dem Versinken in der Welt der Gefühle rettet.

Am *Enneagramm-Punkt 5* ringe ich zwar immer noch mit meinen Gefühlen und reagiere hauptsächlich emotional auf meine Umwelt, aber ich beginne, diese Gefühle und Stimmungen mit meinem Intellekt zu beeinflussen. Immerhin ist mir hier die Perspektive auf die intellektuellen Handlungsstrategien (Enneagramm-Punkte 7 und 8) gegeben, wenn mir auch die Distanzierung von meinem Leiden und meinen Gefühlsschwankungen schwerfällt. Da ich am Enneagramm-Punkt 5 oft zurückgezogen lebe, bin ich meinen Launen oft sehr ausgeliefert. Dazu kommt, daß ich sehr ehrgeizig bin und gerne viel entwickelter wäre, als ich es von mir selbst annehme. Hier hilft einzig die Kommunikation mit der Außenwelt (Enneagramm-Punkt 7), die mich aus meiner Isolation befreit.

Die *Enneagramm-Punkte 7 und 8* sind von einer intellektuellen Weltsicht geprägt, die beständig darum ringt, nicht ihren Kontakt zu den Gefühlen und zu der materiellen Welt zu verlieren. Das Enneagramm zeigt uns deutlich, daß, indem wir seine vorgegebenen Perspektiven beachten, wir wenig Gefahr laufen, in eine einseitige und erstarrte Weltsicht zu verfallen. Die Enneagramm-Punkte 7 und 8 sind sowohl mit der materiellen als auch mit der emotionalen Weltsicht verbunden, genauso wie die Enneagramm-Punkte 1 und 2 mit der intellektuellen und emotionalen Weltsicht zugleich verbunden sind. Einzig die Enneagramm-Punkte 4 und 5 stehen isoliert und sind nicht direkt mit den beiden anderen Qualitäten des Handelns und Denkens in Kontakt.

Am *Enneagramm-Punkt 7* liegt unsere Handlungsstrategie in der Kommunikation. Durch meine Macht der Kommunikation versuche ich mir, Liebe und Erfolgserlebnisse zu verschaffen, was in unserer Gesellschaft meistens gelingt. Ich bin beliebt, weil ich geistreich und unterhaltsam bin. Die Gefahr liegt am Enneagramm-Punkt 7 in der Veräußerlichung, weswegen ich die Verbindung zum Enneagramm-Punkt 5 nie aus den Augen verlieren sollte. Der Rückzug, als beliebte Handlungsstrategie des Enneagramm-Punktes 5, dient dem Enneagramm-Punkt 7 genauso zur Heilung, wie die Extraversion des Enneagramm-Punkts 7, den Enneagramm-Punkt 5 öffnen kann. Auf einer höheren Stufe des menschlichen Handelns sollte man am Enneagramm-Punkt 7 seine Fähigkeiten einer größeren Gemeinschaft zur Verfügung stehen und so sein eigenes Ego überwinden.

Am *Enneagramm-Punkt 8* glauben wir wie zur Zeit der Aufklärung an die Macht der Vernunft. Damit steht diese hier gewählte vernünftige und kluge Handlungsstrategie im Gegensatz zu derjenigen der Romantiker, die auf die Macht ihrer Gefühle vertrauen (Enneagramm-Punkte 4 und 5). Zum Glück ist jedoch diese vernünftige Weltsicht mit der emotionalen der Romantiker verbunden und kann sich im günstigen Fall zu einer verantwortlichen Handlungsfähigkeit entwickeln, die durch ihre Verbindung zum Enneagramm-Punkt 2 gut geerdet ist.

Diese sechs grundsätzlichen Handlungsstrategien weisen alle ihre engen Begrenzungen auf, wenn nicht ihre Verbindung zu den anderen Enneagramm-Punkten gesehen und gelebt wird. Zum anderen ergänzen sie sich durch ihre Verbindungen mit den anderen Handlungsstrategien zu einem beweglichen Handlungspotential, das angemessen auf die verschiedenen Umweltsituationen reagieren kann.

Es bietet sich an, bei diesen sechs Handlungsstrategien drei Untergruppen zu bilden, wobei sich die erste Gruppe (Enneagramm-Punkte 1 und 2) hauptsächlich auf die Tatsachen ausrichtet, die zweite Gruppe (Enneagramm-Punkte 4 und 5) weitgehend von inneren Vorstellungsbildern beeinflußt wird, und die dritte Gruppe (Enneagramm-Punkte 7 und 8) ihren Schwerpunkt im sprachlich-symbolischen Ausdruck findet. Es ergibt sich so folgendes Modell der menschlichen Handlungsstrategien im Enneagramm:

Tatsachen: Materielle Ausrichtung

Enneagramm-Punkt 1	Erkennen und Perfektionieren des Äußerlichen.
Enneagramm-Punkt 2	Lust durch Handlung.

Vorstellungsbilder: Emotionale Ausrichtung

Enneagramm-Punkt 4	Gefühlsgeprägte Weltsicht, die das Bemühen in den Vordergrund stellt.
Enneagramm-Punkt 5	Rückzug in sich selbst, der das Leiden in den Vordergrund stellt.

Sprachlich-symbolischer Ausdruck: Intellektuelle Ausrichtung

Enneagramm-Punkt 7	Kommunikation
Enneagramm-Punkt 8	Vernunft und Klugheit

Die Bewegungsrichtungen im Enneagramm

Bevor wir konkret die Zuordnung der neun Typen zu den Enneagramm-Punkten betrachten, müssen wir uns zunächst die Bewegungsrichtung im Hexagramm und in dem gleichseitigen Dreieck des Enneagramms anschauen.

Die in Abbildung 26 eingezeichneten Pfeile geben die sogenannte »Therapie- und Heilungsrichtung« an. Die diesen Pfeilen entgegengesetzte Richtung nenne ich die »Aktionsrichtung«. Schreitet man auf den inneren Linien des Enneagramms in der Therapierichtung von einem beliebigen Enneagramm-Punkt zum nächsten fort, so hat man die Möglichkeit, dadurch seine neurotischen Verhaltensweisen aufzulösen. Der Enneagramm-Punkt 1 findet seine Heilung darin, daß er sich den Qualitäten des Enneagramm-Punktes 7 annähert. Der Enneagramm-Punkt 7 wiederum findet seine Erlösung im Enneagramm-Punkt 5, dieser findet seine Heilung im Enneagramm-Punkt 8 und so weiter. Ist der Mensch leicht verunsichert, verhält er sich wie ein typischer Vertreter seines Enneagramm-Punktes. Steht er unter Streß, pflegt er, wie der folgende Enneagramm-Typ, in der Aktionsrichtung zu reagieren. Fühlt er sich sicher und entspannt, reagiert er wie der vorangehende Typ in der Therapierichtung. Das ist ein psychologisches Muster, dem jeder Mensch spontan und automatisch folgt.

Wenn wir von den sechs Denk- und Handlungsstrategien ausgehen (Seite 121ff.; Abb. 25), dann findet zum Beispiel die einseitig extravertierte Handlungsweise (Enneagramm-Punkt 7) ihren Ausgleich im Rückzug in die eigene Welt der Emotionen (Enneagramm-Punkt 5). Beide Verhaltensweisen ergänzen sich und bilden so ein ausgeglichenes Ganzes.

Schauen wir uns noch einmal den Weg von der Unzufriedenheit in die Zufriedenheit an. Am Enneagramm-Punkt 2 werden mir meine neurotischen Wiederholungen bewußt, die ich auflösen kann, indem ich mich mit meiner Abwehr gegen psychische und andere Veränderungen (Enneagramm-Punkt 4) auseinandersetze.

Der Weg durch die Enneagramm-Punkte von 1 über 7, 5, 8, 2 und 4 entlastet und heilt mich. Schlage ich den umgekehrten Weg von Enneagramm-Punkt 1 nach 4, 2, 8, 5 und 7 ein, dann agiere ich meine Neurosen aus, wodurch ich mich noch mehr belaste, da dieses

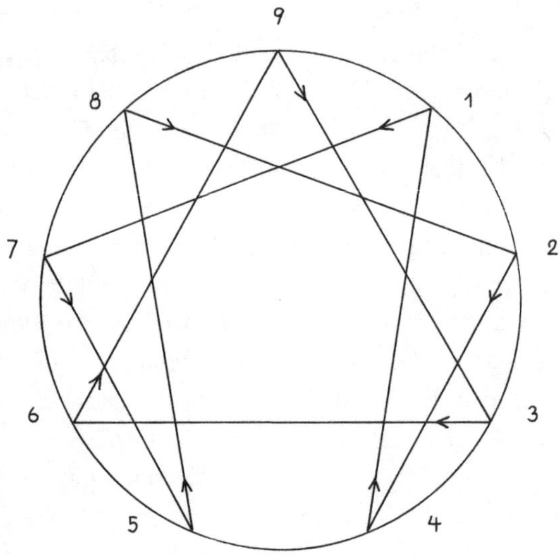

Abb. 26: Die Bewegungsrichtungen im Enneagramm

Ausagieren meine neurotischen Verhaltensweisen verstärkt. Sind mir in unserem Beispiel von der »Arbeit« an der Unzufriedenheit meine Wiederholungen bewußt geworden (Enneagramm-Punkt 2), dann verstärkt es meine einseitigen Verhaltensweisen, wenn ich sofort von hier in die Zufriedenheit (Enneagramm-Punkt 8) springen möchte. Die so erlangte Zufriedenheit kann nur eine aufgesetzte sein, hinter deren künstlicher Oberfläche die Unzufriedenheit wächst, blüht und gedeiht. Die extravertierte Verhaltensweise des

Enneagramm-Punkts 7 findet ihre Steigerung in der nach außen gerichteten Einstellung des Enneagramm-Punkts 1. Der Blick von Enneagramm-Punkt 7 auf Enneagramm-Punkt 1 kann leicht zur Verstärkung der einseitigen Haltung des Enneagramm-Punkts 7 führen, indem hier ein Ausagieren der extravertierten Haltung nahegelegt wird.

Auf das göttliche Dreieck bezogen kann man feststellen, daß die Lehre des Enneagramms davon ausgeht, daß die Gefühlswelt (Enneagramm-Punkt 3) ihre Entspannung im Geist (Enneagramm-Punkt 6) findet und der Geist oder Intellekt wiederum seine Ruhe im Körper (Enneagramm-Punkt 9) erfährt. Agiert sich dagegen das Gefühl (Enneagramm-Punkt 3) körperlich aus (Enneagramm-Punkt 9), baut es noch mehr Spannung auf, wie auch der Körper, wenn der Intellekt ihn beherrschen möchte, noch angespannter wird.

Es ist sehr aufschlußreich, die Bewegungsrichtungen des Enneagramms auf das innere Siebeneck des Chakras zu beziehen.

Wir sehen hier, daß der körperliche Mensch, der seinem Bewegungszentrum in der unteren Wirbelsäule verbunden ist (Enneagramm-Punkt 1), seinen Ausgleich in der Kommunikation findet (Enneagramm-Punkt 7), indem er seine Energien zum Kehl-Chakra hochleitet. Deswegen trifft man sich wohl mehr oder weniger bewußt nach dem Sport in der Gaststätte zum Gespräch (trinken könnte man ja auch alleine zu Hause). Der sexuelle Mensch, der seine Erotik auslebt (Enneagramm-Punkt 2) findet seine Ruhe, indem er sich auf seinen Körperschwerpunkt konzentriert (Enneagramm-Punkt 4) und sich mit seiner Aggressivität auseinandersetzt (ebenfalls Enneagramm-Punkt 4). Der kämpferische Mensch (Enneagramm-Punkt 4) findet keine Ruhe, wenn er sich auf seine Sexualität konzentriert (Enneagramm-Punkt 2). Er benötigt vielmehr die körperliche Bewegung (Enneagramm-Punkt 1), die ihn ausgleicht. Der »Herztyp« (Enneagramm-Punkt 5) findet in der Klarheit des Dritten Auges seinen Ausgleich, und der Intellektuelle (Enneagramm-

Punkt 7) heilt sich im Blick auf seine Herzkraft (Enneagramm-Punkt 5).

Dies sind sozusagen »die sieben inneren Typen des Enneagramms«, die den »neun äußeren Typen« ihre Färbung geben, ohne in ihnen vollständig aufzugehen.

Wenn wir jetzt auf die neun Typen des Enneagramms zu sprechen kommen, ist es sehr wichtig zu betrachten, wo welcher Typ seine Ruhe und seine Heilung findet oder etwa seine Einseitigkeit noch verstärkt.

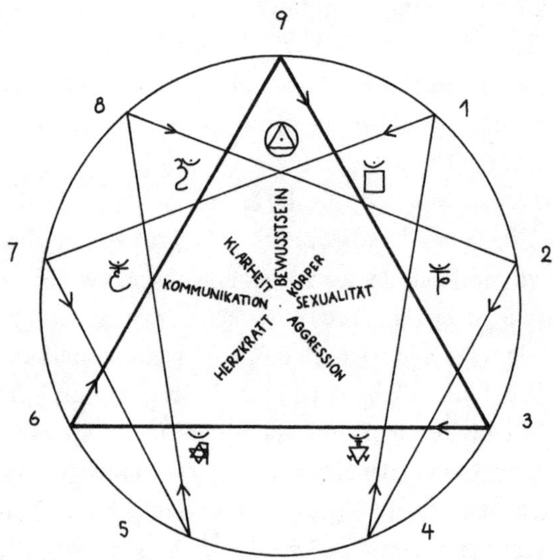

Abb. 27: Die Bewegungsrichtungen und die Chakras

Die neun Persönlichkeitstypen

Wie man in der Astrologie davon ausgeht, daß ein vollentwickeltes Individuum die Qualitäten aller zwölf Zeichen des Sternkreises in sich vereint, so gehe ich auch bei den neun Typen des Enneagramms davon aus, daß ein vollentwickeltes Individuum die Verhaltensweisen aller dieser Typen in seinem Verhaltensrepertoire besitzt. Wenn wir noch einmal von dem Bild der neun verschiedenen Ichs ausgehen, können wir sagen, daß ein beweglicher und bewußter Mensch alle diese neun unterschiedlichen Ichs in gleichstarker Ausprägung in seinem eigenen Inneren beherbergt.

Bei der genauen Betrachtung der neun im folgenden beschriebenen Typen werden Sie höchstwahrscheinlich ein oder zwei Typen besonders gut auf sich beziehen können. Ist dies der Fall, dann stellen diese Typen Ihr tyrannisches oder Ihr stärkstes Ich dar. Hier ist es nun wichtig zu schauen, welcher andere Typ in Ihrer Therapierichtung liegt. Beschäftigen Sie sich eingehend mit ihm und versuchen Sie, zumindest über zwei bis drei Tage seine Lebensweise und Weltsicht einzunehmen.

Gleichzeitig werden Sie bei der Beschreibung der neun Typen ein oder zwei Typen finden, die Sie zutiefst ablehnen. Würden Sie einen solchen Menschen im alltäglichen Leben treffen, könnten Sie diese Person nicht ausstehen. Mit diesem Typen sollten Sie sich ebenfalls genauer auseinandersetzen, denn er charakterisiert Ihren Schatten.

Ferner ist es sehr hilfreich, sich denjenigen Typen genauer anzuschauen, der in der Aktionsrichtung zu Ihrem spontan gewählten Typen liegt. Dort mögen Sie eine Haltung finden, zu der Sie tendieren, die Ihnen aber bei Ihrer persönlichen Entwicklung nicht gut tut. Hier sehen Sie all die Eigenschaften, welche die Einseitigkeiten der von Ihnen schon normalerweise gezeigten Handlungsweise verstärken. Ich werde darauf bei der konkreten Besprechung der neun Persönlichkeitstypen noch genauer zu sprechen kommen.

Ich gehe bei der Betrachtung der neun Typen des Enneagramms durchweg davon aus, daß diese neun Verhaltensweisen uns auf unserem Lebensweg helfen. Die Kenntnis aller neun Verhaltens- und Reaktionsweisen wird uns langfristig mehr Freiheit in unserem Verhalten schenken.

Meine Einteilung und Charakterisierung der neun Typen des Enneagramms weicht von derjenigen, die Oscar Ichazo und seine Schule vertritt, teilweise stark ab. Das ergibt sich daraus, daß ich die logische Abfolge der Typen nach den Eigenschaften der Enneagramm-Punkte ausgerichtet habe, wie sie in den Schulen des Vierten Weges gesehen werden.
Ich komme dabei zu folgendem Schema:

- Die Typen 1 und 2 sind in ihren Eigenschaften hauptsächlich auf das Materielle ausgerichtet.
- Der Typ 3 liegt in der Ausrichtung seiner Eigenschaften im Übergang vom Materiellen zu den Emotionen.
- Die Typen 4 und 5 sind in ihren Eigenschaften hauptsächlich emotional ausgerichtet.
- Der Typ 6 liegt in der Ausrichtung seiner Eigenschaften im Übergang von den Emotionen zum Intellektuellen.
- Die Typen 7 und 8 sind in ihren Eigenschaften hauptsächlich intellektuell ausgerichtet.
- Der Typ 9 liegt in der Ausrichtung seiner Eigenschaften im Übergang vom Intellektuellen zum Materiellen (neuer Zyklus).

Typ 1: Der »Unternehmer«

Betrachten wir die Abbildung 21, dann sehen wir den »Unternehmer« – man könnte auch sagen: den »Anfänger« – am Enneagramm-Punkt 1 stehen. Der »Anfänger« oder »Unternehmer« gehört an den

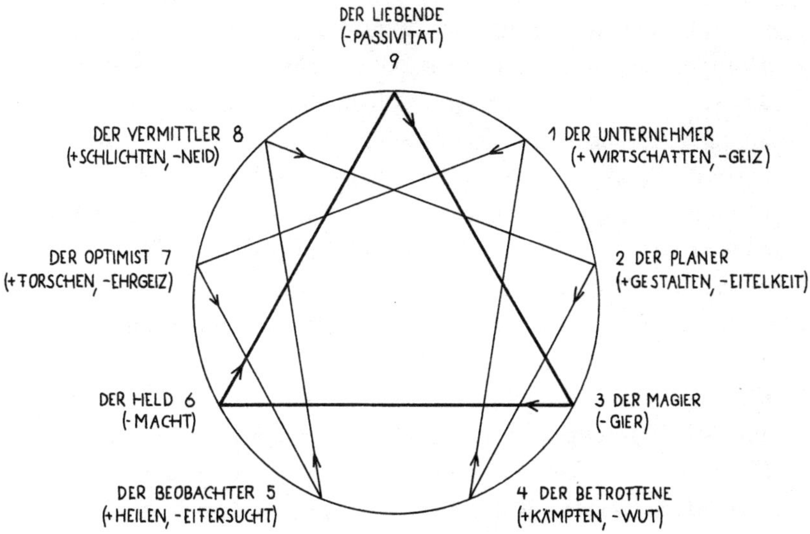

Abb. 28: Die neun Persönlichkeitstypen im Enneagramm

Anfang des Enneagramms, weil er den materiellen Voraussetzungen seines Lebens sehr verpflichtet ist. Der Einser oder Enneagramm-Typ 1 lebt in der materiellen Realität und nicht in seiner Phantasie; das ist seine Stärke. Er fühlt sich wohl und sicher, wenn er sein Hab und Gut geordnet oder sicher angelegt hat. Diesem Typ entspricht das Basis-Chakra (Muladhara) im inneren Siebeneck des Enneagramms, das engstens den materiellen Grundlagen des Lebens verbunden ist.

Der »Unternehmer« kann nicht nur gut wirtschaften und sparen, sondern es macht ihm dazu noch Spaß, sich um seine Konten und seine Geschäfte zu kümmern und sein Geld zu investieren. Er erinnert mich an Onkel Dagobert aus Walt Disneys Micky-Maus-Heften. Dem Einser macht es also Spaß, Geld zu sparen und wie Onkel Dagobert voller Genuß in seinem Geld zu baden. So schreibt der Franziskaner Richard Rohr, der sich selber als Einser bezeichnet:

> »Es ist ein gutes Gefühl, Geld zu sparen! [...] Ich fühle mich wohler, wenn ich sparen kann. Die frühkindliche Prägung meines Gewissens sagt mir, es sei besser, richtiger und heiliger, Geld zu sparen als Geld auszugeben.«[7]

Diese eifrige Beschäftigung mit den materiellen Grundlagen ist allerdings von einer gewissen Verarmungsangst geprägt. Auch wenn es dem Einser objektiv wirtschaftlich gut geht, hat dieser Typ schon bei den kleinsten Anlässen die Vision, in der Gosse zu landen. Seine Horrorvorstellung ist, sich selbst als Penner unter der Brücke am Fluß wiederzufinden. Er sieht in diesem Bild auch nicht die kleinste Romantik und Kühnheit. Um solchen Abstieg auf jeden Fall zu verhindern, braucht er ein mehr oder weniger gefülltes Konto oder sichere, möglichst regelmäßige Einnahmen. Die Abstiegsangst treibt den Einser oft zur Perfektion in seiner Arbeit.

Wenn sich auch hierbei meistens alles um den materiellen Besitz dreht, so müssen Geld oder Immobilien nicht unbedingt den wichtigsten, Besitzstand bilden. Es können am Enneagramm-Punkt 1 auch Wissen oder Freunde angehäuft werden – über beides wacht man dann oft gluckenhaft, daß auch ja keiner einem etwas wegnimmt. Im Sinne von Erich Fromm geht es am ersten Enneagramm-Punkt ganz deutlich um den Habens- statt um den Seins-Modus.[8] Letztendlich könnte man diesen Typ tiefenpsychologisch dadurch charakterisieren, daß er (unbewußt) sein Vakuum an Sein mit Haben auszugleichen versucht.

In gewissem Sinne pflegen wir alle in der postmodernen Gesellschaft so zu leben – allerdings für diesen Typ wird eine solche Lebensweise zum alleinigen Lebensinhalt, ja teilweise gar zu einem in die Perfektion getriebenen Lebensideal.

Der Enneagramm-Typ 1 braucht zwar nicht immer selbständiger Unternehmer oder Geschäftsmann/Geschäftsfrau zu sein, aber seine Fähigkeiten liegen zweifellos in der gewissenhaften Organisation eines Geschäftes und in der selbständigen Arbeit. Gerade im mittleren Management ist dieser Typ häufig vertreten, wo er sich auch bestens bewährt.

Werden Sie bei einem Einser in seine Wohnung eingeladen, sieht alles so perfekt, ordentlich und sauber aus, daß Sie Angst haben, sich dort zu bewegen. Man kann vom Boden essen und im Extremfall ist die Wohnung derart vollkommen eingerichtet und aufgeräumt, daß sie eher einem Museum als einem Wohnraum gleicht, in dem lebendige Menschen leben. Die Materie muß für diesen Enneagramm-Typ klar nach seinen Vorstellungen geordnet sein, da er sonst das schlimmste Chaos befürchtet. So wie seine Wohnung aussieht, verhält sich der Einser auch: Er ist pünktlich und nicht nur ordentlich, sondern auch arbeitsam und pedantisch.

Solange wie alles ökonomisch in seinem Sinne läuft, ist der »Unternehmer« ein umgänglicher, fröhlicher Mensch. Gibt es jedoch wirtschaftliche Schwierigkeiten, dann reagiert er häufig übermäßig ärgerlich und wird sehr rigide, aggressiv und hart – in solchen Krisensituationen kann man ihn geradezu erstarren sehen. Sein latenter Hang zum Geiz bricht voll durch, und man wird beobachten, wie er aus seiner eigenen Mitte fällt und unliebenswürdig wird. Keiner kommt mit diesen nörgelnden und grollenden Einsern zurecht.

Er ist durch seine materielle Erfolgsorientierung sehr streßabhängig. Um seinen Streß zu reduzieren, ist es für ihn äußerst wichtig, sich körperlich fit zu halten.

Als Archetyp würde ich den »Unternehmer«, der beständig agieren muß, dem Gott Hermes/Merkur, dem Gott der Kaufleute, Diebe, Reisenden und Athleten, zuordnen. Hermes oder Merkur personifiziert die Geschwindigkeit, die durch seine geflügelten Sandalen und seinen Reisehut mit der breiten Krempe und den Flügeln symbolisiert wird. Genau hier, im körperlich-motorischen Bereich des Enneagramms, finden wir die größte Reaktionsgeschwindigkeit: Der Unternehmer kann im Idealfall blitzschnell entscheiden und sicher reagieren; er hat ein »gutes Händchen« und einen »guten Riecher«, wie der Volksmund sagt.

Der »Unternehmer« braucht Bewegung in körperlicher Form oder den Fluß der Waren und Güter. Immer ist es die Dynamik, die diesen Typ fasziniert und, wie schon gesagt, wenn er rastet, dann rostet er auch schnell – meistens wird er zu einem unzufriedenen Meckerer.

Hermes/Merkur ist auch der Gott allen Anfangs. Bei Homer tritt er uns als Jüngling entgegen, dem gerade der Bart zu sprießen beginnt. Mit diesem Typ begibt man sich auf seinen Lebensweg. Nach C. G. Jung ist er der Führer, der uns auf unserer psychologischen Reise zu uns selbst begleitet. Alle diese Reisen beginnen mit den materiellen Voraussetzungen, ohne die sie nicht möglich sind.

Solange es also dem Enneagramm-Typ 1 materiell gut geht, ist er unternehmungslustig, handlungsstark, perfekt und fröhlich. Das Bild des jovialen Unternehmers paßt bestens auf ihn. Geht es jedoch wirtschaftlich abwärts, treten seine Schattenseiten zutage: Er wird unausstehlich; er reagiert zwar immer noch schnell, aber zumeist ärgerlich und übellaunig. Er kann dann leicht in das Dunkel seiner eigenen Seele versinken. Hinzu kommt noch seine Streßanfälligkeit, die ihn leicht zum Opfer psychosomatischer Erkrankungen werden läßt, besonders da es ihm schwerfällt, seine Aggressionen direkt auszudrücken.

Der Einser hat etwas Unbeholfenes und Hölzernes in seinen Liebesangelegenheiten. Die Liebe mit all ihren unvoraussehbaren Emotionen und Verwirrungen ist nicht gerade seine Welt. So verhält er sich bei der Partnerwahl oft passiv, ja er bemerkt es meistens erst sehr spät, wenn man sich in ihn verliebt. Es bedarf schon eines dicken Straußes roter Rosen und einer riesigen Valentinskarte, mit vielen roten Herzchen, um dem männlichen oder weiblichen »Unternehmer« klar zu machen, daß man ihn liebt. Sind Sie aber erst einmal zu ihm durchgedrungen, dann können Sie ihn zu einem aufregenden Liebhaber erziehen.

Für den »Unternehmer« ist es heilsam, zum Enneagramm-Punkt 7 – dem »Optimisten« – zu schauen, der kommunikationsstark und gewandt nach außen operiert. Der Einser zeigt häufig einen Hang zu Arbeit in den Medien, was ihn mit dem siebten Enneagramm-Typ verbindet. Gerade der Mischtyp (Enneagramm-Typ 1 mit 7) fühlt sich in Redaktionen bei Presse, Funk und Fernsehen sehr wohl. Hier herrscht das hektische Treiben, in dem er sich bewährt und das ihn aufblühen läßt. Und da der reine Typ im Grunde immer sehr selten vorkommt – meistens sind es zumindest zwei Ichs, die uns gleichermaßen bestimmen –, ist der Enneagramm-Mischtyp 1/7 relativ häufig anzutreffen.

Nicht so günstig ist es, wenn der »Unternehmer« sich dem »Betroffenen« (Enneagramm-Typ 4) zuwendet, wozu er in Streßsituationen neigt. Er wird dann zu emotional und reagiert zu schnell nervös auf alle möglichen Außenimpulse, die er persönlich nimmt. Er verliert, völlig gestreßt, den Überblick und wird kopflos, was ihn wütend macht. Er fühlt sich in solch einer Situation äußerst unsicher und wird meist sogleich von seinen Verarmungsängsten heimgesucht. Mischt sich der »Unternehmer« mit dem Enneagramm-Typ 2 – dem »Planer« –, dann kann dies zu großem materiellen Erfolg führen, da beide Typen ihre Stärke im Umgang mit der materiellen Welt besitzen. Allerdings wirkt der Mischtyp 1/2 im Gegensatz zu dem Mischtyp 1/7 oft kalt und unpersönlich, und häufig besitzt er die Tendenz zum Workoholic.

Wenn sich der Enneagramm-Typ 1 mit dem Enneagramm-Typ 9 mischt, werden die Eigenschaften des Enneagramm-Typs 9 die des Enneagramm-Typs 1 überlagern, da der Enneagramm-Typ 9 als Archetyp eine besondere Kraft ausübt.

Der »Unternehmer« oder »Anfänger«

Stärken	Gutes Wirtschaften, Schnelligkeit, Entscheidungsstärke, Perfektion
Schwächen	Angst vor der Verarmung, die zu Geiz und Starrheit führen kann, einseitige Ausrichtung auf den Haben-Modus (E. Fromm), Unfähigkeit des direkten Aggressionsausdrucks
Archetyp	Hermes/Merkur
Entlastung	Im Enneagramm-Typ 7, dem »Optimisten«; Kommunikation wirkt heilend
Belastung	Im Enneagramm-Typ 4, dem »Betroffenen«; zu viele Emotionen wirken neurotisierend und die Schattenseiten steigernd (Verarmungsängste, Rigidität etc.)
Mischtypen	1/7: heilend; relativ häufig 1/4: neurotisierend 1/2: neurotisierend 1/9: steht hauptsächlich unter dem Einfluß des Enneagramm-Typs 9, Archetyp
Nach Ichazo	Der Aggressionsgehemmte Idealist und Puritaner

Die Mischtypen

Im Gegensatz zu der herrschenden Auffassung nehme ich an, daß jeder Enneagramm-Typ sich mit jedem anderen mischen kann. Ich zum Beispiel bin ein Siebener mit starken Anteilen von Enneagramm-Typ 3. Allerdings kommen meiner Beobachtung nach hauptsächlich Mischungen entlang den inneren Verbindungslinien des Enneagramms vor, ferner sind Mischungen mit den vorausgehenden und folgenden Zeichen häufig. Von den acht potentiellen Mischungsmöglichkeiten treten also vier relativ oft auf und die vier anderen sind weniger wahrscheinlich. Ich gehe hier einzig auf die vier häufigsten Mischtypen ein, die anderen vier Mischtypen kann sich jeder selbst leicht ableiten.

Ist bei der Mischung ein beteiligter Typ ein Archetyp (also Enneagramm-Punkt 3, 6 oder 9), dann setzt sich die Gestaltungskraft des Archetyps zweifelsohne mehr durch als diejenige des »normalen« Typs. Die drei Archetypen, die durch ihren Charakter Urkräfte darstellen, mischen sich nicht untereinander. Es gibt also keine Mischtypen 3/6, 9/6 oder 9/3.

Typ 2: Der »Planer«

Wie der »Unternehmer« ist der »Planer« ein aktiver Mensch, der die Aufgaben des alltäglichen Lebens ohne Zögern angeht. Er besitzt oft etwas liebenswürdig Naives, wie er sich in seine Aufgaben stürzt und sie dabei erst zu verstehen beginnt. Oftmals ist er ehrgeizig und eitel: Es ist ihm wichtig, daß er seine Aufgaben schön und elegant ausführt. Er möchte die Welt durch die Schönheit erlösen. Dafür hofft er, die Anerkennung und Liebe seiner Umwelt zu erhalten, von der er überaus abhängig ist. Der Enneagramm-Typ 2 manipuliert seine Umwelt durch Schönheit und Tatkraft.

Dem »Planer« entspricht das Sexual-Chakra (Svadhishthana), unter dessen Einfluß er glänzen und gefallen möchte und das ihm strahlende Schönheit schenkt. Der »Zweier« braucht diese Schönheit, denn er ist ein Ästhet, der alles nicht nur gut, sondern auch schön ausführen muß. In seiner Arbeit treffen sich die Ästhetik und Visionen von einer besseren Welt und gehen im Idealfall eine perfekte Synthese ein. Allerdings muß der Enneagramm-Typ 2 beständig darauf achten, daß seine Vorstellungen und Ideale ihn nicht zu abgehoben oder unrealistisch werden lassen.

Für den »Planer« ist es unbedingt notwendig, daß seine Arbeits- und Lebensumgebung seinen ästhetischen Ansprüchen gemäß gestaltet ist. Ist dies nicht der Fall, fällt es ihm schwer, kreativ zu arbeiten. Dort, wo es etwas zu gestalten gibt und wo Pläne für die Zukunft entworfen werden, fühlt sich der »Planer« am wohlsten.

Die innere Triebkraft seiner Handlungen ist ein gewisser Minderwertigkeitskomplex, der ihn beständig eitel darauf achten läßt, genügend Anerkennung zu gewinnen. Das Schrecklichste wäre für ihn, übersehen zu werden und im Hintergrund zu stehen. In ihrer Kindheit mußten sich die Zweier Anerkennung häufig durch besondere Leistungen erkaufen. Sie leiden unter dem Gefühl, viel zu wenig Liebe und Aufmerksamkeit erhalten zu haben. So fehlt ihnen das Gefühl, um ihrer selbst willen geliebt zu werden. Bekommen sie jedoch, selbst für ihre Ansprüche, genügend Anerkennung, sind sie erstaunlich hilfsbereite und kreative Menschen, deren Eitelkeit und Anerkennungssucht wenig auffällt.

Wie dem »Unternehmer« der Gott Hermes/Merkur als Archetyp zugeordnet wurde, so steht für den »Planer« die Göttin Aphrodite/Venus. Sie beherrscht perfekt die Macht der Wandlung, wie ja auch der »Planer« immerfort Bestehendes verändern muß. Er will alles immer noch schöner und praktischer gestalten. In seinen Idealen erinnert mich die Ästhetik des »Planers« an die des Bauhauses: funktional, einfach und schön. Auf jeden Fall möchte der »Planer« heute die äußeren Bedingungen dafür schaffen, daß es morgen eine schöne Zukunft gibt. Für die Planung des Schönen, so meint er, steht ihm eine gute Portion Anerkennung zu. Es ist auch klüger, ihm diese zu geben, da er sonst nur exaltiert wird und die ganze Umgebung damit tyrannisiert, daß er sie zu seiner Bühne umzugestalten sucht.

Aphrodite oder Venus wird als die Göttin der Liebe, der Schönheit und als der Archetyp des kreativen Menschen verehrt. Diesem Bild entsprechend geht der »Planer« durch sein Leben: Er sucht die Verführung und liebt es, zu verführen. Er umgibt sich nicht nur mit schönen Gegenständen, sondern vor allem auch mit attraktiven Männern und Frauen. In solch einer Umgebung kann der »Planer« zum genialen Visionär werden.

Verliebt sich ein Zweier, dann kann sich sein Partner sehr geschmeichelt fühlen: Er ist sicherlich schön. Wie der irisch-englische Schriftsteller George Bernard Shaw (1856–1950) es in seinem Stück *Pygmalion* beschreibt, scheut der »Planer« es keineswegs, seinen Partner zu einem schönen Ausstellungsstück zu stylen. Andererseits braucht der Zweier in der Liebe permanent Anerkennung. Erhält er sie, honoriert er das mit seinen Eigenschaften als traumhafter Liebhaber. Die Liebe ist eine gefährliche Falle für ihn, da er sich gerne selbst verleugnet, nur um zu gefallen und anzukommen. Viele Groupies sind Zweier, denn der Enneagramm-Typ 2 wird von der Macht sexuell angezogen. Bei dieser Anpassung an den anderen kommt er sich selbst abhanden, und seine Liebe und angenehm wilde Geilheit kann plötzlich in Haß umschlagen.

Ich kenne eine typische, attraktive Zweier-Frau, die eine atemberaubende Lust an der Unterwerfung zeigt. Sie verkehrt, in hautenges schwarzes Leder gehüllt, in feinen sadomasochistischen Klubs, wo sie es genießt, gebraucht zu werden. Die wenigsten Zweier leben jedoch diese Seite ihrer Sexualität wirklich aus, ihre Phantasien werden jedoch nicht selten von solchen Vorstellungen beherrscht.

Hier sei kurz angemerkt, daß Gurdjieff immer wieder betonte, daß die Sexualität eine der feinsten Kräfte zur Weiterentwicklung ist. Er bezweifelte allerdings, daß der moderne Mensch dazu in der Lage sei, mit seiner Sexualität bewußt umzugehen. Aus diesem Grunde empfahl Gurdjieff, daß wir Sexualität ohne Anbindung an unsere Gefühle ausleben sollten.

Für viele Leserinnen mag dieser Vorschlag einen chauvinistischen Beigeschmack besitzen. Wir leben in der Spannung, daß wir einerseits Sex und Liebe lieber voneinander trennen wollen, uns andererseits aber nach höchst unrealistischen, romantischen Beziehungen sehnen. Weder die radikale Trennung von Gefühl und Sexualität noch die romantische Vorstellung der innigen Verbindung zweier Menschen, die von der Harmonie von Liebe und Sex geprägt ist, scheint jedoch zu einer glücklichen und längerfristigen Befriedigung zu führen. Das ist nach Gurdjieff darauf zurückzuführen, daß sich die heutigen Menschen Partner suchen, die einfach nicht zu ihnen passen. Für den postmodernen Menschen wäre es wahrscheinlich im Sinne Gurdjieffs, wenn er seine Sexualität gewissenhaft beobachten, erforschen und dadurch zugleich von mechanischen Zwängen befreien würde – für den Zustand der Verliebtheit wäre zu einer ähnlichen Haltung zu raten.

Zweier weisen oft einen Hang zu symbiotischen Beziehungen auf, wenn sie das Gefühl haben, den geeigneten Partner gefunden zu haben. In einer solchen Beziehungsstruktur wird die Abgrenzung gegen den anderen jedoch schnell zum Problem. Bei einem Paar im feschen Partnerlook ist zumindest einer ein Zweier.

Es ist auffallend, daß Aphrodite/Venus nie in eine Opferrolle gedrängt worden ist. All ihre Liebesverhältnisse beruhten auf Gegenseitigkeit, und sie litt nie. Das läßt eine gewisse Oberflächlichkeit spüren. Der »Planer« geht mit der Devise »Tiefsinn ist Neurose« durch sein Leben: Genau diese Leichtigkeit macht ihn ja so verführerisch! Psychologisch gesehen handelt es sich hierbei um die Leichtigkeit des Hysterikers.

Tiefsinnig wird der »Planer« nur in einer entspannten Lebenssituation, indem er zu dem »Betroffenen« (Enneagramm-Typ 4) hinschaut. Der »Betroffene« ist ein Typ, den der »Planer« oftmals spontan radikal ablehnt. Der Enneagramm-Typ 4 lebt ein ganz gegensätzliches Leben zu dem des »Planers«, aber dennoch bietet gerade die Schwere der Betroffenheit einen heilsamen Ausgleich zu der leichten Oberflächlichkeit des Zweiers, die völlig auf Lustgewinn in der Zukunft ausgerichtet ist.

Mischt sich dieser Enneagramm-Typ 2 mit dem Enneagramm-Typ 4, dann haben wir einen Menschen vor uns, dem es gelingt, sich selbst als »schöne Seele« zu entwerfen.

Im Streß neigt der Planer oft dem Enneagramm-Typ 8 zu und bringt damit seine ihn behindernden Eigenschaften wie Stolz, Eitelkeit und Ehrgeiz noch stärker zum Ausdruck. Er wird dann sehr berechnend und verliert seine charmante Naivität, die ihn so beliebt macht.

Der »Planer« oder »Gestalter«

Stärken	Die Gestaltung der Zukunft, der Sinn für das Schöne und Praktische, ein klarer Blick auf die Zukunft
Schwächen	Minderwertigkeitsgefühle, die ihn zu Stolz und Ehrgeiz drängen (fehlender emotionaler Tiefsinn)
Archetyp	Aphrodite/Venus
Entlastung	Im Enneagramm-Typ 4, dem »Betroffenen«: emotionaler Tiefsinn wirkt heilend
Belastung	Im Enneagramm-Typ 8, dem »Vermittler«: der hinzukommende geistige Aspekt läßt ihn leicht berechnend werden, seine Tendenzen zu Stolz und Eifersucht werden noch verstärkt
Mischtypen	2/4: heilend, wird oft mit zunehmenden Alter (nach der Lebensmitte) erreicht 2/7: neurotisierend, wird oft in der Jugend ausgelebt 2/1: wie 1/2 heilend 2/3: selten, meist neurotisierend
Nach Ichazo	Die hilfreiche Frau (Mutter)

Die Verbindung der Enneagramm-Typen 2 und 1 haben wir schon im Abschnitt über den »Unternehmer« als fruchtbar dargestellt.

Wenn der »Planer« unter den Einfluß des Archetypen des »Magiers« gerät (Enneagramm-Punkt 3), wird er zur schillernden Gestalt des Zauberers, der wie ein Junge mit roten Wangen und leuchtenden Augen, nicht ohne eine gewisse Gier, die Welt verbessern möchte.

Typ 3: Der »Magier« (Archetyp)

Zu den Archetypen

An den drei Eckpunkten des göttlichen Dreiecks, an den Enneagramm-Punkten 3, 6 und 9, nehme ich Urkräfte beziehungsweise Archetypen an. Im genauen Wortsinn sind das nicht die Archetypen selbst, da der Archetyp im Verständnis C. G. Jungs eine abstrakte, formbildende Kraft darstellt, die uns Bilder wahrnehmen läßt, die das Bild aber keineswegs selbst ist. Ich halte mich hier an den umgangssprachlichen Gebrauch des Wortes »Archetyp«, der Bilder und Strukturtypen, die direkt auf solche formbildenden Urkräfte zurückgehen, als Archetyp bezeichnet.

Man kann richtig behaupten, daß der »Magier« (Enneagramm-Typ 3), der »Held« (Enneagramm-Punkt 6) und der »Liebende« (Enneagramm-Punkt 9) grundlegende, nicht weiter aufteilbare Typen darstellen, die den Göttern der Antike vergleichbar sind. Der »Unternehmer« (Enneagramm-Typ 1), der »Planer« (Enneagramm-Typ 2), der »Betroffene« (Enneagramm-Typ 4), der »Beobachter (Enneagramm-Typ 5), der »Optimist« (Enneagramm-Typ 7) und der »Vermittler« (Enneagramm-Typ 8) stellen dagegen abgeleitete oder zusammengesetzte Typen dar. Im Grunde bilden die ersten beiden Typen des Enneagramms Untertypen des »Magiers« (Enneagramm-Typ 3). Die beiden Enneagramm-Typen 4 und 5 verdichten sich zum Archetyp des »Helden« (Enneagramm-Typ 6) und die Enneagramm-Typen 7 und 8 reflektieren im Ideal unterschiedliche Aspekte des Archetypen des »Liebenden« (Enneagramm-Typ 9).

Hier, am ersten Schockpunkt des Enneagramms, steht der »Magier«, jener Archetyp, der eine Meisterschaft und Leichtigkeit in der Manipulation der Dinge zeigt. Aber wir täten dem »Magier« bitter Unrecht, würden wir ihn nur in der Welt der Dinge suchen. Er versteht es nämlich vorzüglich, mit Bildern und Vorstellungen – seinen eigenen und denen seiner Mitmenschen – umzugehen. Er besitzt eine überzeugende Sicherheit in der eigenen Selbstdarstellung und was er im Äußeren als Prestige zu suchen scheint, ist letztlich sein wahres Selbst. Er ist bestrebt, die Dunkelheit seiner eigenen inneren Natur aufzuhellen, und indem ihm das gelingt, wird er zum Individuum. Weil er auf der enormen Kraft seiner Psyche vertraut, geschehen auf seinem Lebensweg Wunder. C. G. Jung würde hier von Synchronizität sprechen, und der Volksmund würde den »Magier« als »Glückspilz« bezeichnen. Es wird dabei oft übersehen, daß der Dreier sehr tüchtig und bereit ist, für seine Ziele hart zu arbeiten. Allerdings ist das nur die Seite des »Magiers«, die er uns gerne präsentiert. Er liebt den Satz: »Ich bin erfolgreich!« über alles und macht sich und anderen, ohne es zu bemerken, oft dabei etwas vor.

Letztendlich läßt sich der »Magier« nur auf die Außenwelt ein, um hinter den Gesetzen dieser Außenwelt die treibenden Kräfte der Psyche zu entdecken. Er mag den anderen Typen des Enneagramms als Status- oder Prestigemensch erscheinen, aber das ist nur seine (allerdings oftmals von ihm sehr geliebte) Maske, um anerkannt von der Gesellschaft seinen Vorstellungsbildern ungestört nachgehen zu können. Der »Magier« steht den Bilderwelten der Träume und Wünsche genauso nahe wie der materiellen Welt. Sein Hang zur Lüge ist keineswegs bösartig, sondern eher von seiner Phantasie diktiert. Wer soviel in sein Styling investiert hat, daß er selbst schon als

Markenzeichen herumläuft, muß sich damit auch um jeden Preis identifizieren. Da er gierig ist, im Leben etwas darzustellen und zu erreichen, scheint er auf den ersten Blick dem »Planer« (Enneagramm-Punkt 2) und dem »Unternehmer« (Enneagramm-Punkt 1) nahezustehen. Er wirkt wie ein strahlender Erfolgsmensch; aber das ist nur eine Seite von ihm. Er ist dem leidenden emotionalen Typen »Betroffenen« (Enneagramm-Punkt 4) und des »Beobachters« (Enneagramm-Punkt 5) genauso verbunden. Allerdings pflegt er seine Emotionen nicht so deutlich nach außen zu kehren. Er tritt viel lieber als unnahbarer und unpersönlicher Mensch auf, um das Feld erst einmal zu sondieren und Macht auszuleben. In schlechten Zeiten wirkt er ausgesprochen depressiv.

Dem Enneagramm-Typ 3 steht die Ebene des Körpers (erster Enneagramm-Abschnitt) und diejenige des Gefühls (zweiter Enneagramm-Abschnitt) offen. Er kann von seiner geometrischen Stellung im Enneagramm als der Angelpunkt zwischen dem Körper- und dem Gefühlsbereich gesehen werden. Der Dreier herrscht im Bereich der Materie und in dem der Vorstellungsbilder, was seine ganze Kraft und Macht bestimmt. Dies kann ihn allerdings leicht dazu verführen, alles sofort zu wollen und seinen Willen und seine Meisterschaft (auch in der Blendung) einzig für das Erreichen des materiellen Erfolgs und seiner persönlichen Macht einzusetzen. Ein solcher Dreier macht sich oft so lange vor, der Größte zu sein, bis er es selbst glaubt. Er kann sich derart in einem Netz von Täuschungen und Betrug verfangen, daß jede Wahrheit auf Nimmerwiedersehen verlorengeht.

Sexuell läßt sich der Dreier immer gerne auf das ein, was gerade verlangt wird und »in« ist. Er macht besonders im Bett seinem Symboltier, dem Chamäleon, alle Ehre. Tantra, Tao-Yoga der Liebe oder ganz naiv-kuschelig, alles kann der Dreier bieten und sich dabei erstaunlich schnell auf seinen Partner einlassen. Speziell in der Sexualität sind die Dreier die »Magier«, die ihre Partner über alle Grenzen verzaubern. Der Dreier ist der Typ, den sich jeder als

Sexualpartner wünscht. Sein Problem ist jedoch, daß er meint, einzig für seine Leistungen im Bett geliebt zu werden. Außerdem ist ihm die Anerkennung im Beruf wichtiger als in der Liebe.

Der »Magier«

Stärken	Seine Verbindung sowohl zur materiellen als auch zur emotionalen Welt, sein meisterhafter Umgang mit den Dingen gemäß seiner Vorstellungsbilder
Schwächen	Seine Gier nach materiellem Erfolg und Macht oder Status, der Hang zur Lüge, keine Distanz zu sich selbst
Entlastung	Im Enneagramm-Punkt 6, dem »Helden«, von dem er die Haltung des Dienens erlernen kann
Belastung	Im Enneagramm-Punkt 9, dem »Liebenden«, der die Verführung als Mittel zu Macht und Ruhm bei ihm noch verstärkt
Nach Ichazo	Der strahlende Statusmensch, der sich oft selbst belügt

Typ 4: Der »Betroffene«

Bildet der Archetyp des »Magiers« am Enneagramm-Punkt 3 den Übergang von der materiellen Welt in die der Psyche, so steht der Enneagramm-Typ 4 vollständig mit beiden Beinen im Bereich der Psyche und der Emotionen. Zunächst fällt auf, daß der Betroffene völlig emotional, und das heißt hochsensibel, aber auch bewertend auf seine Umwelt reagiert. Er neigt im Extrem dazu, in seine Gefühle zu versinken und von ihnen wie ein Spielball hin- und hergeworfen zu werden.

Psychopathologisch entspricht dem Vierer der psychotisch Erkrankte. Seine Vorstellungsbilder sind ihm wichtiger als die harte Arbeitswelt. Sein subjektiv emotionaler Zustand wird leicht zur beherrschenden Realität für ihn. Die Befreiung für diesen Typ liegt in der Überwindung seiner Selbstbezogenheit. Der Hauptkonflikt dieses vierten Enneagramm-Typs liegt darin, sein Ego zwar oft loslassen zu wollen, es aber nicht zu können. Er erfährt dabei, daß das Festhalten an seinem Ego ihm Leiden bereitet. Es wirkt deswegen speziell für ihn heilend, eine religiöse Einstellung zu haben, die ihn an etwas bindet, das über sein eigenes Ich hinausgeht. Durch die Selbsterinnerung und regelmäßige Meditation kann er lernen, mit seiner Vernunft seine Gefühle und Launen zu kontrollieren. Für diesen Enneagramm-Typ liegt es immer wieder an, die Disziplin aufzubringen, seinen Geist von der Verdunklung durch seine Launen zu klären.

Der Vierer kämpft intensiv mit Licht und Finsternis in seinem Herzen, häufig auch mit (Selbst)Zweifeln, die ab und an von großen Glücksgefühlen abgelöst werden. Folgerichtig wird dem Enneagramm-Punkt 4 von der Farbenlehre her (siehe folgendes Kapitel) die Farbe Grün zugeordnet, welche die Mischung des farblichen Repräsentanten des Lichts (Gelb) mit dem der Finsternis (Blau) darstellt.

Durch seine Stellung zwischen Licht und Finsternis besitzt der Enneagramm-Typ 4 eine ausgesprochen tiefe sexuelle Empfindungsfähigkeit, mit der er Frauen und Männer der anderen Typen leicht verführen und abhängig bis hörig von sich machen kann. Das geschieht jedoch ganz unbewußt, denn der »Betroffene« träumt weniger von der wilden Verführung als von der romantischen Liebe. Tristan und Isolde (besonders in der Version von Richard Wagner) sind seine Liebeshelden, und Sehnsucht und Schmachten prägen seine Liebeswelt.

Der Enneagramm-Typ 4 fühlt sich erstaunlich oft in Beziehungen enttäuscht und wartet dennoch beständig auf die große Liebe, seinen edlen Prinzen oder die magische Prinzessin, die ihn erlösen wird. Kommt dieser Prinz oder die Prinzessin, dann kann einer kurzen, romantischen Liebe schnell eine bittere Enttäuschung folgen, wenn sich die Romantik etwas abgenutzt hat und die Sehnsucht nicht mehr notwendig ist. Fast könnte es scheinen, als ob der »Betroffene« in seine Sehnsucht und nicht in seinen realen Partner verliebt ist. Wenn sich die Sehnsüchte dieses Enneagramm-Typs realisieren, dann sieht er oft nur noch die Makel und Fehler des anderen. Nach Rohr und Ebert tritt bei Vierer-Frauen oft Magersucht (Anorexia) auf. Darüber hinaus brauchen Vierer

> »Freunde und Partner, die (es) bei ihnen aushalten, ohne sich in die Stimmungsschwankungen der Vier hineinziehen zu lassen. Sie brauchen die Erfahrung einer Treue, die sich nicht beirren läßt. Die Partnerschaft mit einer unerlösten Vier ist allerdings aufreibend und erfordert viel Toleranz. Da die Gegenwart – einschließlich des anwesenden Partners – für die Vier in erster Linie mangelhaft ist, kann es sein, daß der Partner permanent ätzender Kritik ausgesetzt ist.«[9]

Das Aufreibende an der Beziehung mit einer Vier ist, daß sie einen fortwährend testen, ob man genug für sie tut, empfindet und an sie denkt. Dem vierten Enneagramm-Typ muß man seine Liebe mindestens fünfmal täglich beweisen, sonst fühlt er sich ungeliebt.

Den Enneagramm-Typen 1 und 2 erscheint der Vierer oft als zu hysterisch und unberechenbar, als daß sie sich auf ihn einlassen könnten. Sie lehnen diesen Typ an der Oberfläche vielfach brüsk ab und bewundern ihn zugleich im Geheimen.

Der »Betroffene« ist, wie sein Name sagt, von allem sogleich betroffen. Er lebt und inszeniert sein Leben als Drama. Es sind jedoch im allgemeinen die Außenstehenden, die das fürchterlich finden. Er selbst kann ohne weiteres gut damit zurechtkommen. Er findet ein solches Leben normal; alles andere wäre für ihn fade.

Trotz seiner Gefühlsabhängigkeit – wegen der ihn mancher bewundert – ist er nämlich keineswegs schwach, sondern versteht es, sich kämpferisch mit all seiner Macht für seine Ziele einzusetzen.

Seine Schwäche besteht eher darin, daß er schneller als andere Typen dazu neigt, unfreundlich, verletzend/verletzt und wütend zu reagieren, wenn er sein Ziel nicht (in der von ihm geplanten Weise) erreicht. Hängt dieses Ziel mit anderen Menschen zusammen, kann seine enttäuschte Zuneigung in radikale Haßgefühle umschlagen. Seine enge Verbindung zur Emotionalität und zu seinen Vorstellungsbildern läßt ihn oft in künstlerischen Berufen sehr erfolgreich sein, wo er sensibel und häufig höchst individuell seine Arbeit ausführt. Hinzu kommt, daß dieser Typ sehr gut selbständig arbeiten kann. Am meisten befriedigen den Vierer ungewöhnliche Tätigkeiten, denn er hat einen Hang dazu, Außergewöhnliches zu schaffen, und »Normales« ist ihm ein Greuel.

Ein großes Hindernis in Beziehungen mit anderen Menschen stellt seine Neigung zur bis in Extrem geführten Innenschau dar. Der Betroffene tendiert einfach dazu, viel zu viel auf sich selbst zu achten, sich selbst als den Nabel der Welt zu empfinden und dabei mit einer gewissen Rücksichtslosigkeit die Bedürfnisse seiner Mitmenschen zu übersehen. Die Einmaligkeit seines Leidens kann die Umwelt schon sehr tyrannisieren. Das läßt ihn bisweilen zu einem nicht unbedingt beliebten Einzelgänger werden. Jedoch sind seine Rückzugstendenzen bei weitem nicht so ausgeprägt wie die des Enneagramm-Typs 5. Die Lernaufgabe des vierten Enneagramm-Typs besteht in der Ausgeglichenheit und der Kontrolle seiner Gefühle.

Mit Geld geht der »Betroffene« meist leichtfertig bis leichtsinnig und verschwenderisch um, weswegen es ihm hilft, auf den »Unternehmer« (Enneagramm-Punkt 1) zu schauen, um etwas von dessen Wirtschaften und Sparsamkeit anzunehmen. Der »Unternehmer« mit seiner Sicherheit im Handeln bietet für den emotional oft schwankenden Betroffenen den heilenden Ausgleich.

Der »Planer« (Enneagramm-Punkt 2) hingegen kann ein unkontrolliertes Konkurrenzverhalten im »Betroffenen« freisetzen, da ja beide häufig im kreativen Bereich arbeiten und der »Planer« mit seinem Hang zum Ehrgeiz dem »Betroffenen« häufig das Gefühl gibt, überrollt zu werden. Hinzu kommt, daß der »Planer« als Typ des ersten Tertials des Enneagramms meist sehr viel schneller reagiert und handelt als der »Betroffene«.

Mit seinen kämpferischen Fähigkeiten, seiner Impulsivität und unbewußten Rücksichtslosigkeit, aber auch mit seiner Selbständigkeit wirkt im Betroffenen der Archetyp des Ares/Mars. Man darf nicht vergessen, daß der Betroffene unter dem Einfluß des Solarplexus-Chakras steht, das einen bestens für seine Interessen eintreten läßt. Mars beziehungsweise Ares war ja keineswegs nur der blutgierige Haudegen, sondern auch ein sensibler Gott, der den Tanz beschützt und als leidenschaftlicher Liebhaber berühmt war. Den Römern galt Mars als der Vater von Romulus und Remus, den beiden sagenhaften Begründern Roms, und als Schutzherr ihrer Staatsgemeinschaft.

Der Ares/Mars-Archetyp garantiert dem Menschen eine direkte Verbindung zu seinen Gefühlen und somit auch eine oft bewunderte Fähigkeit zu tiefer Leidenschaft. Ares/Mars ist für seine Impulsivität und Spontaneität bekannt. Er handelt erst und denkt später. Das ist eine Eigenschaft, die auch den Enneagramm-Typen 4 häufig in Schwierigkeiten bringt. Der »Betroffene« ist allerdings meist sehr bemüht, seine eigenen Leidenschaften unter Kontrolle zu halten. Er ist nach C. G. Jung der introvertierte, intuitive Typ, der mit Kunst seine Unsicherheit sublimiert.

Mischen sich die Enneagramm-Typen 4 und 3, dann bekommt der Archetyp des »Magiers« durch die Gefühlstiefe des »Betroffenen« eine besondere Macht und sein Umgang mit den Vorstellungsbildern wird noch perfekter.

In Belastungssituationen mischen sich leicht die beiden Enneagramm-Typen 4 und 5, und es kann dann häufig zu einer recht bitter gefärbten Isolation von anderen Menschen kommen. Man fühlt sich ungeliebt, unverstanden und in den Rückzug hineingedrängt. Glücklicherweise tritt dieser Mischtyp recht selten auf. Im Grunde ist nämlich der »Betroffene« ein soziales Wesen, das nichts so sehr geliebte Menschen um sich haben möchte.

Der »Betroffene« oder »Bemühte«

Stärken	Enge Verbindung zu seinen Gefühlen, seiner Spontaneität, kämpferischer Einsatz für seine Ziele, starkes sexuelles Ausdrucksvermögen
Schwächen	Gefühlsabhängigkeit, Impulsivität bis hin zur Unüberlegtheit und zu unkontrollierten Wutausbrüchen, Verschwendungssucht
Archetyp	Ares/Mars
Entlastung	Im Enneagramm-Typ 1, dem »Unternehmer«, die Ausrichtung auf zielgerichtetes Handeln und diszipliniertes Wirtschaften wirkt heilend
Belastung	Im Enneagramm-Typ 2, dem »Planer«, hier wird oft ein hinderliches Konkurrenzverhalten freigesetzt
Mischtypen	4/3: wirkt ausgleichend 4/5: seltene Kombination, die oft zur Isolation und Einsamkeit führt 4/1: heilend 4/2: neurotisierend
Nach Ichazo	Der klagende, unverstandene Künstler, der häufig dem Neid verfällt

Typ 5: Der »Beobachter«

Der »Beobachter« oder der »Leidende« ist der zweite der hauptsächlich emotional reagierenden Typen des Enneagramms. Auch er kann wie der »Betroffene« (Enneagramm-Typ 4) in die Tiefe gehen und aus einem reichen Innenleben heraus seine Umwelt gestalten. Aber im Gegensatz zum »Betroffenen« ist der »Beobachter« mehr dem Intellekt verbunden, was im Enneagramm seine Verbindung zu den beiden Enneagramm-Typen 7 und 8 verdeutlicht. Der »Beobachter« weiß nämlich viel und hat dieses Wissen auch innerlich verarbeitet; allein, er kann es schwer anwenden. Das finden wir schon rein formal im Enneagramm dadurch ausgedrückt, daß der Enneagramm-Typ 5 keinerlei direkte Verbindung zu den beiden »Handlungs-Typen« – den Enneagramm-Typen 1 und 2 – aufweist.

Durch sein lebendiges Innenleben und sein Wissen fühlt er sich häufig distanziert von der Umwelt, die ihm flach und oberflächlich erscheint. So kommt es, daß er sich zurückzieht und in ungünstigen Situationen in den Sog des Grübelns gerät.

Die absolute Stärke des Fünfers liegt in seiner fast angeborenen Haltung zur Kontemplation. Viele große Philosophen wie der Neuplatoniker Plotin (etwa 205–270), Thomas von Aquin (1225–1274), René Descartes (1596–1650), Ludwig Feuerbach (1804–1872) und Martin Heidegger (1889–1976) waren typische Fünfer. Der Enneagramm-Typ 5 nimmt wie der Siebener alles wahr und genauestes in sich auf. Nach Riso[10] waren auch Albert Einstein, Friedrich Nietzsche, Jean-Paul Sartre, James Joyce und Ezra Pound Fünfer. Welch erlesener Kreis großer Geister!

Der »Beobachter« liebt es festzuhalten: seine Gedanken, seine Erinnerungen, besonders seine Gefühle und Eindrücke. Er versucht das Gefühl der inneren Leere durch diese angesammelten Emotionen aufzufüllen. All dieses emotionale Material belastet ihn aber oft und läßt ihn in seiner eigenen Welt versinken. Nach außen hin gibt er sich dann den Anstrich des Elitären, der keinen Kontakt zu anderen braucht. Für diesen Typ ist es sehr wichtig, sich immer wieder daran zu erinnern, daß der Mensch ein »zoon politikon« ist, wie es die Griechen des Altertums ausdrückten. Er ist ein gesellschaftliches Wesen, von dem ein gewisses Einmischen in äußere Angelegenheiten und eine bestimmte Handlungsbereitschaft erwartet wird.

Letztendlich ringt er beständig um eine innere Freiheit, die mit der Kraft seines Herzens verbunden ist. Dem »Beobachter« wird darum auch das Herz-Chakra (Anahata) zugeordnet. Ihm ist die

Weisheit und Freiheit des Herzens leicht zugänglich. Um seine Herzkraft ungebrochen ausleben zu können, muß er seine Schüchternheit überwinden, die es ihm schwer macht, auf andere Menschen zuzugehen. Meistens wirkt der Fünfer kontrolliert und ängstlich bis menschenscheu. Seine Taktik, sich vor dem anderen zu retten, besteht darin, nicht aufzufallen oder sich hinter (analytischem) Wissen zu verstecken.

Die Liebe ist für den Fünfer oft ein großes – zumindest inneres – Drama. Er kann sich durch seine Nähe zum Gefühl leidenschaftlich verlieben. Zugleich aber hat er ein starkes Bedürfnis nach Distanz und Angst vor seiner Herzkraft. »Zwei Seelen wohnen, ach! in seiner Brust ...« – und es kann für einen Enneagramm-Typ 5 oft lange dauern, bis er es lernt, sich einfach in die Liebe fallen zu lassen und sich dem anderen zu öffnen. Hat er allerdings als Kind genügend Wärme erhalten, kann er gut die Zuneigung seines Partners annehmen und ihm oder ihr sein Herz öffnen.

Wenn sich der »Beobachter« dem Enneagramm-Typ 8, dem »Vermittler«, annähert, dann wird er von ihm lernen, wie Tiefsinn und Intellekt gesellschaftlich sinnvoll angewendet werden können. Diese Öffnung nach außen wird ihn zunehmend freier und beweglicher werden lassen. In einer solchen Verbindung kann er eine Objektivität erreichen, die keinem anderen Enneagramm-Typen möglich ist.

Schaut er jedoch zu sehr und nicht ohne Neid auf den »Optimisten« (Enneagramm-Typ 7), wird ihn dessen Oberflächlichkeit eher abstoßen als daß sie ihn aus seiner Isolation herausholt.

Die Lernaufgabe des »Beobachters« besteht darin, zwischen seinen widersprüchlichen Gefühlen zu vermitteln, was ihm oft mit Hilfe seiner Herzkraft gelingt. Er ist ein Meister der Selbstbeobachtung, und was mit dieser (teilweise sehr egozentrischen) Selbstbeobachtung beginnt, kann im positiven Fall in Mitgefühl und hilfreichen Dienen der Gesellschaft enden. Die Haltung des »Beobachters« wirkt oft sehr heilend auf seine Umgebung, die von Hektik und Handeln geprägt ist. Eine seiner Vermeidungsstrategien besteht daher im Nicht-Handeln, um sich keinesfalls verwickeln zu lassen oder engagieren zu müssen. Dennoch gibt er seinen Freunden weise Ratschläge. In einem heilenden, forschenden oder lehrenden Beruf fühlt sich der »Beobachter« meist sehr wohl.

Man darf bei diesem Enneagramm-Typ nicht vergessen, daß in ihm der Archetyp des Zeus/Jupiter wirkt – allerdings nicht der Zeus als Schürzenjäger, sondern derjenige Aspekt des höchsten Gottes der Griechen, dem die Jungsche Analytikerin Jean Shinoda Bolen[11] den Ausspruch in den Mund legt: »my home is my castle« (mein Heim ist meine Burg). Er ist der Mensch, der heiratet, sich ein schönes Heim einrichtet, Kinder bekommt und zumindest in seiner kleinen Welt ungebrochen herrscht. Der Fünfer braucht für sein Glück immer seinen eigenen Raum, seinen eigenen Bereich, in den er sich zurückziehen kann. Dort erhält er seine Kraft und seine Intuition.

Im negativen Fall ist das der Ort, von dem aus er herrscht. Allerdings führt das Herrschen und sein Hang zur Besserwisserei den Enneagramm-Typ 5 bisweilen in eine eigenartige emotionale Distanziertheit. Die Tiefe seiner eigenen Emotionen kann ihn nämlich derart schrecken, daß er sie lieber vor anderen (und teilweise auch vor sich selbst) versteckt, wenn er sie nicht gleich ganz und gar verdrängt. Wenn er herrscht, dann tut er dies, um seine Gefühle nur noch besser zu verstecken. Der Fünfer würde sagen, daß er aus Notwehr herrscht. In solchen Situationen tritt für den Außenstehenden die leidende Seite des »Beobachters« voll zutage.

Wenn sich der »Beobachter« dem ebenfalls emotionalen »Betroffenen« (Enneagramm-Typ 4) in Streßsituationen annähert, dann entsteht eine zu mächtige, einseitig emotionale Energie, die den »Beobachter« zu sehr von der Außenwelt distanziert. Häufig bekommt er selbst, wie auch seine Umwelt, Angst vor solch einer geballten Gefühlsenergie, und er zieht sich zurück. Er erliegt dann der Gefahr der übertriebenen Selbstbezogenheit. Er wird wehleidig bis hypochondrisch, und verliert seine heilenden Fähigkeiten.

Mischt sich der Enneagramm-Typ des »Beobachters« mit dem Archetyp des »Helden« (Enneagramm-Typ 6), dann kann er entweder diesem Archetyp durch seine tiefe Erfahrung zu großer Macht verhelfen oder ihn durch seine Tendenz zum Rückzug und zur Verinnerlichung hemmen.

Der »Beobachter« oder »Leidende«

Stärken	Emotionale Tiefe und inneres Wissen, gute Verbindung zur Herzkraft, große Fähigkeit, zu heilen (auf allen Gebieten)
Schwächen	Rückzug in sich selbst und Handlungsschwäche
Archetyp	Von bestimmten Aspekten des Zeus/Jupiter beeinflußt
Entlastung	Im Enneagramm-Typ 8, dem »Vermittler«; hier lernt er zum einen zwischen seinen eigenen widersprüchlichen Gefühlen zu vermitteln und zum anderen nach außen in die Gesellschaft zu gehen
Belastung	Im Enneagramm-Typ 7, dem »Optimist«; dessen vorgebliche Oberflächlichkeit ihn abstößt und unter dessen Einfluß er seine inneren Kämpfe als Leiden erlebt
Mischtypen	5/4: emotional einseitig ausgerichtet 5/6: wirkt entweder machterzeugend oder schwächend 5/7: neurotisierend 5/8: stark heilend
Nach Ichazo	Der zurückgezogene Denker, der an der Sinnlosigkeit der Welt leidet

Typ 6: Der »Held« (Archetyp)

Gleich vorweg gesagt, der »Held« ist keineswegs etwas typisch Männliches, sondern er tritt wie alle anderen Typen des Enneagramms sowohl bei Frauen als auch bei Männern auf.[12]

Der Archetyp des »Helden« stellt ohne Zweifel die Wunsch- und Idealgestalt des Menschen schlechthin dar. Er zeigt uns deutlich, daß wir einem blinden Schicksal nicht hilflos ausgeliefert sind, sondern daß wir durch Selbstreflexion und Selbsterkenntnis zum aktiven und bewußten Gestalter von uns selbst und unserer Umwelt werden können.

Der »Held« kennt seine eigenen Emotionen und versucht sich von seinen Ängsten, Begrenztheiten und Schuldgefühlen freizumachen, wobei ihm seine Tendenz zur Flucht nach vorne hilft. Er vermag seine Schattenseiten zu betrachten, sie an sich zu akzeptieren und sie somit zu überwinden. Dabei hilft ihm, daß er Konflikte und Ablehnung auf seinem Weg zur Selbstverwirklichung aushalten kann. Dennoch ist der Sechser meist sehr kooperativ und kann bestens in Gruppen arbeiten.

Der »Held« fühlt sich trotz allem häufig im alltäglichen Leben genauso ohnmächtig wie alle anderen Enneagramm-Typen, aber ihn fordert gerade dieses Ohnmachtsgefühl heraus, diesen Zustand zu überwinden. Dabei reagiert er allerdings häufig zu stark oder zu schnell, und manchmal geht er zu hart mit sich selbst und anderen um. Besonders muß der »Held« sich davor in acht nehmen, daß er nicht in Machtphantasien verfällt und sich als »Übermensch« ganz im Sinne Nietzsches sieht.

Der »Held« besitzt die bewundernswerte Eigenschaft, beharrlich, geduldig und zielstrebig den eigenen Weg zu gehen. Das läßt ihn für viele zu einen unangepaßten, aber vielleicht gerade deswegen besonders faszinierenden Menschen werden. Der Enneagramm-Typ 6 besitzt den Mut zur Selbstbestimmung, den viele andere Typen nicht haben.

Genau an dieser Stelle des Enneagramms steht jedoch weniger das Herrschen als das Dienen an. Wir befinden uns hier an dem bewußten Schockpunkt (Enneagramm-Punkt 6), an dem eine neue Qualität in das System hineinkommen soll. Diese neue Qualität besteht unter anderem in der Herausforderung des Dienens und somit in der Egoüberwindung. Durch das Dienen werden die unbewußten, mechanistischen Verhaltensweisen auf ein Minimum reduziert und es entsteht der freie Wille. Nach der Auffassung der Schulen des Vierten Wegs wird jedoch diese Haltung des Dienens nur dadurch erreicht, daß der Enneagramm-Typ 6 sich selbst zu beherrschen lernt. Erst durch die Selbstbeherrschung kann der »Held« sich vollenden. Er entwickelt sich auf dem Weg zum »Liebenden« (Enneagramm-Typ 9), der seine Aufgabe und Pflicht gegenüber dem anderen spürt und kennt.

Im Gegensatz zu den Enneagramm-Typen 4 und 5 vermag der »Held« einer Sache zu dienen. Das heißt, er kann in seiner privaten, beruflichen oder gesellschaftlichen Aufgabe aufgehen, statt ihr emotional zu verfallen. Wenn er es vermeidet, zu sehr auf die Stufe des »Magiers« (Enneagramm-Typ 3) zu schielen, vermag er sich selbst und seine Umwelt »objektiv« zu betrachten.

Diese unpersönliche Haltung kann jedoch dann zum Problem des »Helden« werden, wenn er sie einnimmt, um sich nicht auf seine Mitmenschen einlassen zu müssen und um die Menschen seiner Umgebung auf Distanz zu halten. Der »Held« tötet damit leicht seine Gefühle ab und verlegt sich gänzlich auf seinen Geist, wodurch er zu einer kalten, sterilen und auch im höchsten Maße unangenehm berechnenden und manipulierenden Person wird. In diesem Fall tritt an die Stelle der Selbstreflexion die Rationalisierung und besonders die Projektion, die den »Helden« eher von sich selbst entfremdet, als daß sie ihm Selbsterkenntnis schenkt. Schlimmstenfalls kann der »Held« zum ängstlichen Feigling werden – das ist sein gefürchteter Schatten.

Natürlich besaß der klassische griechische Held immer einen

soliden Schutzschild, hinter dem er sich vor allen Schlägen zurückziehen konnte. Aber dieser Schutzschild symbolisiert eher die eigene Mitte als den Rückzugsort, oder wie es der deutsche Psychotherapeut Lutz Müller ausdrückt:

> »Der Schild zeigt, daß der Held einen sowohl festen als auch flexiblen Standpunkt gefunden (hat), der es gestattet, mit ausreichender Gelassenheit und Besonnenheit auf die Angriffe der Mitmenschen sowie der »Schläge des Schicksals« zu reagieren.«[13]

Der (psychische) Schutzschild des »Helden« ist also der Garant seiner Beweglichkeit und darf keinesfalls als starre Rückzugsmöglichkeit oder gar Versteck benutzt werden. Verhält der Sechser sich ausweichend und starr, dann verliert er einen wesentlichen Aspekt seiner Stärke, nämlich sein kritisches Realitätsbewußtsein.

In der Liebe ist der Enneagramm-Typ 6 oft ein äußerst treuer Liebhaber, auf den man sich verlassen kann. Er setzt sich für den Partner ein und zeigt sich in hohem Maß solidarisch. Alle Sechser, in die ich verliebt gewesen bin, waren unkompliziert in der Liebe: natürlich und nicht ohne jugendlichen Charme auch im fortgeschrittenen Alter. Der Ichazo-Schule nach sollen die Sechser von der Angst vor der Sexualität geprägt sein, was meiner Erfahrung völlig widerspricht. Aber das liegt sicherlich daran, daß bei mir der Typ des Sechsers anders definiert ist als bei Ichazo. Allerdings muß der Enneagramm-Typ 6 lernen, in der Liebe wie auch im Leben zu genießen. Er erinnert mich immer an den edlen Lancelot in John Steinbecks Artus Roman.[14]

Exkurs: Typenlehre oder Entwicklungsweg

Am Archetyp des Helden wird uns der Unterschied zwischen der Gurdjieffschen Auffassung des Enneagramms und Ichazos Typenlehre noch einmal besonders deutlich: Gurdjieff vertritt die Meinung, daß die einzelnen Punkte des Enneagramms eine fortlaufende Entwicklung darstellen. Der »Held« am Enneagramm-Punkt 6 hat die Erfahrungen mit der Materie (Enneagramm-Punkte 1 und 2) hinter sich gebracht und sich durch sein Leiden und seine inneren Konflikte (Enneagramm-Punkte 4 und 5) soweit geläutert, daß seine alten Konditionierungen gebrochen wurden. Er geht als Individuum seinen eigenen Weg. Um zu Enneagramm-Punkt 6 zu gelangen, müssen die Erfahrungen der davorliegenden Enneagramm-Punkte 1 und 5 gemacht werden; anders gelangt man nicht dorthin. Man wird also nach Gurdjieff nicht als Enneagramm-Typ 6 geboren, sondern muß sich diese Stellung in seinem Leben erarbeiten.

Nach der Typenlehre Oscar Ichazos bietet jeder der neun Typen des Enneagramms eine völlig eigenständige Realität. Die einzelnen Typen bauen nicht aufeinander auf und der Enneagramm-Typ 6, den ich als den »Helden« charakterisiere, ist nicht weiter entwickelt als der Enneagramm-Typ 1 oder 2. Man wird mehr oder weniger als einer der neun Typen geboren, und die meist unbewußte Sozialisation verfestigt dann diese Typenzuordnung. Jeder Typ besitzt seine eigenen Stärken und Schwächen, die jedoch nicht von den anderen Typen abhängen.

Auch inhaltlich besteht bei diesem Typen der größte Unterschied zwischen meinem an Gurdjieff angelehnten System und Ichazos Typenlehre. Nach Ichazo finden wir nämlich am Enneagramm-Punkt 6 den von Selbstzweifeln geprägten Menschen, der im höchsten Grade emotional von anderen abhängig ist. Das widerspricht fundamental Gurdjieffs Auffassung dieses Enneagramm-Punktes, der gerade dadurch charakterisiert wird, daß hier der Mensch zum selbständigen Individuum erwacht, das einen eigenen Willen besitzt. In Ichazos Tradition wird der Sechser oft »der notorische Verlierer« genannt. Nach Gurdjieff dagegen kann man vom Enneagramm-Punkt 6, an dem man alle Zweifel überwunden hat, auf das selbstgesteckte Ziel fortschreiten, das man dann beim nächsten Enneagramm-Punkt erreicht. Die Furcht, die in der Schule Ichazos als das

Hauptcharakteristikum des Sechsers gesehen wird, ist nach Gurdjieff gerade am Enneagramm-Punkt 6 überwunden worden, weswegen sich hier neue, ungeahnte Räume der Freiheit öffnen.

Der Enneagramm-Typ 6 stellt nach Gurdjieff einen besonderen Qualitätssprung im System des Enneagramms dar, da ab hier der Mensch über einen freien Willen verfügt. Nach Ichazo ist dieser Typ einer unter anderen mit seinen speziellen Eigenschaften, die weder von den vorausgehenden Typen abhängig sind, noch einen Qualitätssprung bieten. Gurdjieffs Modell hingegen ist qualitativ ausgerichtet. Bei ihm gibt es Qualitätssprünge im System und drei Gruppen von Typen unterschiedlicher Qualität. Ichazos System ist als rein quantitative Reihung anzusehen, bei der es um neun gleichgeordnete Typen geht.

Als Persönlichkeitsanteil in jedem von uns oder als eines unter vielen Ichs sehe ich den »Helden« wie Ichazo mit seinen Vor- und Nachteilen nicht weiter und auch nicht weniger weit entwickelt als die anderen Typen des Enneagramms. Dennoch versuche ich , mein Verständnis der Typenlehre so offen zu halten, daß sie sowohl als System gleichberechtigter als auch sich aufeinander aufbauender Typen angesehen werden kann. Es hängt vom Erkenntnisinteresse des Lesers ab, unter welchem Aspekt er diese Typen zu betrachten vermag. Im strengen Gurdjieffschen Sinn sollten wir diese Zuordnung bestimmter Typen zu den verschiedenen Enneagramm-Punkten ohnehin besser vergessen, da sie uns doch nur dazu verleitet, wieder mechanisch und assoziativ zu handeln, statt uns wirklich intelligent zu verhalten.

Meiner Typeneinteilung liegt ein Kompromiß zugrunde, und es überschneiden sich in ihr zwei verschiedene Konzepte: zum einen gehe ich von den neun verschiedenen Ichs einer Person aus und zum anderen von einem Entwicklungsweg vom ersten bis zum letzten Enneagramm-Typ; auf diesem Entwicklungsweg verringert sich die Anzahl der Ichs zunehmend und ab dem Enneagramm-Punkt 6 wird man zu einem Ich, also zu einem selbständigen Individuum.

Aber zurück zum »Helden« selbst, der den ersten geistigen oder intellektuell geprägten Typ in diesem System darstellt. Der »Beobachter« (Enneagramm-Punkt 5) wußte zwar auch schon Einiges, aber dennoch war dessen Weltsicht und Welterfahrung hauptsächlich eine emotionale. Der »Held« hingegen kann sich von seinen Emotionen distanzieren und sie »objektiv« betrachten, ohne sich mit ihnen zu identifizieren. Deswegen ist er nicht mehr von Gefühlsschwankungen abhängig und kann seinen Weg zielgerichtet gehen.

Der »Held«

Stärken	Objektive Betrachtung seiner selbst und seiner Umwelt, der Mut, auch gegen äußere Widerstände seinen eigenen Weg zu gehen, Willenskraft
Schwächen	Tendenz, die Umwelt nur aus der Distanz zu betrachten, Hochmut und Machtbesessenheit, Neigung zur Rationalisierung seiner Gefühle
Entlastung	Im Enneagramm-Typ 9, dem »Liebenden«, der Blick auf diesen Archetyp öffnet ihm das Herz
Belastung	Im Enneagramm-Typ 3, dem »Magier«, der Blick auf diesen Archetyp verführt ihn, der Macht zu verfallen.
Nach Ichazo	Der ängstliche und zweifelnde Mensch

Typ 7: Der »Optimist«

Der »Optimist« oder »Lehrer« besitzt eine schnelle Auffassungsgabe, die ihn leicht alle möglichen Sachverhalte des alltäglichen Lebens überblicken läßt. In ihm wirkt der Archetyp des Uranos/Uranus, der dem »Optimisten« eine ungeahnte Dynamik und rasche Entscheidungskraft schenkt. Man kann dem Optimisten zwar eine gewisse Oberflächlichkeit nachsagen, die er jedoch mit seiner Beweglichkeit und Vielseitigkeit gut auszugleichen vermag. Der Enneagramm-Typ 7 ist der typische »Merker und Sammler«, der unterschiedliche Informationen behält, auf daß sie ihm zu gegebener Zeit zur Verfügung stehen. Er akkumuliert Erfahrungen und vergißt beziehungsweise verdrängt fast sofort deren negative Aspekte, denn er lehnt es ab zu leiden.

Ich selbst bin ein Siebener. Von meinen Therapeuten mußte ich erfahren, daß ich ein unrealistisch positives Bild von meiner Lebensgeschichte entworfen hatte, das auf der völligen Verdrängung aller verletzenden Erfahrungen aufbaute. Als ich zum ersten Mal mit einem Lehrer des Vierten Wegs in Kontakt kam, fragte er mich zu meinem absoluten Erschrecken, ob ich denn ewig als lächelnder Jüngling durchs Leben gehen wolle. Klar wollte ich das! Er erkundigte sich nach meinen Verletzungen und typischerweise fielen mir keine ein. »Wenn du ein erwachsener Mann werden willst, dann mußt du erst erkennen, daß deine Welt nicht wunderbar, witzig und toll ist!« Ich war natürlich empört und suchte mir einen »besseren« Lehrer. Erst viel später verstand ich, wieviel Trauer ich lachenden Gesichts verdränge und wieviel lustige Geschichten ich über mein Leben produziert hatte – obwohl es eigentlich um Enttäuschungen und tiefe Verletzungen ging. Ich mußte immer wieder all meinen Mut aufbringen, um nicht eifrig alles sofort in eine gefällige Geschichte zu verwandeln. Vor fünf Jahren schrieb ich als Motto den irischen Spruch in mein Tagebuch: »Man soll eine gute Geschichte nicht durch die Wahrheit verderben.« Vieles, was ich als Siebener unternehme, ist als Flucht vor tiefen inneren Schmerzen und Leiden zu sehen. Man sagt dem Siebener nach, daß er »adrenalinsüchtig« sei und genau das kann ich bei mir beobachten: Ich brauche dreimal täglich meine Aufregung und meine Euphorie – sonst ist doch nichts gewesen und das Leben ist ein langweiliges Jammertal! Ich will fröhlich statt traurig sein und die Sonnenseite des Lebens genießen!

Eine der großen Stärken der Siebener besteht darin, daß er sich und die Ergebnisse seiner Arbeit in lockerer Weise – häufig verbunden mit einem Spritzer Erotik – der Außenwelt präsentieren kann. Sein wunder Punkt ist sein unübersehbarer Ehrgeiz, der ihn dazu verführt, sich mit seiner Arbeit und seiner Persönlichkeit rückhaltlos zu identifizieren. Dies ist nach der Auffassung Gurdjieffs eine große Schwäche. Der entwickelte Mensch führt seine Arbeit als Spiel durch, ohne sich mit ihr zu identifizieren. Diese Identifikation mit unserer Arbeit läßt uns nämlich im hohen Maße abhängig von unseren Erfolgen und Mißerfolgen werden, wodurch wir leicht jegliche Stabilität verlieren und zum Spielball unserer Gefühle werden.

Dieser Enneagramm-Typ eignet sich gut zum Lehrer, der seine Schüler begeistern und mitreißen kann. Einige Personen dieses Typs sehen jedoch das Lehrerdasein als zu wenig aufregend und herausfordernd an. Dennoch belehrt dieser Typ oftmals beständig – zum Glück amüsant und unterhaltend – seine Umwelt.

Da der »Optimist« ein intellektuell ausgerichteter Typ ist, forscht er gerne in allen möglichen Bereichen – außer bei sich selbst. Trotz all seiner Reflexion hat er sich den Einfluß des Anfängergeistes des Enneagramm-Typs 1 bewahrt und wirkt oft als der ewige Jüngling oder das ewige Mädchen. Nach C.G. Jung ist der Archetyp des ewigen Jünglings oder ewigen Mädchens von der Faszination der eigenen Ursprünge geprägt. Man will sich nicht von der lebendigen Kindlichkeit trennen sondern lieber beständig in Entwicklung bleiben. Nach der Jung-Schülerin Marie-Louisc von Franz besteht das auffallendste Merkmal dieses Archetyps in einer Überbetonung des Intellekts.[15] Trotz seines Intellektes, der ihn vor dem Schmerz schützen soll, ist der Siebener gierig: Er ist in jeder Hinsicht suchtgefährdet, will das Leben in vollen Zügen genießen, trinkt, raucht, ißt und redet zuviel.

Der in Streßsituationen vorgeblich rettende Blick auf den »Unternehmer« (Enneagramm-Typ 1) setzt den »Optimisten« unter Druck und läßt ihn leicht zu einem arbeitsbesessenen Workaholic werden.

Ihm hilft es, seine Erfahrungen zu verinnerlichen und auf den »Beobachter« (Enneagramm-Typ 5) zu schauen, der trotz einer gewissen Intellektualität ein ausgeprägtes Verhältnis zu seiner Herzkraft besitzt. Der »Optimist« tendiert nämlich dazu, seine Gefühlsseite zu vernachlässigen, weil sie ihm nur störend und verwirrend erscheint. Außerdem lebt er häufig in einer solchen Geschwindigkeit, daß eine Erfahrung die andere jagt und gar keine Zeit bleibt, um seine Erfahrungen zu verinnerlichen. Der Enneagramm-Typ 7 ist meist sehr schnell, nervös und leicht aufgeregt.

Typisch für den »Optimisten« ist, daß er ganz geschwind Beziehungen knüpfen kann und viele Freunde hat, mit denen er sich auf einer lockeren Ebene bestens versteht. Ein Siebener legt sich jedoch selten fest, er ist halt beweglich und unfaßbar wie der Intellekt, der ihn prägt.

Dem »Optimisten« entspricht das Kehl-Chakra (Vishuddha), jenes Energiezentrum, das die menschliche Kommunikation regelt. Und sicherlich ist er der kommunikationsstärkste Typ des Enneagramms. Der Weg zum Du führt für den Optimisten ganz im Sinne des chassidischen Philosophen Martin Buber (1878–1965) über das Gespräch. Neben dem Dialog knüpft der »Optimist« über seine erotische Ausstrahlung und besonders über die Sexualität, die er für die intensivste Kommunikationsart hält, seine Beziehungen. Wie der Enneagramm-Typ 4 so ist auch der Enneagramm-Typ 7 fast immer ein guter und oft auch phantasievoller und verspielter Liebhaber. Der Enneagramm-Typ 7 ist mit wenig sexuellen Tabus beschwert.

Im Bett zieht der Siebener fast immer das lockere bis unverbindliche Spiel der Erotik und des Sex der dramatischen Leidenschaft vor. In der Liebe wie im Leben braucht der Siebener seine Abenteuer und seine erotischen Eskapaden. Der Regisseur Milos Foreman hat in seinem Mozart-Film die Koketterie und die erotischen Spielchen des jungen Komponisten deutlich gezeigt. Gerade Wolfgang Amadeus Mozart (1756–1791) kann als ein klassisches Beispiel für einen echten Siebener dienen.

Eine der großen Lernaufgaben für den »Optimisten« besteht in der Einsicht, daß man für eine Beziehung und um ein Ziel zu erreichen oft Opfer bringen muß. Die Idee des Opfers und des notwendigen Leidens lehnt dieser Typ spontan ab. Er pflegt lachend, scherzend oder zumindest schmunzelnd durch das Leben zu gehen. Seine Selbstsicherheit bekommt er durch seine (vorgespielte) Besonnenheit, die in einem eigenartigen Widerspruch zu seiner jugendlichen Kühnheit steht. Aber die Distanz zu seinen Gefühlen läßt ihn optimistisch auf alle möglichen Situationen reagieren. Diese Besonnenheit und Intellektualität, die ihn prägt, ist meistens von einer tiefen Angst gekennzeichnet, ins Chaos fallen zu können und die Kontrolle über die Situation, in der er sich gerade befindet, zu verlieren.

Der »Optimist« oder »Lehrer«

Stärken	Kommunikation, Vielseitigkeit, schnelles intellektuelles Erfassen von Situationen, Besonnenheit
Schwächen	Vernachlässigung seiner Gefühlsseite, Ablehnung und Verdrängung negativer Erfahrungen, besonders des Leidens, Narzißmus
Archetyp	Uranos/Uranus
Entlastung	Im Enneagramm-Typen 5, von dem er Ruhe und Tiefsinn bekommt
Belastung	Im Enneagramm-Typen 1, dem »Unternehmer«, der ihn leicht zum Workoholic werden läßt
Mischtypen	7/6: oft neurotisierend, da die Machtseite des Helden verstärkt wird 7/8: entweder zu einseitig intellektuell oder ein vorbildlicher Diener einer Sache, Aufgabe oder Idee 7/1: neurotisierend 7/5: heilend, da hier seine Herzkraft verstärkt wird
Nach Ichazo	das gierige Kind

Vermischt sich der »Optimist« mit dem Archetyp des »Helden« (Enneagramm-Typ 6), so kann dabei oft die Tendenz des »Helden«, seine Gefühle zu rationalisieren, noch verstärkt werden. Ein solcher Mensch wirkt manipulativ, besitzt aber zugleich die Macht, andere Menschen mitreißen zu können und für seine Ideen zu entflammen.

Wenn der »Optimist« und der »Vermittler« (Enneagramm-Typ 8) sich treffen, vermag dieser Mischtyp entweder hervorragend einer Sache oder Aufgabe zu dienen oder er läuft Gefahr, zu einseitig intellektuell auf sich und seine Umwelt zu reagieren.

Typ 8: Der »Vermittler«

Nach Gurdjieff steht am Enneagramm-Punkt 8 derjenige, der sein Ziel erreicht hat und voll in ihm aufgeht. Man sagt in den Schulen des Vierten Weges, daß man an den Enneagramm-Punkten 7 und 8 eine lebendige Seele entwickelt hat.

Der »Vermittler« opfert sich ganz seiner Aufgabe und wächst über die Begrenzungen seines eigenen Ichs hinaus. Der Enneagramm-Typ 8 stellt eine überpersönliche Entwicklungsstufe dar, auf der man alle seine Kräfte harmonisieren kann und so, der Sichtweise der humanistischen Psychologie entsprechend, zum vollentwickelten Individuum geworden ist.

Dieser Typ weiß um alle emotionalen Leiden (Enneagramm-Punkt 5), und er kann die materielle Seite des Lebens erfolgreich als Spiel bewältigen (Enneagramm-Punkt 2). Hier werden von den inneren Verbindungen des Enneagramms her die drei höchsten Stufen aller Tertiale miteinander verbunden (Enneagramm-Punkt 2 im materiellen Bereich, Enneagramm-Punkt 5 im emotionalen Bereich). Der Enneagramm-Typ 7 hat im Vergleich dazu auf der geistigen und materiellen Ebene noch nicht eine solche Meisterschaft erreicht.

Der Schatten des »Vermittlers« besteht jedoch darin, daß er seine

Naivität verloren hat, mit der beispielsweise der Enneagramm-Typ 7 noch gut verbunden ist. Der Verlust seiner Naivität läßt ihn oft eifersüchtig und ablehnend gegenüber blauäugig, optimistisch durchs Leben schreitenden Menschen werden. Lehrer der Schulen des Vierten Weges gehören oft diesem Enneagramm-Typ an, weswegen es oft so aufdringlich ernst, vernünftig und weise in diesen Gruppen zugeht, daß es einem den Atem verschlagen kann. Der teilweise absurde Gurdjieffsche Humor ist dem Enneagramm-Typen 8 etwas unerreichbar Fremdes.

Typisch fand ich bei einem Essen anläßlich eines Treffens von englischen Gurdjieff-Gruppen, daß der oberste Lehrer mit weisem Spruch plötzlich anordnete, daß man jetzt auch lustig sein könnte. Dabei blieb mir der Bissen fast im Halse stecken.

Gurdjieff selbst zeigte zeit seines Lebens einen surrealistischen Humor, der besonders deutlich in *Beelzebubs Erzählungen für seinen Enkel* durchscheint. Immerhin war Gurdjieff mit Mullah Nasrudins Erzählungen aufgewachsen (Mullah Nassr Eddin in Gurdjieffs Schreibweise).[16] Mullah Nassr Eddin kann in Gurdjieffs Werken als die Verkörperung der sogenannten gesunden Volksweisheit und des volkstümlichen Humors angesehen werden.

Gurdjieff selber wird von Rohr und Ebert[17] als typischer Enneagramm-Typ 8 angesehen. Er verkörpert die kämpferische Seite dieses Typs, die niemals nachgibt und auf jeden »Fehler« seines Gegenübers sofort reagiert. Gurdjieff und Madame Jeanne de Salzmann betonten immer wieder, daß es notwendig ist zu kämpfen, aber wenn man kämpft, sollte man über dem Kampf stehen und sich nicht in ihn verwickeln lassen. Der Achter liebt es, den bösen Jungen oder das böse Mädchen zu spielen. er kann ein richtiges enfant terrible sein. In *Das Leben ist nur wirklich, wenn »ich bin«* schildert Gurdjieff wie er sich vornahm, jeden Menschen, dem er begegnete, immer wieder an seiner schwächsten Stelle zu treffen. Er war bekannt und gefürchtet dafür, daß er auf den Problemen seiner Schüler unnachgiebig herumzuhacken pflegte, was zu einem wichtigen Teil seiner Methode wurde. Diese aggressive Methode half jedoch enorm, seine Schüler zur Entfaltung ihres vollen Potentials zu bringen. Und genau das ist eine sehr wichtige Eigenschaft dieses Enneagramm-Typs 8, daß er mit großer Fähigkeit Menschen an ihr wahres – ihnen selbst oft unbekanntes – Potential heranführen kann.

Betrachten wir nun den »Vermittler« im Rahmen der gleichgeordneten Enneagramm-Typen: Die große Fähigkeit des »Vermittlers« besteht darin, daß er gut zwischen den unterschiedlichsten Meinungen und Menschen vermitteln kann und daß er ein Gefühl dafür besitzt, wie man Streitigkeiten beilegt. Der Vermittler kann deshalb gut Streitigkeiten schlichten, weil er sich nicht mit seinen eigenen Gefühlsregungen identifiziert und deswegen relativ neutral bleibt und nicht beständig bewerten muß. Der »Vermittler« ist ein vernunftbetontes Wesen, das fest mit beiden Beinen im Leben steht. Er weiß, was er will und ist auch bereit, alles zu aktivieren, um sein Ziel zu erreichen.

Eine ganz große Rolle spielen für den Enneagramm-Typen 8 seine Freundschaften. Für seine Aufgabe und seine einmal geschlossenen Freundschaften ist dieser Typ bereit, sich notfalls zu opfern.[18] Der Achter fühlt sich wohl, wenn er seine Clique hat, in der er am liebsten den Ton angibt, denn Vertrauen in andere Menschen zu zeigen, fällt ihm schwer. Oft handelt der »Vermittler« von hohen Prinzipien und Idealen ausgehend, die auch alle seine Freundschaften prägen. Es ist ihm fast unmöglich, von seinen Idealen abzugehen oder sie zu ändern. Das läßt ihn starr und langweilig erscheinen, gibt ihm allerdings auch die Kraft, fast immer sein Ziel zu erreichen.

Wie der Enneagramm-Typ 7 ist der »Vermittler« ein extravertierter Typ, der im Kreis seiner Freunde so richtig aufblüht. Meistens gründet er eine Familie, in der es durch seine sozialen Fähigkeiten erstaunlich wenig Konflikte gibt. Er lebt jedoch keineswegs zurückgezogen in dieser Familie, sondern er liebt es, ein offenes Haus zu führen, in dem er natürlich den Ton angibt.

Es ist wichtig für diesen Enneagramm-Typ, in ökonomisch geordneten Verhältnissen zu leben. Erreicht er dies nicht (was allerdings nur selten der Fall ist), dann kann seine ganze Sicherheit in verzehrenden Neid und tiefe Unzufriedenheit umschlagen. Nichts fürchtet nämlich dieser Enneagramm-Typ so sehr wie Schwäche und Versagen.

Der Enneagramm-Typ 8 ist sexuell entweder erstaunlich konservativ und prüde oder er übt über seine Sexualität Macht aus und will den anderen völlig besitzen. Hier finden wir die Frau oder den Mann, die ihre Partner durch sexuelle Zuwendung und Rückzug gängeln. Gleichzeitig gehört hier die Jungfrau aus Prinzip hin und das verlobte Paar, das aus den Romanen Barbara Cartlands entsprungen zu sein scheint. Prinzipien, Ideale und Macht beherrschen auch die sexuelle Seite dieses Typs.

Bei sexuellen Schwierigkeiten mit einem Achter können Sie sich darauf verlassen, daß Sie an allem schuld sind. Im Leben wie im Bett ist für den Achter der Schuldige immer der andere. Dieser Typ ist der »Projektionsmeister« des Enneagramms, der vor keiner Lüge zurückschreckt.

Das große Problem des Enneagramm-Typs 8 besteht nämlich darin, daß er sich ungern mit seinen eigenen Gefühlen beschäftigt. Aus diesem Grund muß er immer die Autorität spielen. Er ist auch nur ungern alleine, und die in sich zurückgezogene Haltung des Enneagramm-Typen 5 bereitet ihm größte Ängste, die er allerdings nie zeigen oder zugeben würde – auch nicht vor sich selbst. All seine Phantasie und Kreativität geht verloren, wenn er längere Zeit ohne Partner und Freunde leben muß.

Da auf ihn der Archetyp des Poseidon/Neptun wirkt, ist der »Vermittler« so anfällig für die Ängste vor seinen dunklen unbewußten Kräften. Diese Ängste sind dafür verantwortlich, daß er sich nicht mit seinen Gefühlen identifiziert und im Gegensatz zum »Betroffenen« (Enneagramm-Typ 4) die dramatische Seite des Lebens um jeden Preis zu umgehen sucht.

Schaut der »Vermittler« zum »Beobachter« (Enneagramm-

Typ 5), dann steigen in ihm all diese Ängste vor der Einsamkeit und dem Dunkel seiner Seele hoch. Deswegen ist es für ihn viel leichter und natürlicher, auf den »Planer« und »Gestalter« (Enneagramm-Typ 2) zu schauen. Mit dem Enneagramm-Typ 2 verbindet ihn die kreative aktive Seite, welche die Stärke dieser beiden Typen darstellt.

Eine Verbindung mit dem Enneagramm-Typ 7 ist dem »Vermittler« ebenfalls natürlich gegeben, da beide nicht nur extravertierte Typen sind, sondern sie können auch ihr Leben meist bestens meistern.

Der »Vermittler«

Stärken	Fähigkeit, selbst in schwierigen Situationen zu vermitteln, relativ neutrale Haltung den eigenen Gefühlen gegenüber, rückhaltloser Einsatz für seine Ideale und Freunde
Schwächen	Angst vor dem eigenen Unbewußten und dem Leiden, Angst vor der Konfrontation mit sich selbst, in ungünstigen Situationen zeigt er Neid und Verbitterung, Lust zu herrschen
Archetyp	Poseidon/Neptun
Entlastung	Im Enneagramm-Typ 2, dem »Planer« , der seine schöpferischen Kräfte verstärkt
Belastung	Im Enneagramm-Typ 5, dem »Beobachter«, der ihn tiefer in seine Ängste treibt
Mischtypen	8/2: heilsam 8/5: neurotische Ängste aktivierend 8/7: Tendenz zur einseitig intellektuellen Haltung 8/9: heilend
Nach Ichazo	der mächtige Kämpfer für seine Ideale

Typ 9: Der »Liebende« (Archetyp)

Nach Gurdjieff, Ouspensky und Bennett und im Grunde allen esoterischen Schulen ist die Liebe die Kraft, die letztendlich alle Lebensprozesse in Gang hält. Sie ist die sogenannte Bindekraft, welche die aktiven und passiven Energien des Systems zusammenschmiedet. Nach den Schulen des Vierten Wegs ist man am Enneagramm-Punkt 9 offen für neue Aufgaben. Das System geht an seinem Scheitelpunkt in ein neues über, und es schließt sich ein weiteres Enneagramm an.

Wenn wir die Basis des gleichseitigen Dreiecks – zwischen den Enneagramm-Punkten 3 und 6 – als die Gefühlsseite des Enneagramms sehen, so stellt der beziehungsweise die Liebende die Steigerung oder die Erhöhung dieses Gefühls dar. Damit ist sicherlich die bedingungslose Liebe gemeint, eine Kraft, die alle esoterischen Gruppen zu beschwören suchen. Diese Kraft zeigt sich nach Ansicht des englischen Mediums Eileen Caddy besonders deutlich in Findhorn, einer großen spirituellen Gemeinschaft und Mysterienschule im Norden Schottlands.

Der Tarot kennt die Trumpfkarte »Die Liebenden«, bei der es unter anderem um die Entscheidung und somit um das Einlassen und die Hingabe geht. »Die Liebenden« stellen ein Symbol des verlorenen und wiedergefundenen Paradieses dar, denn der Enneagramm-Punkt 9 besitzt eine Doppelfunktion: Er ist sowohl der Anfang als auch das Ende des Enneagramms; er ist die Ncun, mit der der Prozeß sich vollendet und die Null, mit der der Prozeß beginnt.

Am Punkt Null treten wir in das Enneagramm und in die Differenzierung der neun Typen ein, da wir aus der Einheit (der Liebe oder dem Paradies) herausgefallen sind. Zugleich finden wir diese Einheit wieder, wenn wir uns bis zum Enneagramm-Punkt 9 fortentwickeln.

In der Typenlehre des Enneagramms muß der oder die »Liebende« als introvertierter Empfindungstyp gekennzeichnet werden. Wichtig ist es hierbei zu beachten, daß es um Liebe und nicht um

Verliebtheit, die bekanntlich blind macht, geht. Die Liebe ist eine reife Haltung, die vom Mitgefühl und Solidarität geprägt ist. Dieser Haltung fehlt das Drama der Verliebtheit, mit dem der Enneagramm-Typ 9 wenig anfangen kann. Die Verliebtheit ist weitgehend durch idealistische Projektionen gekennzeichnet, wohingegen die Liebe in der Auflösung der Projektionen besteht.

Der »Liebende« stellt den trägen und passiven Typen des Enneagramms dar. Man sagt ihm einen Hang zur Faulheit nach. Er liebt seine Ruhe und seinen Frieden und macht sich oftmals sehr von seinem Partner oder seiner Partnerin abhängig. In selteneren Fällen kann er von seiner Arbeit abhängig werden.

In der Liebe ist der Neuner insofern faul und träge, als er sich nie aktiv aus einer Verbindung löst. Es ist immer der andere, der Schluß macht. Der Neuner wendet eine Partnerschaft höchstens dadurch, daß er sich völlig in sich zurückzieht und für den anderen nicht mehr erreichbar ist. Er kann sich in einer sexuellen Beziehung wie der Dreier jedem Partner leicht anpassen, was beim Enneagramm-Typen 9 jedoch bis zur Unterwürfigkeit gehen kann.

Diese Abhängigkeit, die den Enneagramm-Typ 7 zur Weißglut bringen würde, stört den »Liebenden« wenig, ja vielmehr scheint sie ihm Sicherheit zu geben. Aus ihr heraus kann er seine Lust entwickeln und oft eine erstaunliche sexuelle Attraktivität ausstrahlen. In seinem geordneten Bereich ist der »Liebende« ein zufriedener Mensch, der nur in Situationen äußerster Bedrohung explodiert – wenn er überhaupt einmal aus seiner Haut fährt und es nicht vorzieht, Bedrohungen passiv zu erleiden und stoisch auszuhalten. Der Neuner ist einfach ein liebenswerter Mensch, der demütig und bescheiden wirkt, obwohl er seine passiv aggressive Macht wohl einzusetzen vermag.

Dem »Liebenden« liegt es fern, sich für eine Idee oder eine Aufgabe mit Haut und Haaren einzusetzen. Er liebt es vielmehr, ruhig in den vier Wänden seines meist gemütlichen Hauses zu sitzen und die friedvolle Atmosphäre dort zu genießen. In der häuslichen

Harmonie trinkt er gerne sein Gläschen Wein und raucht auch einmal seinen Joint und »läßt den lieben Gott einen guten Mann sein«. Der Leitspruch dieses Enneagramm-Typs lautet: »Nimm's leicht!«

Für die vier extravertierten Typen des Enneagramms (Enneagramm-Typen 1, 2, 7 und 8) strahlt der Kontakt mit dem »Liebenden« große Heilenergien aus. Leider finden allerdings diese vier extravertierten Enneagramm-Typen den »Liebenden« entweder langweilig oder sie bemerken ihn gar nicht.

Der »Liebende« wird in seiner passiven Haltung vielfach unterschätzt. Letztendlich hat er die Weisheit des Nichteingreifens erreicht. Die Haltung, welche die alten Chinesen Wu-wei[19] nannten und als Nicht-Tun sehr lobten. Um diese Haltung einnehmen zu können, darf man sich nicht mehr mit seinem eigenen Ich identifizieren, wie es der »Unternehmer« (Enneagramm-Typ 1) und der »Planer« (Enneagramm-Typ 2) besonders zu tun pflegen. Allerdings ist hiermit keineswegs gesagt, daß der »Liebende« diese Haltung bewußt einnimmt. Nimmt er diese ichlose Haltung bewußt ein, dann kann er wirklich als der entwickeltste Typ des Enneagramms angesehen werden. Er bildet in diesem Fall als der neunte und letzte Typ des Enneagramms dessen Vollendung.

C.G. Jung wird von der Ichazo-Schule als ein Individuum angesehen, das stark unter dem Einfluß des Enneagramm-Typs 9 stand. Jungs Lebensaufgabe kann darin gesehen werden, daß er alles integrieren wollte: Die große Conjunctio (Verschmelzung), die männlich und weiblich, gut und böse, geistig und materiell zusammenbringt, spielt in seinem analytischen System eine herausragende Rolle. Er entdeckte die integrierende Kraft des kollektiven Unbewußten. Viele Menschen dieses Enneagramm-Typs sind sehr begabt, aber im Gegensatz zu Jung entwickeln sie meistens auf Grund ihrer Faulheit ihre Talente und Begabungen nicht weiter, so daß sie oftmals unentdeckt in ihnen schlummern.

Hat der Enneagramm-Typ 9 niemals eine Ichstärke ausgebildet, das heißt, stellt er im Sinne der Psychoanalyse einen oral-abhängigen Typen dar (eine Art des Narzißmus), dann steht dieser »Liebende« am Anfang des Enneagramms, sozusagen an seinem Null-Punkt. Seine Aufgabe besteht nun darin, sich auf die Welt und deren Prozesse einzulassen. In diesem Fall hilft es ihm, zum Archetypen des »Magiers« (Enneagramm-Typ 3) zu schauen, der mit den Elementen der Welt mit Freuden umgeht.

Der »Held« (Enneagramm-Typ 6) dagegen, der eine Tendenz zur Rationalisierung seiner Gefühle aufweist, würde die Trägheit dieses neunten Enneagramm-Typs nur noch verstärken. Diese Tendenz würde noch dadurch unterstützt, daß der Held gerne zu seiner Umwelt in Distanz geht.

Sowohl die Verbindung mit dem »Unternehmer« (Enneagramm-Typ 1) als auch mit dem »Vermittler« (Enneagramm-Typ 8) wirkt sich belebend und somit heilend im Sinne von ausgleichend auf den Archetypen des »Liebenden« aus.

Das Bewundernswerte an diesem Archetyp ist, daß ihm seine Liebe genug ist. Er hat es nicht nötig, mit Arbeit und Leistung zu sublimieren. Wie Bertolt Brecht schon sagte: »So ist die Liebe Liebenden ein Halt…«

Der »Liebende«

Stärken	Zufriedenheit mit seiner Liebe, Egoreduzierung, das Gehenlassen bzw. das Nichteingreifen
Schwächen	Passivität und Faulheit
Entlastung	Im Enneagramm-Typen 3, dem »Magier«, der ihm den Bezug auf die Umwelt nahebringt, heilende Einflüsse von den beiden Enneagramm-Typen 1 und 8
Belastung	Im Enneagramm-Typ 6, dem »Helden«, der seine Tendenz zur Abkapselung von der Außenwelt verstärkt
Nach Ichazo	Das faule Genie

Ob Sie nun diese neun Typen des Enneagramms als aufeinander aufbauende oder gleichberechtigte (gereihte) Typen ansehen, hängt von ihrem Interesse ab und davon, was Sie mit dem Enneagramm untersuchen wollen. Möchten Sie Ihre verschiedenen Ichs betrachten und sich in bezug auf andere Menschen und spezielle Situationen genauer verstehen, dann bietet es sich an, diese neun Typen des Enneagramms als gleichberechtigte Typen zu betrachten. Das führt Ihnen beispielsweise anschaulich die Einseitigkeiten in Ihren Reaktionsweisen vor Augen und zeigt Ihnen zugleich, welche anderen Ichs in solchen Situationen sinnvoll zu aktivieren wären.

Interessiert es Sie mehr, wie man sich systematisch vervollkommnen kann, sind Sie also an einem esoterischen Weg interessiert, dann können Sie diese Typenlehre als Entwicklungsweg von Enneagramm-Punkt 1 bis hin zum Enneagramm-Punkt 9 auffassen. Von den materiellen Voraussetzungen (Enneagramm-Punkte 1 und 2) über die Entwicklung Ihres Gefühlszentrums (Enneagramm-Punkte 4 und 5) bis hin zur Vergeistigung (Enneagramm-Punkte 7 und 8) finden Sie hier neun Schritte zum »vollkommenen Individuum«.

Der Weg der Psychologie ist mit Typenlehren gepflastert. Galens Theorie der vier Temperamente aus dem 2. Jahrhundert macht den Auftakt. Der deutsche Philosoph Immanuel Kant (1724–1804) lehnt sich eng an Galens Typenlehre an. In der Neuzeit folgen Freud, Jung und Eysenk, um nur die allerbekanntesten Beispiele zu nennen.

Es soll hier auch erwähnt werden, daß Gurdjieff selbst ebenfalls eine Typenlehre aufgestellt hat, die jedoch weitgehend unbeachtet blieb. Seine Typenlehre unterscheidet sieben Menschentypen gemäß ihres Bewußtseinsstandes:

Typ 1 ist der schlafende oder mechanische Mensch, dessen Schwerpunkt in seinem Bewegungszentrum liegt. Sein Wissen beruht auf seinen Instinkten und der Nachahmung. Ich nenne diesen ersten Typen den körperorientierten Menschen. Der indische

Schriftsteller Bhagwan Sri Rajneesh sagte, angelehnt an Gurdjieff, von diesem Typen, daß er nicht ißt, um zu leben, sondern lebt, um zu essen. Er ist von seinem Körper geblendet. Kommt dieser Typ auf eine Party, dann sagt er sich mehr oder weniger unbewußt: »Hier bin ich und nun beschäftigt euch mit mir.« Er vertraut darauf, daß er sich auf die gegebene Situation einschwingen kann und reagiert spontan-instinktiv auf die Haltungen, die ihm entgegengebracht werden.

Typ 2 ist der schlafende Mensch, dessen Schwerpunkt in seinem Gefühlszentrum liegt. Seine Weltsicht ist davon geprägt, ob er etwas gerne hat oder ablehnt. Er strebt immer den Zustand des Angenehmen an. Dies ist der emotionale Mensch, der sentimentale Gefühlstyp. Dieser Typ ist von seinem Gefühl geblendet. Wenn er nun auf eine Party eingeladen ist, dann ist ihm das größte Problem, ob die anderen Gäste dort ihn gerne haben und attraktiv finden oder ihn ablehnen.

Typ 3 ist der schlafende Mensch, dessen Schwerpunkt in seinem Denkzentrum liegt. Seine Weltsicht beruht auf dem subjektiven logischen Denken. Dieser Typ ist von seinem Denken geblendet. Auf einer Party nimmt er spontan eine distanzierte Haltung ein, aus der heraus er sich fragt, was denn hier so abläuft und wie die Verhältnisse der anderen Gäste untereinander aussehen.

Diese drei Typen sind unaufmerksam und unbewußt; sie gehen blind durchs Leben und kennen weder ihr Lebensziel noch ihren Ursprung. Um herauszubekommen, welchen der drei Typen sie angehören, würde ich Ihnen raten, eine Woche lang ein Tagebuch darüber zu führen, was Sie am meisten beschäftigt. Schreiben Sie auf, womit Sie die meiste Zeit des Tages verbringen und womit Ihre Phantasien hauptsächlich spielen. Dies wird Ihnen genau zeigen, welchen der drei ersten Gurdjieffschen Charaktertypen Sie zuzurechnen sind.

Typ 4 ist der erwachte Mensch (hier tritt ein Qualitätssprung auf). Wird man als Typ 1, 2 oder 3 geboren, so wird man zum Typen 4 nur durch eigene Anstrengungen. Der Typ 4 ist auf dem Weg zum objektiven Wissen. Er stellt ein Übergangsstadium dar.

Die vorher beschriebenen neun Enneagramm-Typen treten nur bei den ersten vier Menschentypen nach Gurdjieff auf. Ab dem fünften Menschentyp hat man eine Ganzheit erreicht und die begrenzte Einseitigkeit der ersten vier Menschentypen, auf denen die Typenlehre nach Ichazo beruht, überwunden.

Typ 5 ist ein Mensch, der die Einheit seiner Persönlichkeit erreicht hat und ein unteilbares Ich besitzt. Was er weiß, das weiß er mit all seinen drei Zentren.

Typ 6 ist ein Mensch, der seine volle Entwicklung erreicht hat. Allerdings sind seine Eigenschaften noch nicht stabil. Er besitzt ein Bewußtsein, einen Willen, ein unveränderliches Ich und Individualität.

Typ 7 hat alles erreicht, was auch Typ 6 erreicht hat, einzig kann ihm sein Wissen und seine Individualität nicht mehr verlorengehen. Man kann auch den sechsten und siebten Typen dadurch unterscheiden, daß der Typ 6 seine volle Entwicklung erreicht hat, wobei es für den siebten Typen gar nicht mehr so etwas wie Entwicklung gibt. Der Typ 7 steht über all dieser Begrifflichkeit und diesen Sichtweisen.

Man kann diese sieben Bewußtseinstypen dem Enneagramm zuordnen, was Gurdjieff jedoch nie getan hat. Das Problem hierbei ist, daß im ersten Tertial (Enneagramm-Punkte 1 und 2) die drei Typen 1, 2 und 3 angesiedelt werden müßten; dann tritt der Qualitätssprung auf und dem zweiten Tertial (Enneagramm-Punkte 4 und 5) würde man die Typen 4 und 5 zuordnen. Dann tritt wieder ein Qualitätssprung auf, die volle Entwicklung wird hier erreicht, und die Typen 6 und 7 könnten den beiden Enneagramm-Punkten 7 und 8 des dritten Tertials zugeordnet werden. Daß bei dieser Einteilung auf die ersten beiden Enneagramm-Punkte drei Typen verteilt werden müssen, stört die Systematik dieses sonst sehr einleuchtenden Systems.

Die Besonderheit der Typenlehre des Enneagramms besteht in ihrem dynamischen Charakter, der die Wechselbeziehungen der einzelnen Typen klar aufzeigt und zugleich die Typenlehre als Teil eines größeren Ganzen – man könnte auch sagen: einer kosmischen Harmonie – betrachtet.

Das Enneagramm zeigt zum Beispiel auf, wie Typen, Farben, Planeten und die Energiezentren des menschlichen Körpers miteinander in Verbindung stehen und läßt so die Parallelität der einzelnen Bereiche unserer Welt klar hervortreten. Die Bezüge von Mikrokosmos (beispielsweise die des menschlichen Ichs) zum Makrokosmos (die Plancten) werden im Enneagramm nicht nur abstrakt zitiert, sondern konkret im Detail aufgezeigt. Somit bietet das Enneagramm eine Landkarte, die hilft, uns vorzüglich in unserer Welt zurechtzufinden. Dies allerdings bieten die anderen mir bekannten Typenlehren nicht.

Die Farben im Enneagramm

> … betreffs des ›Gesetzes der Farbkombination‹ wurden alle Kunden darüber fast die ganze Zeit hindurch von Geschlecht zu Geschlecht weitergegeben und dabei mit jedem Jahr mehr zum Schlechten verändert, bis sie schließlich vor erst zwei Jahrhunderten gänzlich vergessen wurden.
>
> *G. I. Gurdjieff*

Gurdjieff, Ouspensky und Bennett vertraten die Auffassung, daß das Enneagramm alle Lebensprozesse erfasse. Johann Wolfgang von Goethe und Rudolf Steiner hielten die Ordnung der Spektralfarben im Farbenkreis für ein Abbild der unterschiedlichsten Lebensprozesse. Als der deutsche Held Faust zu Beginn des zweiten Teils der gleichnamigen Tragödie den Regenbogen sieht, ruft er freudig aus: »Am farbigen Abglanz haben wir das Leben.«[1]

Wenn uns Enneagramm und Farben Lebensprozesse illustrieren können, dann sollte das Enneagramm auch dazu in der Lage sein, die Gesetze des Farbenkreises zu verdeutlichen. Allerdings vertrat Gurdjieff die Auffassung – das darf ich wohl nicht verschweigen –, daß das, was wir heute über Farben und Licht wissen, nichts als Blödsinn sei. Meinem Gefühl nach übersah Gurdjieff hier Gottes Kampf um wirkliche Erkenntnis in der Farbenlehre. Goethe war in bezug auf Farben zu einem so tiefen Wissen gelangt, daß er sich wohltuend gegen den eher positivistischen Isaac Newton abhebt. Außerdem muß man bedenken, daß nach Gurdjieffs Tod in fast allen religiösen Strömungen und neuen, besonders humanistischen Therapieformen nicht nur die Wichtigkeit der Farben erkannt wurde, sondern auf Grund der intensiven Beschäftigung mit ihren Phänomenen ein neues Wissen und tiefes Verständnis für sie entstanden ist.

Farben stellen neben Klängen das wichtigste Element unserer sinnlichen Welt dar. Da das Enneagramm ein leistungsfähiges Modell zur Verdeutlichung der Farbkreisstruktur sowie der Schwingungen und Beziehungen der Farben untereinander ist, und weil dieser Aspekt bisher in allen Enneagramm-Studien unbeachtet blieb, will ich der Beschreibung dieser Zusammenhänge ein eigenes Kapitel widmen.

Ursprünglich wurde das Enneagramm den Gesetzen der Musik nachempfunden, und so ist es verständlich, daß der musikalische Aspekt des Enneagramms, besonders in den Ausführungen Ouspenskys, im Vordergrund steht. Dabei geht es um die Oktave und die beiden Halbtonschritte darin, die den zwei Schockpunkten gleichgesetzt wurden. Der musikalische Aspekt des Enneagramms ist von Ouspensky in allen seinen Werken immer wieder betont worden und braucht nicht noch einmal gesondert dargestellt zu werden. Was allerdings anliegt, ist die Betrachtung der Welt der Farben unter dem Aspekt des Enneagramms.

Sehen wir die Farben aus der Perspektive Goethes als die Leiden und die Freuden des Lichtes, so stellt das Enneagramm der Farben ein Diagramm der Entwicklungsstufen des Lichts dar.

Farbzuordnung 1

Die Eckpunkte des Dreiecks, die Enneagramm-Punkte 3, 6 und 9, bilden die Schockpunkte, an denen neue Qualitäten in das System hineintreten. Diesen drei Qualitäten entsprechen die drei Grundfarben Blau, Gelb und Rot. Diese drei Farben stellen die Ursprungsqualitäten in der Farbenwelt dar. Sie sind nicht aus anderen Farben mischbar, wobei sich jedoch alle anderen Farben aus ihnen mischen lassen. Das heißt mit anderen Worten: Alle Farben setzen sich aus diesen drei Farbqualitäten zusammen.

Grundsätzlich baut sich die Welt der Farben aus der Polarität zwischen *Blau* und *Gelb* auf, wobei Blau als der farbliche Stellvertreter der Finsternis und Gelb jener des Lichts angesehen wird. Die Polarität der Farben Blau und Gelb legt nahe, Blau dem *Enneagramm-Punkt 3* und Gelb dem *Enneagramm-Punkt 6* zuzuordnen. So gibt der Weg vom Enneagramm-Punkt 3 zum Enneagramm-Punkt 6 das Fortschreiten von der Finsternis ins Licht wieder. Genau das stellten wir bei der Analyse des Weges vom dritten zum sechsten Enneagramm-Punkt fest: Hier treten Zweifel und das Leiden auf den Weg zur Klarheit auf. Wir kämpfen uns an dieser Stelle des Enneagramms zum Licht des Bewußtseins vor, das farbpsychologisch von der Primär- oder Grundfarbe Gelb symbolisiert wird. Gelb als die ausstrahlende Farbe, die jede Grenze durch ihre Strahlkraft überwindet, symbolisiert den Geist.[2] Für die Maler und Bauhaus-Lehrer wie Wassily Kandinsky, Paul Klee und Johannes Itten stellte das gelbe Dreieck das ideale Symbol des Geistes dar.

Es fällt auf, daß Gurdjieff in seinem genialen Werk *Beelzebubs Erzählungen für seinen Enkel* ebenso wie Goethe in seiner *Farbenlehre* von einem Kampf zwischen Licht und Finsternis ausgeht. Auch in seinem nie zur öffentlichen Aufführung gelangten Ballett »Der Kampf der Magiere«[3] – das Gurdjieff seit 1914 beständig als Übung proben ließ – stehen die weißen Kräfte des Lichts den schwarzen der Finsternis gegenüber. Licht und Finsternis kann man in Gurdjieffs System auch unter den Aspekten Sonne und Mond erfassen. Gelb ist die Kraft der Sonne und des Bewußtseins, das einen freien, zielgerichteten Willen und hochkonzentrierte Aufmerksamkeit besitzt. Blau ist die Kraft des Mondes und der ziehenden Kräfte des Unbewußten, die Egoismus, Lügen, leichte Beeinflußbarkeit und permanenten Schlaf hervorrufen. Die blaue Farbe tritt ja auch in der Fläche zurück, wohingegen die gelbe immer den Vordergrund beherrscht.

Blau, am Enneagramm-Punkt 3 gelegen, symbolisiert als Farbe des tiefen Meeres und des hohen Himmels die Seele oder das Gefühlszentrum. Am mechanischen Schockpunkt (Enneagramm-Punkt 3) tritt die Psyche beziehungsweise das Gefühl als neue Qualität in das System ein. Farbpsychologisch symbolisiert das reine, zurückweichende Blau unsere Emotionen oder den Seelengrund, weswegen der Mantel Marias, der Mutter Gottes, traditionell immer blau gemalt wird.

Am bewußten Schockpunkt (Enneagramm-Punkt 6) tritt als neue Qualität der Geist auf, dem die Farbe Gelb zugeordnet wird. So wird traditionell Gabriel, der Erzengel der Verkündigung, immer gelb dargestellt.

Die *Enneagramm-Punkte 4 und 5* liegen bei dieser Zuordnung im Grünbereich. *Grün* – nach Steiner »das tote Bild des Lebens« – ist die Farbe, die sich aus Blau, dem farbigen Repräsentanten der Finsternis, und Gelb, dem des Lichtes, mischt. Die hier auftretenden Zweifel (Harnelahut) entsprechen genau dieser Mischung von Licht und Finsternis. Bewußtsein und Unbewußtes, Geist und Emotionen kämpfen in unserer Seele genauso miteinander wie Licht und Finsternis in der Farbenwelt. Dieser innere Kampf bindet uns, und das Leben verläuft noch nicht in befreiten Bahnen. Daher sehen Rudolf Steiner und die Anthroposophen Grün als »das tote Bild des Lebens« an. Hier fehlt noch der Aspekt des Lebendigen, das ab Enneagramm-Punkt 6 mit dem Auftreten des einigenden Bewußtseins erreicht wird.

Das reine *Rot* (das Magenta der Drucker) oder Hochrot, das Goethe in seiner Farbenlehre[4] Purpur nennt, stellt die Steigerung der beiden polaren Farben Blau und Gelb dar. Gelb steigert sich über Orange, und Blau über Violett zu Rot. Rot muß somit in unserem Farben-Enneagramm an dessen Spitze, dem *Enneagramm-Punkt 9,* stehen. So ordnet sich die Dynamik der Farben mit ihrer Polarität Blau und Gelb und deren Steigerung zu Rot natürlich dem gleichseitigen Dreieck des Enneagramms zu.

Noch im Bereich des spektralen Wärmepols liegt die Mischfarbe *Orange.* Dies ist eine bei den ostasiatischen Mönchen sehr beliebte Kleiderfarbe. Das warme Orange ist farbpsychologisch dem Mitgefühl verbunden. Und genau diese Farbe charakterisiert die beiden *Enneagramm-Punkte 7 und 8,* an denen wir unser selbstgestecktes Ziel erreicht haben. Die Symbolsprache der Farben drückt unmißverständlich aus, daß wir unser Ziel nur dann erreichen können, wenn wir lernen, unsere Umwelt mit Mitgefühl zu betrachten und Wärme auszustrahlen. Das ist eine Weisheit, die sowohl im Buddhismus als auch im Christentum eine besondere Rolle spielt. Gautama Buddhas Aktivitäten waren von Liebe und Mitgefühl bestimmt. In der christlichen Tradition wird Mitgefühl unter dem Aspekt des Mit*leidens* gesehen.

Die *Enneagramm-Punkte 1 und 2* werden mit der Farbe *Violett* verbunden. Violett als Mischung von Rot, der Symbolfarbe des Körpers, und Blau, des farbigen Repräsentanten der Finsternis und des Unbewußten, ist eine stark von der äußeren Beleuchtung abhängige Farbe. Je nach Helligkeit und abhängig vom Tages- oder Kunstlicht kann das gleiche Violett neutral grau bis rot- oder blauschimmernd wirken. Aus diesem Grund war Violett in der Mode bis hin zum 20. Jahrhundert sehr unbeliebt. Letztendlich hat erst der Jugendstil und später die Frauenbewegung Violett modefähig gemacht.

Violett charakterisiert mit dieser typischen Instabilität genau den Anfang des Weges: Unbewußt oder mechanisch reagiert der Körper auf jeden Impuls, ohne eine feste Richtung einhalten zu können. Erst bei dessen Komplementärfarbe Gelb wird der Wille geboren, der uns zielgerichtet weiterschreiten läßt.

Die kalten Farben stehen im Enneagramm auf der rechten Seite, die warmen finden wir auf dessen linker. So ergibt sich vom Enneagramm-Punkt 1 bis hin zum Enneagramm-Punkt 6 der Weg der Farben von der Finsternis ins Licht. Dieser Weg beginnt in der

Finsternis bei der Farbe Violett, von der aus man auf das Licht der Erkenntnis und des Bewußtseins, die Farbe Gelb, zuschreitet. Hat man diese Erkenntnis und ein bestimmtes konstantes Bewußtsein erlangt, kann man sich zur Meisterschaft weiterentwickeln und stei-

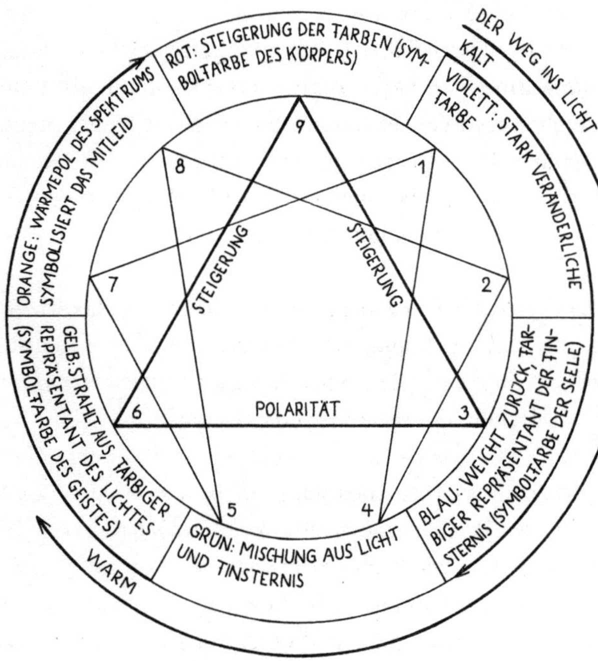

Abb. 29: Die Farben im Enneagramm 1

gern und so bis zur Farbe Rot fortschreiten. Vom Enneagramm-Punkt 6 bis zum Enneagramm-Punkt 9 liegt die Steigerung von Gelb und Rot vor.

Das Enneagramm teilt, wie die von Goethe beeinflußte Farbenlehre des Bauhauses, die Farben in drei Qualitäten ein:

- Von *Enneagramm-Punkt 1 bis Enneagramm-Punkt 3* finden wir die kalten und dunklen Farben vor. Das sind die Farben, die aus der Finsternis hervorgehen. Sie entstehen in der Natur, indem wir durch eine seitlich beleuchtete Trübe auf die Finsternis schauen. Deswegen wird zum Beispiel der Himmel als blau angesehen, da wir durch die von der Sonne beleuchtete Atmosphäre auf das schwarze Weltall blicken.
- Vom *Enneagramm-Punkt 6 bis Enneagramm-Punkt 8* breiten sich die warmen und hellen Farben aus. Das sind Farben, die aus dem Licht hervorgehen. Sie entstehen in der Natur, wenn wir durch eine mehr oder weniger dichte Trübe auf das Licht schauen. Deswegen sehen wir beispielsweise die Sonne hinter dem Rauch eines Feuers rot und hinter den nicht so massiven Atmosphäreschichten gelb.
- Den drei *Enneagramm-Punkten 4, 5 und 9* entsprechen die beiden »lauen« Farben Grün und seine Komplementärfarbe Rot. Im Rot treffen sich Gelb und Blau in der Steigerung, im Grün treffen sich Gelb und Blau in der realen Farbenmischung.

Die Komplementärfarben[5] können in diesem System dadurch bestimmt werden, daß sie wie Gelb und seine Komplementärfarbe Violett, Blau und dessen Komplementärfarbe Orange, Rot und seine Komplementärfarbe Grün nicht durch Enneagramm-Linien verbunden sind. Diese Ordnung der Farben ergibt sich dadurch, daß die drei Primärfarben die Dreiecksspitzen besetzen und die drei Sekundärfarben (aus Primärfarben gemischte Farben) den sechs Sechseck-Punkten zugeordnet werden. Da Dreieck und Sechseck im Enneagramm unverbunden sind, müssen auch die Primär- und Sekundärfarben und somit auch die Komplementärfarben unverbunden sein, denn ein Komplementärfarbenpaar besteht immer aus einer Primär- und der entsprechenden Sekundärfarbe.

Charakteristisch ist für dieses Farben-Enneagramm, daß die Ur- oder Hauptenergien – eben die ungebrochenen Primärfarben – an den Dreiecksspitzen stehen, während die abgeleiteten Energien, die sich aus den drei Hauptenergien mischen, den Hexagramm-Punkten zugeordnet werden. Wir kommen also zu folgender Aufteilung der sechs Farben im Enneagramm:

	Farbe	*Eigenschaften*
Enneagramm-Punkte 1 und 2	Violett	dunkel, kalt, bewegt Farbe der Finsternis
Enneagramm-Punkt 3	BLAU, Primärfarbe (Seele, Unbewußtes)	dunkel, bewegt Farbe der Finsternis der Kältepol des Spektrums
Enneagramm-Punkt 4 und 5	GRÜN	lau, unbewegt Mischung aus Licht und Finsternis
Enneagramm-Punkt 6	GELB, Primärfarbe (Geist, Bewußtsein)	hell, bewegt Farbe des Lichts der Wärmepol des Spektrums
Enneagramm-Punkt 7 und 8	Orange	hell, warm, unbewegt Farbe des Lichts
Enneagramm-Punkt 9	ROT, Primärfarbe (Körper, Materie)	lau, unbewegt die Steigerung von Gelb und Blau

Der Polarität der Farben zwischen Licht (Gelb) und Finsternis (Blau) entspricht im Enneagramm jener Übergang, den wir als »die Nachtmeerfahrt des Helden« charakterisierten. Rot als die ideale bunte Farbe, die genau zwischen warm und kalt und zwischen hell und dunkel steht, beherrscht als Bindekraft den Enneagramm-Punkt 9.

Diese Anordnung der Farben im Enneagramm unterscheidet scharf zwischen Primär- und Sekundärfarben und ist so auf den Mischungsverhältnissen der Farben aufgebaut.

Farbzuordnung 2

Es gibt noch eine andere sinnvolle Zuordnungsmöglichkeit zwischen den Spektralfarben und den Enneagramm-Punkten. Hierin zeigt sich erneut die typisch dynamische Struktur des Enneagramms, das meistens mehrere Lösungsvorschläge anbieten. Diese lassen oft unterschiedliche Gesetzmäßigkeiten deutlich hervortreten und bieten Akzentverschiebungen in der Sicht auf das zu betrachtende Material an.

Der zweite Vorschlag betont die Perspektive auf die Komplementärfarbenpaare im Farbenkreis. Die Farbe Rot (Goethes Purpur) wird dem Enneagramm-Punkt 1 zugeordnet, was Rot als der Farbe des Anfangs oder der Mutter aller Farben gut entspricht.[6] Diese Stellung von Rot ergibt sich automatisch, wenn ich die drei Spitzen des Dreiecks genau auf die drei Farbübergänge von Sekundär- zu Primärfarben im Farbenkreis ausrichte. Die Abbildung 30 demonstriert diese Farbzuordnung.

Bei dieser zweiten Art der Farbzuordnung sind die Perspektiven, die sich von den einzelnen Enneagramm-Punkten aus ergeben, wichtig:

- Vom *Enneagramm-Punkt 1* im roten Farbfeld sieht man auf die Urpolarität der Farben Gelb (Enneagramm-Punkt 1) und Blau (Enneagramm-Punkt 4).
- Vom *Enneagramm-Punkt 2* im violetten Farbfeld schaut man auf das Komplementärfarbenpaar Blau (Enneagramm-Punkt 4) und Orange (Enneagramm-Punkt 8).
- Vom *Enneagramm-Punkt 7* schaut man ebenfalls auf ein Komplementärfarbenpaar und zwar auf die beiden Farben Grün (Enneagramm-Punkt 5) und Rot (Enneagramm-Punkt 1).
- Eine Perspektive, welche die beiden Komplementärfarben Gelb und Violett verbindet, gibt es allerdings nicht.

Die Eckpunkte des Dreiecks führen von den Sekundärfarben zu den drei Primärfarben, oder wie Rudolf Steiner ausdrückt: Sie führen von den Bild- zu den Glanzfarben hin. Ab Enneagramm-Punkt 3 herrscht Blau als der dunkle »Glanz der Seele« und führt in die Welt des Unbewußten und der Gefühle. Ab Enneagramm-Punkt 6 herrscht Gelb als der lichte »Glanz des Geistes« und führt in die Welt des klaren Bewußtseins und des Intellekts. Und als Enneagramm-Punkt 9 (beziehungsweise 0) herrscht Rot als der farbige und lebendige »Glanz des Lebens« und führt in die materielle Welt des Körpers.

Abb. 30: Die Farben im Enneagramm 2

Die Primär- oder Glanzfarben sind also an den Enneagramm-Punkten 1, 4 und 7 zu finden, die Bild- oder Sekundärfarben ordnen sich den Enneagramm-Punkten 2, 5 und 8 zu. Dies entspricht Bennetts Ansicht, daß sich die Enneagramm-Punkte 1, 4 und 7 und die Enneagramm-Punkte 2, 5 und 8 strukturell ähneln.[7] Man könnte auch sagen, daß der Enneagramm-Punkt 1 alle Primärfarben miteinander verbindet und der Enneagramm-Punkt 8 alle Sekundärfarben.

Mit dem Enneagramm-Punkt 7 ist die höchste Stufe des Bewußtseins erreicht; hier leuchtet das reine Gelb. Am Enneagramm-Punkt 8, im Farbfeld Orange, steigert sich dieses Bewußtsein zur Wärme des Mitgefühls. Hier, wenn wir unser Ziel erreicht haben, stehen wir ausstrahlend am Wärmepol des Spektrums.

Die Lichtfarben

Betrachten wir noch einmal kurz, wie Goethe in seiner Farbenlehre, von genauen Naturbeobachtungen ausgehend, die Lichtfarben erklärt:

- Die warmen Lichtfarben entstehen, wenn sich Trübe vor einer Lichtquelle schiebt.
- Die kalten Lichtfarben entstehen, wenn sich seitlich beleuchtete Trübe vor die Finsternis schiebt.

Auf die Farben im Enneagramm bezogen heißt das: Bei unserer ersten Zuordnung (Abb. 29) schauen wir von den Enneagramm-Punkten 1 bis 3 auf die Finsternis, das bedeutet, wir haben noch kein Bewußtsein (Licht) entwickelt. Ab dem Enneagramm-Punkt 6 schauen wir auf das Licht, das Bewußtsein in uns ist geboren.

Wir binden also auf der rechten Seite des Enneagramms (Punkte 1, 2 und 3) zwei völlig parallele Prozesse. Einzig der Blickwinkel ist verschieden: Einmal schauen wir auf die Finsternis (rechte Enneagramm-Seite) und ein andermal auf das Licht (linke Enneagramm-Seite).

Bei unserer zweiten Zuordnung (Abb. 30) blickten wir von den Enneagramm-Punkten 2 bis 4 auf die Finsternis, und ab Enneagramm-Punkt 6 wird das Licht in uns geboren. Es ist wichtig, bei diesen Betrachtungen zu erkennen, daß beide Zuordnungen der Farben zum Enneagramm sinnvoll sind.

In seiner Theorie des RADs[8] bietet Arnold Graf Keyserling, von der prismatischen Brechung ausgehend, noch eine dritte Möglichkeit der Farbzuordnungen im Enneagramm an, die ich jedoch nicht nachzuvollziehen vermag.

Auch die Jesuiten führen eine bestimmte Farbenzuordnung des Enneagramms an, die meines Erachtens aber keineswegs das Wesen der Farben und deren Gesetzmäßigkeit im Enneagramm berücksichtigt. Diese Farbzuordnung hat mit der des RADs nichts gemein. Die Jesuiten ordnen die Farben dem Enneagramm wie folgt zu[9]:

Enneagramm-Punkt 1: Silber
Enneagramm-Punkt 2: Rot
Enneagramm-Punkt 3: Gelb
Enneagramm-Punkt 4: Mauve
Enneagramm-Punkt 5: Kobaltblau
Enneagramm-Punkt 6: Beige
Enneagramm-Punkt 7: Grün
Enneagramm-Punkt 8: Schwarz und Weiß
Enneagramm-Punkt 9: Gold

Schon allein durch die Mischung von Regenbogen- und Nichtregenbogenfarben fällt es mir schwer, hier eine sinnvolle Ordnung zu erkennen. Das mag daran liegen, daß bei dieser Zuordnung die Farben nicht im Mittelpunkt des Interesses stehen, sondern nur benutzt werden, um die neun Persönlichkeitstypen in der Definition der Jesuiten zu verdeutlichen.

Welche der beiden systematischen Zuordnungsmöglichkeiten des Enneagramms zu dem sechsteiligen Farbenkreis ich auch immer wähle, sie zeigen deutlich die wichtigsten Gesetzmäßigkeiten der Farben auf. Da es sich bei dem Rhythmus der Farben im Farbenkreis um einen innerlich geordneten, beseelten Vorgang handelt, kann das Enneagramm sinnvoll auf den sechsteiligen Farbenkreis bezogen werden. Das Enneagramm wie der Farbenkreis stellen eine Systematik archetypischer Bilder dar, welche die kosmische Ordnung abbilden. Die Farben, wir Menschen und unsere Handlungen, wie auch der Kosmos selbst mit seinen Planeten, Sonnen und Sonnensystemen sind alle Teil dieser Ordnung, die sich im Enneagramm wie im Farbenkreis deutlich darstellt. So kann man von den Gesetzen der Farben her das Enneagramm erkennen, wie man auch umgekehrt die Gesetze der Farben durch das Enneagramm verstehen kann.

Die kosmischen Bezüge

> Wenn man den Menschen studiert, studiert man den Kosmos, wenn man den Kosmos studiert, studiert man den Menschen.
>
> *G. I. Gurdjieff*

Bevor wir die einzelnen Planeten den Enneagramm-Punkten zuordnen können, müssen wir einige Grundüberlegungen anstellen, die teilweise sehr verschlüsselt, aber zugleich auch sehr humorvoll in Gurdjieffs Hauptwerk *Beelzebubs Erzählungen für seinen Enkel* wiedergegeben werden. Wie Gurdjieff selbst betonte, muß dieses Werk mit dem Herz gelesen werden. Außerdem meine ich, daß das Buch so geschrieben ist, daß man den Text am besten versteht, indem man sich beim Lesen seiner selbst erinnert (wie es im ersten Kapitel dieses Buches beschrieben wird). So gelesen ist der Text nicht nur lustig, sondern auch spannend. Liest man ihn schlafend, also mit fehlender Aufmerksamkeit, dann wird er auf der Stelle langweilig und unverständlich.

Beelzebubs Erzählungen für seinen Enkel sollte als ein psychologisches System verstanden werden, das tiefe Aussagen über die menschliche Struktur an Hand von kosmischen Abläufen zu formulieren versucht. Die Hauptperson Beelzebub kann als das Ideal des bewußten Menschen angesehen werden. Die Erzengel, wie der später zitierte Sakaki, symbolisieren die ideale Intelligenz, und der Mensch ist das Wesen, das statt vom Bewußtsein (der Sonne) vom Unbewußten (dem Mond) beherrscht wird.

Die hier von mir im Folgenden skizzierten kosmologischen Auffassungen entsprechen meinem persönlichen Verständnis dieses hochesoterischen Werks. Es ist mit Sicherheit Raum für zahlreiche Lesarten dieses Textes gegeben. Diese von mir hier vorgeschlagene Verständnisart gibt einleuchtend und widerspruchsfrei Gurdjieffs kosmologische Auffassungen wieder und weist gleichzeitig einen engen Bezug zum Enneagramm auf. Denken Sie daran: Wenn Sie das Enneagramm und den Kosmos studieren, dann studieren Sie sich immer selbst.

Bis jetzt haben wir uns das Enneagramm als Hilfsmittel zur Selbsterkenntnis des Menschen, als Instrument zur Analyse wirtschaftlicher Prozesse, als Typenlehre und als ein Modell zum Verständnis der Farbendynamik angeschaut. Alle diese Bezüge des Enneagramms spielen sich auf der Ebene des Mikrokosmos, also im kleinen, menschlichen Maßstab ab. Den Übergang zu den makrokosmischen Bezügen des Enneagramms bildeten die Farben, die Wesen des Lichts und so letztendlich der Sonne sind. Nun, durch die makrokosmische Betrachtung des Enneagramms, wird Ihnen die Definition des Enneagramms als kosmisches Diagramm deutlich werden.

Hinter der Lehre des Enneagramms steht ein philosophisches Weltbild, das wie die Philosophien des Mittelalters und des Barock einem Denken verpflichtet ist, das die Parallelität zwischen Mikrokosmos und Makrokosmos in den Vordergrund stellt. Diese Auffassung geht auf die Tabula Smaragdina[1] von Hermes Trismegistos (etwa 2. Jahrhundert vor Christus) zurück, die besagte:

> »Dasjenige, welches unten ist, ist gleich demjenigen, welches oben ist: Und dasjenige, welches oben ist, ist gleich demjenigen, welches unten ist, um zu vollbringen die Wunderwerke eines einzigen Dinges.«

Das Enneagramm zeigt als kosmisches Diagramm, auf welch vielfältige Weise die Gesetze des Kosmos auf der Erde wirken. Das Sonnensystem, das aus neun Planeten und der Sonne besteht, kann im Enneagramm auf vollkommene Weise abgebildet werden, wobei das kosmische Symbol aufzeigt, wie Mikrokosmos und Makrokosmos, das Große und das Kleine einer harmonischen Struktur folgen.

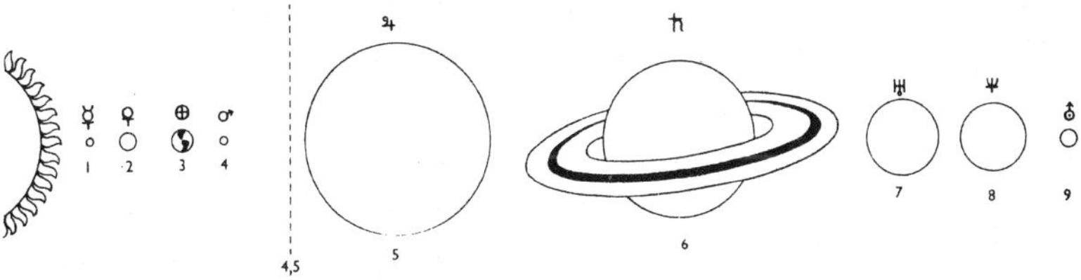

Abb. 31: Die Planeten unseres Sonnensystems
1 Merkur; 2 Venus; 3 Erde; 4 Mars; 5 Jupiter; 6 Saturn; 7 Uranus; 8 Neptun; 9 Pluto

Als mein Lehrer hörte, daß ich dieses Buch über das Enneagramm schreibe, gab er mir als wichtigsten Ratschlag für diese Arbeit mit, daß ich besonders die kosmischen Bezüge des Enneagramms betonen sollte. Seiner Ansicht nach machen sie das Wesen des Enneagramms aus. Mir waren bislang gerade diese Bezüge immer etwas dunkel geblieben, und zunächst hielt ich diese Aufforderung für eine der berühmt berüchtigten Gurdjieffschen Aufgaben, sich immer gerade mit dem zu beschäftigen, was einem am schwersten fällt. Beim fortlaufenden Studium dieser kosmischen Bezüge des Enneagramms wurde mir klar, daß in dem Hinweis meines Lehrers mehr als nur die Aufforderung zur Durchbrechung meiner Denkfaulheit lag. Ich weiß jetzt, daß das Enneagramm in seiner vollen Dynamik einzig vor dem Hintergrund der Gurdjieffschen Kosmologie zu verstehen ist. Klammern wir dieses auf den ersten Blick etwas theoretisch und spekulativ erscheinende Wissen aus, dann erstarrt sehr leicht unsere Sicht und unser Gebrauch des Enneagramms. Das Enneagramm wird zu einem toten Symbol.

Viele Lehrer des Vierten Wegs stellen das Enneagramm als ein Schöpfungsmodell dar. Mit Hilfe des so präsentierten Diagramms versteht der Schüler nicht nur, wie unsere Schöpfung vom Kosmos bis hin zu den subatomaren Teilchen gebildet wurde, sondern auch wie die Gesetze der Schöpfung noch heute allerorten wirken. Dazu kommt, daß uns das Enneagramm die Ordnung und somit das dynamische Prinzip der Schöpfung verdeutlicht. Diese Gesetze und die Ordnung der Schöpfung möchte ich nun an Hand des Enneagramms genauer untersuchen.

Das Universum als Lebewesen

Wenn wir die Parallelität zwischen dem Menschen und dem Kosmos betrachten, können wir einmal die kosmische Dimension des Menschen betonen und zum anderen die menschliche Dimension des Kosmos.

Die kosmische Dimension des Menschen wurde besonders in der Lehre von den Energiezentren des Menschen hervorgehoben, die im inneren Siebeneck des Enneagramms angeordnet sind. Dort entspricht astrologisch:

- dem Wurzel-Chakra (Muladhara) die Achse Krebs – Steinbock
- dem Sexual-Chakra (Svadhishthana) die Achse Stier – Skorpion
- dem Solarplexus-Chakra (Manipura) die Achse Widder – Waage
- dem Herz-Chakra (Anahata) die Achse Löwe – Wassermann
- dem Kehl-Chakra (Vishuddha) die Achse Jungfrau – Fische
- dem Kronen-Chakra (Sahasrara) würde ich die Sonne – als Symbol der höchsten Bewußtseinsebene – zuordnen.[2]

Daß der menschliche Körper dem Kosmos nachgebildet ist, besagt schon der im *Beelzebub* von Gurdjieff für unseren menschlichen Leib verwendete Ausdruck »planetischer Körper«.

Die menschliche Dimension des Kosmos wurde in den letzten Jahren besonders durch die Gaia-Hypothese des britischen Wissenschaftlers James Lovelock betont, der die sogenannte Geophysiologie begründete. Sie betrachtet die Nerven, Blutbahnen und Sehnen unseres Planeten. Dieser wissenschaftliche Ansatz ist jedoch nicht nur für unseren Planeten gültig, sondern auch auf unseren gesamten Kosmos anwendbar.

Seit der *Kabbala* und dem dogmatischen Werk *De Principiis* des frühchristlichen gnostischen Philosophen Origenes (185–253/4) wird das Universum als riesiger Organismus betrachtet, dessen Seele Gott ist. Darauf aufbauend geht die esoterisch-gnostische Tradition bis heute davon aus, daß wir als Menschen den Körper des Universums von innen sehen, eben aus der Perspektive eines kleinen Teiles dieses Universums selbst.

So wie das Enneagramm den Menschen in all seinen dynamischen Aspekten erfassen kann, so beschreibt es auch »das kosmische Wesen« in all seinen Bewegungen. Um das zu verstehen, müssen wir an dieser Stelle kurz einen Blick auf die Entstehung des Kosmos, das heißt auf die Schöpfung werfen.

Die Schöpfung und die Zeit

Nach den Schulen des Vierten Weges stellt die Schöpfung ein Selbstopfer Gottes dar. Das ist eine Ansicht, die von der Tradition des orthodoxen Christentums geteilt wird. Gott als unmanifestierte oder potentielle Kraft wird zur manifestierten oder wirkenden Energie, wobei er seine Unbegrenztheit und Freiheit von allen Bedingungen verliert. Durch den Akt der Schöpfung opfert die schöpfende

Kraft ihre grenzenlose Freiheit. Die Schöpferkraft stellt sich durch diesen Schöpfungsakt unter das Gesetz der Drei und wird in der christlichen Symbolik entsprechend als Auge Gottes im Dreieck symbolisiert, während es im Enneagramm seinen Ausdruck in dessen göttlichem Dreieck findet.

Die Schöpferkraft unterwirft sich also mit dem Schöpfungsakt den drei Gesetzen von Raum, Zeit und einer ausgleichenden Kraft. Somit sind die drei grundsätzlichen Lebensprinzipien als passiv (Raum), aktiv (Zeit) und neutral (die dritte Kraft oder Bindekraft) gegeben.

Auf der Ebene des Enneagramms bilden die drei Dreieckspunkte (Enneagramm-Punkt 3, 6 und 9) die drei Tertiale des Enneagramms, in denen sich jeder Vorgang auf der Erde abspielt:

- Am Enneagramm-Punkt 3 finden wir die parasympathische Struktur des kosmischen Wesens, die seine automatisch ablaufenden Funktionen leitet.
- Am Enneagramm-Punkt 6 steht die sympathische Struktur dieses kosmischen Lebewesens, die seine unbewußten Funktionen steuert.
- Am Enneagramm-Punkt 9 steht die cerebrospinale Funktion des Kosmos, die sein Bewußtsein ausdrückt.

Anders ausgedrückt, finden im Raum (Enneagramm-Punkt 3) die automatisch ablaufenden Vorgänge statt, in der Zeit (Enneagramm-Punkt 6) die unbewußten Vorgänge und die ausgleichende dritte Funktion (Enneagramm-Punkt 9) sorgt dafür, daß unser Kosmos bestehen bleibt und die beiden Kräfte von Raum und Zeit ihn nicht zerstören. Denn so wie Chronos/Saturn seine Kinder frißt, so zerstört die Zeit alles Geschaffene, wenn ihr nichts in den Weg gestellt wird. Schon bei den Assyrern und Babyloniern galt Saturn als »der Todbringer«. Bei den Griechen und bis in den heutigen Volksglauben hinein wurde Saturn/Chronos der Lebensverschlinger genannt.

Damit also die Zeit nicht die gesamte Schöpfung wieder zerstört, muß neben der Bindekraft das Gesetz der Sieben als zweite Ursache in die Schöpfung eintreten.

Dieses Gesetz der Sieben stellt eine Voraussetzung dar, um den destruktiven Einfluß der Zeit zu neutralisieren. Während das Gesetz der Drei eine natürliche Folge des Schöpfungsaktes ist, erkennen wir im Gesetz der Sieben eine künstlich eingeführte Bedingung. Wäre dieses Gesetz der Sieben nicht vorhanden, dann hätten die drei Schockpunkte des Enneagramms niemals eine begonnene Bewegung in ihrer zielgerichteten Bahn halten können, denn sie wäre sozusagen an der Zeit gestorben.

So stellt Gurdjieff im *Beelzebub* die kosmischen Bedingungen dar, die zu unserem Universum führten. Das sind die Gesetze, die dem Enneagramm als kosmisches Symbol zu Grunde liegen. Hat Gurdjieff das Gesetz der Drei sehr ausführlich und exakt behandelt, so halte ich seine Ausführungen zum Gesetz der Sieben eher für spärlich.

Auf das Enneagramm bezogen besagt das Gesetz der Sieben (das dem Gesetz der Oktave in der Musik entspricht), daß ein Prozeß vom Enneagramm-Punkt 1 bis zum Enneagramm-Punkt 7 durchlaufen werden muß, um zu seinem Ziel zu gelangen. Am Enneagramm-Punkt 7 ist das Ziel erreicht. Die Enneagramm-Punkte 8 und 9 gehen über das Ziel hinaus und stellen sozusagen eine Vervollkommnung des Zieles dar, die schon der neuen Oktave verbunden sind.

Um das Ziel auf diesem Weg zu erreichen, bedarf es der beiden Schockpunkte 3 und 6, wie ja auch die Tonleiter nach dem dritten und vor dem letzten Ton einen Halbtonschritt aufweist.

Mit den ersten sieben Enneagramm-Punkten mit ihren beiden Schockpunkten ist ein Zyklus vollendet. Weil die Zeit nun in verschiedene Zyklen aufgespalten worden ist, spricht man in den Schulen des Vierten Weges von »der Krümmung der Zeit«. Das bedeutet, daß die Zeit nicht als durchgehende lineare Bewegung angesehen wird, sondern als zyklischer Vorgang: Nach sieben Schritten ist ein

Ziel erreicht, zwei weitere Schritte bilden den Übergang zu einem neuen Zyklus, der dann am Enneagramm-Punkt 9 mit neuer Energie beginnt. Es stirbt etwas, damit etwas Neues geboren wird: ein Zyklus löst den anderen ab und diese Reihe setzt sich bis ans Ende der Zeiten fort.

Gurdjieff nahm an, daß diese Krümmung der Zeit vom Schöpfer bewußt eingeführt wurde, um seine Schöpfung nicht wieder enden zu lassen.

Der Schöpfungsstrahl

Physikalisch betrachtet drückt das Gesetz der Drei die Verhältnisse in geschlossenen Systemen aus. In ihnen geht keine Energie verloren und es wird keine neue Energie hinzugewonnen. Das Gesetz der Sieben dagegen entspricht dem Gesetz der Umkehrbarkeit, nach dem bei jedem Energieaustausch immer so lange Energie verloren geht, bis schließlich ein unbeweglicher Gleichgewichtszustand erreicht ist. In der modernen Physik werden diese beiden Gesetze als erstes und zweites Gesetz der Thermodynamik bezeichnet. Hingegen stellt das Gesetz der Sieben für Gurdjieff das Bewegungsgesetz des kosmischen Lebewesens dar. Dieses Bewegungsgesetz wird in seinen dem Enneagramm folgenden Bewegungen oder heiligen Tänzen (movements) klar wiedergegeben.

Um nun konkret zu den Planeten im Enneagramm zu kommen, müssen wir uns vorher kurz die Stellung der Planeten, der Sonne und des Mondes in der Schöpfung anschauen.

Die gesamte Schöpfung wird nach den Schulen des Vierten Wegs in sieben Abschnitte unterteilt:

- Der erste Abschnitt stellt die Einheit, das Absolute oder Gott – wenn man so will – dar.
- Der zweite Abschnitt beinhaltet alle Welten, die es gibt.

– Mit dem dritten Abschnitt treten wir in unsere Welt ein, indem hier das System der Milchstraße wiedergegeben wird.
– Mit dem vierten Abschnitt sind wir bei der Sonne angelangt.
– Der fünfte Abschnitt beinhaltet die Ebene der Planeten unseres Sonnensystems.
– Der sechste Abschnitt enthält unsere Erde.
– Der siebte Abschnitt beherbergt den Mond.

Diese Ordnung der Schöpfung wird der siebenfältige Schöpfungsstrahl (oder kurz: der Schöpfungsstrahl) genannt. Dieser kann als Verbildlichung verschiedener Bewußtseinszustände angesehen werden, die sich vom fast undenkbar höchsten Bewußtsein (das Absolute) bis zum Unbewußten (der Mond) spannen.

Bei der Zuordnung der Planeten zum Enneagramm werden wir uns jetzt im weiteren Verlauf dieses Kapitels mit den letzten vier

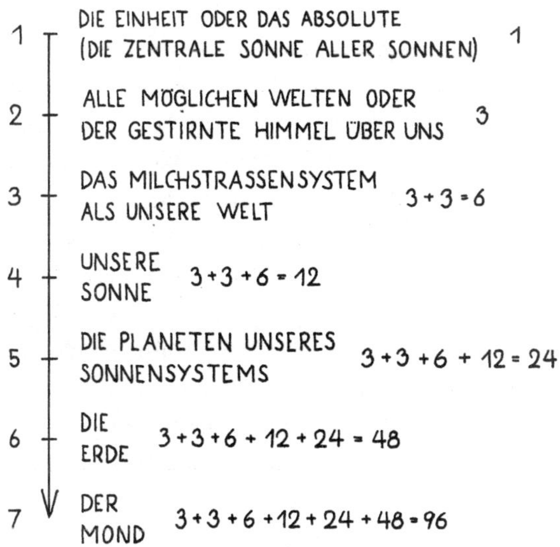

Abb. 32: Der Schöpfungsstrahl

Abschnitten des Schöpfungsstrahls beschäftigen und zwar mit den Abschnitten vier, fünf, sechs und sieben.

Der Schöpfungsstrahl, wie er von der Einheit bis hinunter zum Mond absteigt, gibt einen Verlust von Freiheit und Macht wieder. Je tiefer wir auf diesem Schöpfungsstrahl hinabsteigen, um so mehr Gesetzen unterliegen wir:

- Die Einheit oder das Absolute unterliegt einzig ihrem eigenen Gesetz, das vom Mittelpunkt des Kreises im Enneagramm symbolisiert wird.
- Alle Welten unterliegen dem Gesetz der Drei, das von dem gleichseitigen Dreieck im Enneagramm veranschaulicht wird.
- Unser Milchstraßensystem unterliegt dem Gesetz der Sechs, welches dem Hexagramm des Enneagramms entspricht.
- Unsere Sonne unterliegt zwölf, unsere Planeten 24, unsere Erde 48 und der Mond 96 grundlegenden Gesetzen.

Mir scheinen diese Zahlen von ihrem exakten Zahlenwert her nicht so wichtig zu sein; bedeutsam ist vielmehr zu sehen, daß jeder Schritt in der Schöpfung hinab in niedrigere Welten einen bedrängenden Verlust von Freiheit darstellt und daß bis zu uns Erdbewohnern erschreckend wenig Freiheit übrig bleibt.

Bei dem siebenfältigen Schöpfungsstrahl spielen wieder die beiden Schockpunkte des Enneagramms eine wichtige Rolle: Die Welt 6 (unsere Erde) ist nämlich von der Endlichkeit bestimmt, während die Welt 3 (die der Milchstraße) noch vom Unendlichen bestimmt wird.

Die Struktur des siebenfältigen Schöpfungsstrahls wird nicht nur von den Schulen des Vierten Wegs angenommen. Auch der englische Rosenkreuzer Robert Fludd (Robertus de Fluctibus, 1574–1634), der als Alchimist der kabbalistischen Kosmologie nahe stand, nahm eine vergleichbare, mathematisch ausgedrückte Harmonie des Universums an. In dieser kosmischen Harmonie stand ebenfalls unsere Sonne genau in der Mitte zwischen der Schöpferkraft der Einheit und der Erde bzw. dem Mond.

Dieses ist nur eine der vielen Parallelen zwischen alchimistischem Denken und den Schulen des Vierten Wegs. Beide Traditionen lieben Diagramme und die Mathematik zur Darstellung mikro- und makrokosmischer Abläufe. Diese Haltung tritt uns ganz unerwartet in der deutschen Romantik wieder entgegen, indem Novalis (der Dichter Friedrich Leopold Freiherr von Hardenberg, 1772–1801) kurz und bündig sagt: »Gott ist Mathematik.«

Wenn wir aus unserer Sicht den Schöpfungsstrahl noch einmal betrachten, erkennen wir in den drei Abschnitten dieses Strahls (Sonne, Planeten, Erde/Mond) wieder das Gesetzt der Drei.[3] Dabei gibt die Sonne die Lebensenergie, die Planeten stellen deren Form bereit und die Erde das zu formende Material.

Die Zuordnung der Planeten

Gurdjieff betrachtete die Astrologie in Bezug auf den Menschen von dessen Typ oder Wesenskern her und nicht ausgehend von dessen erworbener Persönlichkeit. Diese Tatsache ist eine bedeutsame Voraussetzung zum Verständnis der Planetenzuordnungen im Enneagramm.

Je nach dem erkenntnisleitenden Interesse gibt es verschiedene Möglichkeiten, die Planeten den einzelnen Enneagramm-Punkten zuzuordnen. Ich persönlich arbeite mit einem System, das die Sonne als Mittelpunkt des Enneagrammkreises annimmt und die einzelnen Planeten den Enneagramm-Punkten 1 bis 9 gemäß der astronomischen Abfolge ihrer Bahnen zuordnet. Diese Anordnung geschieht vom sonnennächsten Planeten, Merkur, auf Enneagramm-Punkt 1 bis zum sonnenfernsten Planeten, Pluto, auf Enneagramm-Punkt 9.

Zu dieser Sichtweise bin ich von der amerikanischen Astrologin Patrizia Norelli-Bachelet inspiriert worden. Ich halte ihre weitgehend in Vergessenheit geratene *Astrologie des Zukunftsmenschen*[4] für eine sehr durchdachte astronomisch-astrologische Betrachtungsweise des Enneagramms, die nur leider extrem leserunfreundlich geschrieben wurde.

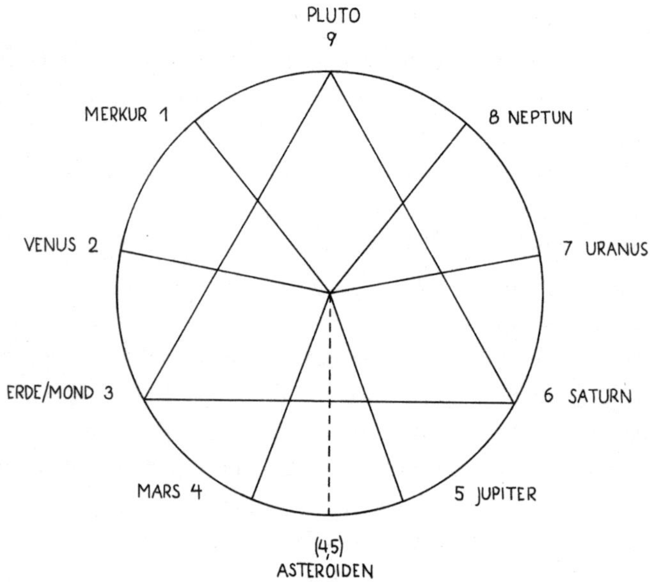

Abb. 33: Norelli-Bachelets System der Planetenzuordnung

Im Gegensatz dazu liest sich die ebenfalls sehr astronomisch ausgerichtete Studie von Rodney Collin sehr leicht. Collins Planetenzuordnung zum Enneagramm geht von dem Weg des Lichts (der Reflexion der Planeten) aus, was meines Erachtens eine sehr schöne Idee darstellt, die aber nicht gerade zu einem eleganten Zuordnungsmodell führt. Allerdings liegt hier auch keineswegs der Schwerpunkt von Collins sehr sorgfältigem Werk. Es geht ihm, wie allen Lehrern des Vierten Weges, um Mittel und Wege, den Menschen zu erwecken.

Collins Studie entstand Ende der sechziger, Norelli-Bachelets Studie Anfang bis Mitte der siebziger Jahre. Erstaunlicherweise ist seitdem (mit Ausnahme des Systems des RADs von Arnold Graf Keyserling) keine Untersuchung zur enneagrammatischen Astrologie mehr erschienen, was um so mehr verwundert, da beide Werke seit Jahren vergriffen sind.

Das von mir vorgestellte Zuordnungsmodell ist weder identisch mit dem von Norelli-Bachalet – es verhält sich spiegelsymmetrisch zu diesem Modell –, noch mit dem von Rodney Collin – zu diesem Modell bestehen die gravierenden Unterschiede in der Besetzung der Enneagramm-Punkte 3, 6 und 9.

Wie die Abbildung 34 zeigt, werden die Planeten den einzelnen Enneagramm-Punkten aus heliozentrischer Sicht zugeordnet. Das bedeutet, sie werden gemäß der realen astronomischen Verhältnissen unseres Sonnensystems gesehen. Die Mitte dieses Systems bildet die Sonne, und dann folgen die Planeten gemäß des Abstands ihrer Bahn von der Sonne. So ergibt sich die Reihenfolge: Merkur, Venus, Mond und Erde als zusammengehörige Himmelskörper (worauf ich in diesem Kapitel noch ausführlich eingehen werde), Mars, Jupiter, Saturn, Uranus, Neptun und als sonnenfernster Planet Pluto. An den Dreiecksspitzen (den Enneagrammpunkten 3, 6 und 9) befinden sich die prägnantesten Planeten unseres Sonnensystems.

Am Enneagramm-Punkt 3 steht die Erde mit ihrem Trabanten, dem Mond, als derjenige Planet, auf dem sich das menschliche Leben als höchste Stufe allen Lebens reinkarniert hat. Am Enneagramm-Punkt 6 liegt der Saturn, der Hüter der Schwelle, als der letzte von der Erde mit dem bloßen Auge auszumachende Planet. Der Mond auf dem Enneagramm-Punkt 3 und der Saturn auf dem Enneagramm-Punkt 6 sind auch astronomisch insofern verwandt, da der Mond 29 Tage für eine vollständige Runde durch den Tierkreis benötigt und der Saturn 29 Jahre.[5]

Vom Enneagramm-Punkt 1 bis zum Enneagramm-Punkt 6 finden wir die persönlichen Planeten im Enneagramm angeordnet. Die klassische Astrologie betrachtet alle diesseits von Saturn liegenden

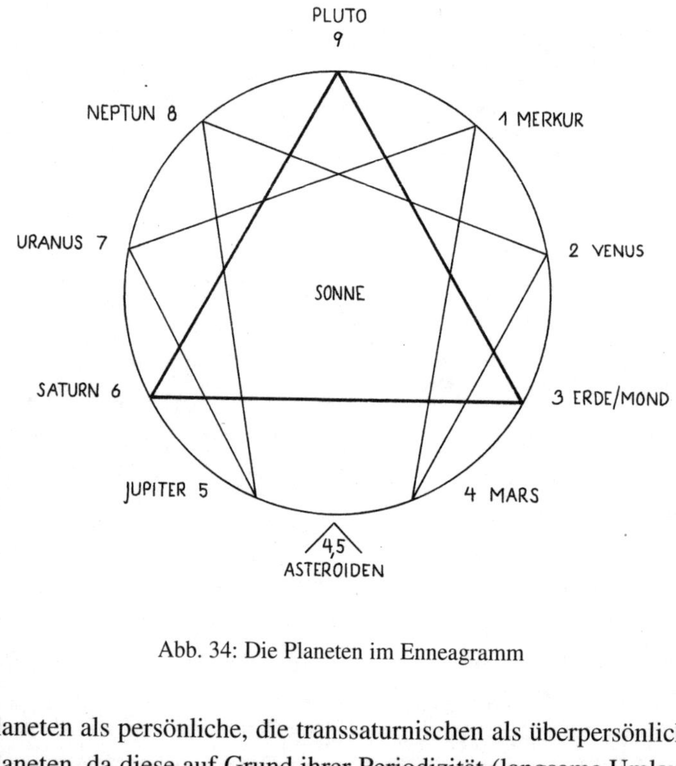

Abb. 34: Die Planeten im Enneagramm

Planeten als persönliche, die transsaturnischen als überpersönliche Planeten, da diese auf Grund ihrer Periodizität (langsame Umlaufgeschwindigkeit) eher Generationen und Zeitalter beherrschen. Die diesseits von Saturn liegenden klassischen Planeten beeinflussen wegen ihres schnellen Umlaufs das Leben des einzelnen Individuums.[6] Am Enneagramm-Punkt 9 steht Pluto, der fernste Planet unseres Sonnensystems, von dem die klassische Astrologie annimmt, daß sein Einfluß auf die Menschen beziehungsweise die Erde am feinsten und subtilsten ist. Ich ordne also Erde/Mond, Saturn und Pluto den drei Schockpunkten des Enneagramms zu.

Um die praktische Seite dieses planetarischen Gesetzes der Drei zu verdeutlichen, möchte ich eine Stelle aus meinem Tagebuch zitieren:

»Wenn ich normalerweise eine Entscheidung zu fällen habe, bin ich vollkommen von meinen Assoziationen zu der entsprechenden Sachlage abhängig. Diese im Grunde relativ zufälligen Assoziationen binden mich an meine mechanistischen Verhaltensweisen und machen mich weitgehend von einer Mischung aus dualistischem Denken und Fühlen abhängig. Ich bleibe also in meinen engen Begrenzungen an meine Erfahrungen gebunden.
Vorige Woche konnte ich feststellen, daß diese Begrenzungen in Entscheidungssituationen zu überwinden sind. Nachdem ich mir die Pros und Kontras für die Trennung von X klar gemacht habe, setzte ich mich hin und versuchte mich völlig entspannt meiner selbst zu erinnern. Als ich die Körperströme in meinem Inneren fühlte und eine Zeitlang um die Entspannung gekämpft hatte, bat ich eine mir unbekannte Kraft um eine Eingabe. Ich habe mich sozusagen jener dritten Kraft angeboten, daß sie in mir und durch mich wirkt. Heute, nach dem Aufwachen, war mir plötzlich meine Entscheidung klar.
Die sogenannte unsichtbare Bindekraft hat gewirkt und mir zu einer Einsicht verholfen, die über mein begrenztes dualistisches Denken hinausgeht. Zugleich wurde mir klar, daß ich diese dritte Kraft nicht willentlich herbeidenken oder anderweitig herbeizwingen kann. Ich kann mich ihr nur öffnen. Das ist die gleiche Haltung, die der Volksmund kennt, wenn er sagt, ein Problem müsse erst einmal überschlafen werden.
Die dritte Kraft bringt eine neue Dimension in die Sichtweise

einer Entscheidung, und sie läßt uns über unsere mechanischen Reaktionensweisen hinauswachsen. Außerdem gibt sie uns die emotionale Sicherheit, die nötig ist, um die anliegende Entscheidung unbeirrt durchführen zu können. So wirkt das kosmische Gesetz der Drei im Menschen und läßt ihn in der Einheit mit den kosmischen Rhythmen leben. Jetzt verstehe ich auch den Spruch: Aller guten Dinge sind drei!«

Soweit meine Tagebucheintragung. Wenn wir diese Einsicht nun unter dem Aspekt der drei Planeten an den drei Schockpunkten des Enneagramms betrachten, dann entsprechen die Erde und der Mond den realen Gegebenheiten und unseren Gefühlen, von denen wir uns oft passiv abhängig fühlen. Das sind die »Pros«, diejenigen passiven Elemente einer Entscheidung, die am liebsten alles beim Alten lassen. Die »Kontras« entsprechen dem Saturn, der uns zur Wahrheit zwingt und uns im Grunde über die Schwelle in den Bereich des Anderen und Neuen locken möchte. Die unsichtbare, subtile Bindekraft, die wir während der Stille der Selbstbeobachtung zu uns einladen, wird durch Pluto symbolisiert. Er stellt die eigentliche transformatorische Kraft dar, ohne die jede Entscheidung unbefriedigend bleibt. Mit Pluto als überpersönlichem Planeten wachsen wir über unser begrenztes Ich hinaus und stellen uns in einen größeren, kosmischen Zusammenhang.

Das, was bei einer Entscheidung in unserem Inneren geschieht, ist die Widerspiegelung kosmischer Abläufe. Wir funktionieren genauso wie das große kosmische Wesen – oder wie die Holographie sagt: Jeder Teil eines Ganzen ist von weitgehend der gleichen Struktur geprägt wie das Ganze selbst.

Zugleich ergibt sich bei meiner Planetenzuordnung, daß in der »Problemzone des Enneagramms«, dem Bereich zwischen den Enneagramm-Punkten 4 und 5, den wir als »die Nachtmeerfahrt des Helden« kennzeichneten, der Asteroiden-Gürtel liegt. Er befindet sich gemäß meines Zuordnungssystems genau auf dem Punkt 4,5.

Dieser Punkt ist kein Enneagramm-Punkt, obwohl er im Enneagramm als eine unsichtbare, schwer zu überschreitende Grenze eine große Rolle spielt. Das Besondere des Asteroiden-Gürtel ist, daß er kein auskristallisiertes Zentrum besitzt.

Das kosmische Wesen spiegelt uns im Asteroiden-Gürtel unsere oft unfaßbaren negativen Stimmungen und Launen wider, die wir als Zweifel und Lebensängste kennen. Diese psychischen Strukturen sind nicht auskristallisiert (das heißt, sie haben sich – zum Glück – noch nicht verfestigt), wir können sie nicht fassen, sondern leiden meist passiv unter den von ihnen ausgehenden Begrenzungen. Besonders das, was die Psychotherapie freiflottierende Ängste nennt, gehört hierher – eben all diejenigen Strukturen, die uns unfaßbar erscheinen.

Enneagramm-Punkt 1: Merkur

Am sonnennächsten befindet sich in unserem Sonnensystem der kleine Planet Merkur. Merkur ist, in der Heilungsrichtung des Enneagramms gesehen, mit Uranus (Enneagramm-Punkt 7) verbunden, der als seine Oktave betrachtet wird.

Mit Merkur beginnt das Enneagramm der Planeten unseres Sonnensystems, wobei hier mythologisch zu beachten ist, daß Merkur kein Gott ist, sondern nur der Bote der Götter. Auf die Götter und Göttinnen treffen wir erst ab dem Enneagramm-Punkt 2.

Als Schutzpatron der Kaufleute entspricht dieser Archetyp genau dem Enneagramm-Typ 1, den wir als den »Unternehmer« kennzeichneten. Merkur ist eng der Materie verbunden und steht so folgerichtig gleich zu Beginn des ersten Tertials, in dem es um die Auseinandersetzung mit allem Materiellen geht. Diese Assoziation von Merkur mit der Materie geht auf uralte Zeiten zurück: Schon in altägyptischer Zeit galt Merkur (Thot) als Symbol der Materienmanipulation. In unserer abendländischen Kultur wurde Merkur als der

Gott der Alchimie, der Kunst der Materieumwandlung betrachtet. Letztendlich ist die Umwandlung des eigenen Körpers hiermit gemeint. Gurdjieff war davon überzeugt, daß sich auf unserem Entwicklungsweg ein Bewußtseinsfortschritt immer auch körperlich ausdrückt. Durch die spirituelle Entwicklung ändert man sich bis in die Zellstruktur hinein.

Von den Bewegungsenergien des Enneagramms finden wir im ersten Tertial die höchste Bewegungs- oder Reaktionsgeschwindigkeit. Merkur paßt so gut wie kein anderer Planet an diese Stelle, da er nicht nur astronomisch gesehen der schnellste aller Planeten ist, sondern auch mythologisch als der schnellste Reisende charakterisiert wird.

Die schnelle Reise des Merkur kann man jedoch nur selten beobachten, denn Merkur ist von allen mit dem bloßen Auge zu betrachtenden Planeten am seltensten sichtbar. Die Dauer seiner Sichtbarkeit beträgt in Mitteleuropa pro Jahr nur etwa 15 bis maximal 18 Stunden.

Enneagramm-Punkt 2: Venus

Der Enneagramm-Punkt 2 ist mit dem Enneagramm-Punkt 8 verbunden, der seine Oktave darstellt. In der Astrologie findet die Venus in Neptun ihre höhere Oktave.

Ferner ist die Venus am Enneagramm-Punkt 2 mit dem Mars am Enneagramm-Punkt 4 verbunden. Venus und Mars gehören mythologisch als das große Liebespaar zusammen. Astrologisch sind Mars und Venus dadurch untrennbar, da sie die beiden komplementären Zeichen Waage und Widder beherrschen. Das bedeutet, sie liegen als Herrscher ihres jeweiligen Zeichens auf einer Horoskopachse.

Die Venus hält sich wie der Merkur immer in relativer Nähe zur Sonne auf und ist von ihrer archetypischen Bedeutung dem Mond verwandt. Beide Himmelskörper – Venus und Mond – symbolisieren die Gefühlsseite des Menschen.[7] So steht die Venus folgerichtig auf dem Enneagramm-Punkt 2 am Übergang zum Bereich des Mondes.

Venus und Merkur an den beiden ersten Enneagramm-Punkten unterscheiden sich von allen anderen Planeten unseres Sonnensystems dadurch, daß sie einen periodischen Wechsel ihres Auftretens als Morgen- und Abendstern aufweisen. Da die Venus tiefenpsychologisch die gestalterische Kraft des Menschen symbolisiert, steht sie folgerichtig am Enneagramm-Punkt 2, dem wir den Typ des »Gestalters« zugeordnet haben.

Enneagramm-Punkt 3: Erde und Mond

Für Gurdjieff stellt unser Planet Erde, den er »Fegefeuer« zu nennen pflegt, das Herz des Weltraums dar, an dem sich alle Resultate (aller existierenden Formen im Weltall) konzentrieren.

Wie wir bei der Typenlehre des Enneagramms sahen, tritt am Enneagramm-Punkt 3 oder dem ersten (mechanischen) Schockpunkt das Gefühl als neue Qualität in den Kreis. Das Gefühl oder die Psyche ist untrennbar mit dem Mond verbunden, der, nach astrologischer Auffassung wie auch nach den Ansichten der Schulen des Vierten Weges, unsere Stimmungen und Launen beeinflußt. Der Volksglaube und die Volksmedizin wußten schon immer von dieser emotionalen Abhängigkeit der Menschen vom Mond.

Nach der Meinung Gurdjieffs sind Erde und Mond untrennbar miteinander verbunden, indem der Mond sich von den Gefühlen der Menschen ernährt.

Dies ist eine Ansicht der Kosmologie Gurdjieffs, die zunächst einmal einen emotionalen Widerstand hervorruft, da sie den Menschen als ein vom Mond ausgebeutetes Wesen charakterisiert. Immer, wenn es in einer Gurdjieff-Gruppe an diesen Punkt kommt, werden große Widerstände der Gruppenmitglieder sichtbar. Man will nicht Futter des Mondes sein, das geht gegen die menschliche Ehre und Würde.

In weitzurückliegenden Zeiten wurde, nach den Ausführungen im *Beelzebub,* die Erde von einem großen, wandernden Planeten mit Namen Kondoor getroffen. Dies geschah durch die fehlerhaften Berechnungen eines bestimmten heiligen Wesens, das sich auch irren kann. Auf die damals noch unbewohnte Erde prallte der Komet Kondoor derart stark auf, daß zwei große Teile von ihr herausgesprengt und in eine geozentrische Umlaufbahn gebracht wurden. Der eine dieser Teile, der uns hier interessiert, war der Mond, der andere wird von Gurdjieff Anulios genannt.

Nun war guter Rat teuer, denn der durch diese kosmische Katastrophe entstandene Mond brachte die Harmonie des Sonnensystems in Unordnung. So wurde schnell der kosmische Ingenieur und Erzengel Sakaki beauftragt, wieder ein Gleichgewicht im Kosmos herzustellen. Sakaki wählte als geniale Lösung, den Mond durch die heilige Schwingung, die Gurdjieff »Askokin« nennt, zu stabilisieren. Askokin ist eine Schwingung, die beim Tod lebender Organismen ausgesandt wird. So schuf Sakaki als lebende Organismen die verschiedenen sterblichen Wesen auf der Erde, auf daß sie bei ihrem Tod den Mond durch ihre Schwingung stabilisierten. Aus diesen sterblichen Wesen entwickelte sich schließlich die Menschheit.

Nun befürchtete unser kosmischer Ingenieur, daß mit zunehmender Bewußtseinsentwicklung die Menschheit sich kollektiv gegen die Ausbeutung durch den Mond auflehnen könnte. Wenn die Menschen erkennen würden, daß ihr ganzes Leiden und ihr Lebenskampf nur dazu dienen, den Mond zu stabilisieren, war das Schlimmste zu befürchten. Sakaki ging in seinen Vorstellungen sogar so weit, daß er sich einen Massenselbstmord der Menschen vorstellte. Das mußte unbedingt verhindert werden. So pflanzte er dem Menschengeschlecht ein Organ ein, das Gurdjieff in Anlehnung an die indische Kundalini »Kundabuffer« nannte. Dieses Organ Kundabuffer verhindert, daß der Mensch seine Situation klar erkennen kann. Damit begann der Schlaf der Menschen.

Nun diente der Mensch blind und unbewußt dem Mond. Der Mond saugte gierig wie ein Baby an dem Leben der Erde – jedoch keineswegs aus Bosheit oder Aggression, sondern aus der kosmischen Notwendigkeit heraus, sich zu entwickeln. Als der Mond sich endlich mehr oder weniger zu stabilisieren begann, entfernte Sakaki das Organ Kundabuffer sogleich wieder. Allerdings ohne großen Erfolg: Die Menschen waren nämlich inzwischen von dem Mond genauso abhängig geworden wie der Mond von ihnen. Ob mit oder ohne Kundabuffer – nichts änderte sich im Verhalten der Menschen. Um wieder zum bewußten Menschen zu werden, bedarf es der »Arbeit«, ohne diese Bemühung leben wir weiterhin in sklavischer Abhängigkeit vom Mond.

Soweit Gurdjieffs Ausführungen. Ich möchte nicht gleich der postmodernen Haltung entsprechend den Gurdjieffschen Mond mit dem Unbewußten oder mit Freuds Es gleichsetzen, sondern zunächst einmal im astronomisch-kosmologischen Bereich bleiben.

Wie in der Gurdjieffschen Auffassung gilt auch in der Wissenschaft und im Mythos der Mond als Kind der Erde. Im 19. Jahrhundert wurde die wissenschaftliche Theorie entwickelt, daß der Mond als losgesprengter Teil der Erde in einer kosmischen Katastrophe gebildet wurde. Diese Vorstellung prägte letztendlich schon den griechischen Mythos, der besagt, daß die Mondgöttin Selene von der Titanin Theia – der Erde – geboren wurde.

Wie dem auch sei, der Mond als Satellit der Erde ist von der Erde abhängig – schon allein durch seine Umlaufbahn um unseren Planeten. Ungewöhnlich ist allerdings, daß der Mond solch eine große Masse darstellt. Seine Masse beträgt nämlich etwa den achtzigsten Teil der Erdmasse. Die Sonne hingegen, von der alle Planeten unseres Sonnensystems abhängen, ist nur für den achthundertsten Teil ihrer Masse verantwortlich.[8] Dazu kommt noch, daß im Vergleich zu der anderer Planeten die Mondbahn überaus nahe um die Erde verläuft. Im übertragenen Sinne könnte man sagen, daß die Erde durch den Mond außerordentlich belastet ist. So nennt der Astrologe Rodney Collin unsere Erde »den am härtesten belasteten Planeten des Sonnensystems«.[9]

Diese große Masse des Mondes wirkt nun physikalisch gesehen wie ein Gegengewicht zur Bewegung der Erde. Der Mond verhält sich zur Erde wie deren Pendelgewicht. Ohne dieses Gegengewicht, so vermuten zumindest die Astrophysiker, würde die Erde nicht mehr in ihrer Umlaufbahn gehalten werden und im weiten Raum des Kosmos verschwinden.

Es ist allgemein bekannt, daß der Mond die Gezeiten des Meeres beeinflußt. Diese Beeinflussung beschränkt sich allerdings nicht alleine auf das Wasser des Meeres, sondern auf alle Flüssigkeiten. Der Mensch, der zu etwa 72 % aus Flüssigem besteht, wird ebenfalls durch den Mond angezogen. Das heißt, die Anziehungskraft des Mondes läßt den Menschen nicht einfach flach auf der Erde wie eine Pfütze zusammenfallen, sondern läßt ihn die Erdanziehung überwinden und aufrecht gehen und stehen.

Als ich in Findhorn lebte, war ich für eine gewisse Zeit Sekretär eines schottischen Mediums, das Durchsagen, die das Enneagramm betrafen, erhielt. In den Wochen, in denen ich für sie ihre Büroarbeit erledigte, war ich mir nie ganz sicher, ob diese alte Dame nun etwas verrückt oder genial war. Sie behauptete, daß das Enneagramm ein Entwicklungsmodell der Menschheitsgeschichte darstelle. Am Enneagramm-Punkt 1 siedelte sie Lemuria an. Die Aufgabe des Menschen war es, sich von Lemuria nach Atlantis (Enneagramm-Punkt 2) zu entwickeln. Diese Entwicklung war mit dem Erlernen des aufrechten Gangs verbunden. In Lemuria wirkte die Erdanziehung auf den Menschen noch stärker als die des Mondes, so daß die damaligen Menschen auf der Erde krochen. In Atlantis hatten die Menschen sich bereits die Mondanziehung zunutze gemacht, was ihnen zum aufrechten Gang verhalf.

Ich finde es heute bemerkenwert, daß diese alte Dame nie etwas von Gurdjieff gelesen hatte und dennoch ähnliche Vorstellungen von der Rolle des Mondes entwickelte. Das zeigt die tiefe archetypische Bedeutung dieser Bilder des Mondmagnetismus.

Der Mond macht es also möglich, daß die Körperflüssigkeiten des Menschen im aufrechten Zustand (gehend, sitzend oder stehend) steigen können.[10] Während beim Blut dieser Steigerungseffekt durch das Pumpen des Herzens verstärkt wird, ist die Lymphflüssigkeit neben der Osmose (den Konzentrationsaustausch zwischen verschieden starken Lösungen) alleine auf die Anziehung des Mondes und auf Körperbewegungen angewiesen.

Eine weitere Ansicht meines Mediums lautete, daß alle Bewegungen des menschlichen Körpers mehr oder weniger als vom Mond abhängig betrachtet werden können. Das entspricht der kühnen Behauptung des Astrologen Rodney Collin, »daß der Mond Bewegungen im Menschen hervorruft, ob es der Mensch nun will oder nicht.«[11] Mit anderen Worten: Jede bewußte, aber vielmehr noch all die unbewußten Bewegungen des Menschen, seine Gewohnheiten und Ticks, alles das steht unter dem Einfluß des Mondes. In den Schulen des Vierten Weges – zu denen auch Rodney Collin gehört – wird die Bewußtseinsentwicklung als die Befreiung von dem Einfluß des Mondes angesehen.

Der Mond ist also der große Magnet der Natur, der alle Lebewesen aufrecht erhält. Seine Anziehungskraft ist etwa dreimal stärker als diejenige aller Planeten zusammengenommen.

Nun wollen wir den Mond selbst betrachten. Im Gegensatz zur Erde ist sein Hauptcharakteristikum, daß es auf ihm absolut keine Bewegung gibt. Auf dem Mond geschieht nichts, dort ändert sich gar nichts. Nicht nur, daß der Erdtrabant keinerlei Wachstum kennt, es gibt auch keinen Wind, keine Jahreszeiten und keinen Niederschlag. Höchstens entsteht einmal eine Staubwolke, wenn ein Meteroit einschlägt – aber das ist schon alles an Bewegung!

Der Mond dreht sich nicht um sich selbst, das bedeutet, er besitzt keine Kraft, die unterschiedliche Materie oder Massen voneinander trennen könnte. Im Grunde macht sich ein Satellit mit seiner auf der Rotation beruhenden Zentrifugalkraft sozusagen von seinem »Elternplaneten« unabhängig. Durch die Zentrifugalkräfte entstehen nämlich Selektionsmechanismen und so der Ansatz zu den ersten eigenständigen Bewegungen auf dem Trabanten. Allerdings ist dazu eine bestimmte Entfernung von dem »Elternplaneten« notwendig, die der Mond noch lange nicht erreicht hat. Er müßte doppelt so weit von der Erde entfernt sein, wie er es heute ist, um eine Eigenrotation zu entwickeln. Der Mond ist also noch völlig unselbständig und abhängig von der Erde. Man könnte ihn als Kind der Erde bezeichnen, das sich genau zwischen Empfängnis und Unabhängigkeit beziehungsweise seiner Emanzipation von den Eltern befindet.

Um sich von der Erde emanzipieren zu können, benötigt der Mond dringend Bewegungen. Nach den Schulen des Vierten Weges versucht er diese Bewegungen durch seine saugenden oder magnetischen Effekte zu bekommen. Er zieht die Energien des organischen Lebens von der Erde weg, um selbst zu wachsen. So erklären sich die Anhänger der Schulen des Vierten Weges in atemberaubender unpolitischer Weise Kriege: Der Mond hat einen großen Hunger und so zieht er Organisches, also Leben, von der Erde weg. Dieses Abziehen des Lebens von der Erde ist vergleichbar dem Blutstrom von der Mutter zum Kind durch die Nabelschnur oder die saugende Bewegung des Kindes an der Mutterbrust.

Mond und Erde sind also als Mutter und Kind engstens miteinander verbunden. Der Mond ernährt sich von der Erde, um ein selbständiger Planet zu werden und aus dem Einflußbereich der Mutter Erde herauszutreten. Aus diesem Grunde stehen Erde und Mond gemeinsam am Enneagramm-Punkt 3. Dieser mechanische Schockpunkt wird durch den Mond, der den mechanischen Bewegungen des Menschen verbunden ist, hervorgerufen. So ist es verständlich, daß der Mond auf der niedrigsten Stufe des siebfältigen Schöpfungsstrahls steht; er ist der kindlichste aller Himmelskörper.

Nach diesen kosmologischen Überlegungen können wir den Mond guten Gewissens unserem Unbewußten gleichsetzen. So schreibt Emma Jung, daß das Unbewußte jeglicher »Bewußtwerdung einen gewissen Widerstand entgegensetzt oder die errungene Bewußtheit wieder zu verdunkeln oder auszulöschen droht.« Sie führt weiter aus, daß vom Unbewußten eine Anziehung ausgeht, »welche ständig stattfindet und mit der Wirkung der Gravitation verglichen werden kann.«[12] Um sich dieser Anziehung zu widersetzen, bedarf es fast übermenschlicher Kräfte. Bis in die sprachlichen Bilder und Vergleiche hinein ähneln sich Gurdjieffs Aussagen über den Mond und Emma Jungs Darstellungen des Unbewußten.

Alles Lebendige, das abstirbt, wird unweigerlich vom Unbewußten angezogen, wo es von jeder Veränderung abgeschlossen ist. C. G. Jung geht ebenfalls davon aus, daß sich im tiefsten Seelengrund, der Ebene des kollektiven Unbewußten, mehr oder weniger nichts ändert. Auf der anderen Seite nährt sich das kollektive Unbewußte ganz langsam von den in das persönliche Unbewußte abgesunkenen Erfahrungen und versucht so, sich über sehr große Zeiträume zu verändern.

Wenn der einzelne Mensch gegen sein Unbewußtes ankämpfen möchte, um sich zu verändern, dann muß er es überlisten. Gelingt ihm das nicht, zieht ihn das Unbewußte in seine alten Verhaltensweisen zurück. Der Kampf gegen den Sog des Unbewußten, den besonders der Jung-Schüler Erich Neumann (1905–1960) betrachtet[13], läßt den Menschen beweglich werden.

Dieses kosmische Unglück, das den Mond und Anulios von der Erde abspaltete, spielte sich an jedem von uns ab. Es ist der Einfluß von Erziehung und Sozialisation, der uns vom noch ganzheitlichen Kind, in dem alle drei Zentren miteinander verbunden sind, zum gespaltenen Erwachsenen werden läßt. Mond und Anulios werden abgespalten, das heißt das Gefühls-, das intellektuelle- und das Bewegungszentrum werden von einander mit dem Ergebnis abgetrennt, daß wir zu einer Spaltpersönlichkeit werden. Solch eine

Persönlichkeit ist passiv ihrem Unbewußten ausgeliefert und weit davon entfernt, sich klar entscheiden und somit einen Willen entwickeln zu können. Das aktive intellektuelle Zentrum sucht sich nicht mehr mit dem passiven Gefühlszentrum zu verbinden und das neutrale Bewegungs- und Instinktzentrum lebt abgespalten und vergessen seine eigene Vorstellungen. So kommt es, daß der Mensch einseitig lebt und sich bei vielen Entscheidungen hin- und hergerissen fühlt und letztendlich von zufälligen Außenweltimpulsen manipuliert wird.

Mit Merkur, Venus und Mond haben wir im ersten Tertial des Planeten-Enneagramms die Himmelskörper aufgeführt, die innerhalb des Orbits der Erde liegen und mit dem bloßen Auge betrachtet werden können. Mit den Enneagramm-Punkten 4, 5 und 6 und den entsprechenden Planeten Mars, Jupiter und Saturn finden wir im zweiten Tertial des Planeten-Enneagramms diejenigen Planeten angeordnet, die außerhalb des Orbits der Erde liegen, aber ebenfalls noch mit dem bloßen Auge betrachtet werden können.

Enneagramm-Punkt 4: Mars

Mit der wechselseitigen Beziehung zwischen Erde und Mond sind wir am ersten Schockpunkt des Enneagramms in die Welt der Psyche und der Gefühle eingetreten. Mars ist, mythologisch gesehen, unter anderem der Planet der Aggression und somit der negativen Gefühle, mit denen man genau hier am Enneagramm-Punkt 4 zu kämpfen hat. Der Mars ist derjenige Planet, der zur Erde die größten Entfernungs-[14] und somit auch die stärksten Helligkeitsschwankungen aufweist. Diese Helligkeitsschwankungen symbolisieren am Enneagramm-Punkt 4 den Kampf zwischen Licht und Finsternis in der menschlichen Psyche. Dazu kommt noch, daß der Mars die komplexeste Bahn aller Planeten hinsichtlich seines Erscheinungsverlaufes und seiner Bewegungsrhythmik aufweist.[15] Dies entspricht der ungeheuren Komplexität der menschlichen Gefühle.

Das zweite Tertial des Planeten-Enneagramms wird von den drei Planeten Mars am Enneagramm-Punkt 4, Jupiter am Enneagramm-Punkt 5 und Saturn am Enneagramm-Punkt 6 gebildet. Alle Planeten dieses zweiten Tertials sind durch eine bestimmte Periodik ihrer Sichtbarkeit gekennzeichnet: Zur Zeit ihrer Konjunktion mit der Sonne bleiben sie unsichtbar. Die drei Planeten folgen dann dem Gang der Sonne und gehen mit ihr auf und unter. Nach einigen Wochen der Unsichtbarkeit werden sie am östlichen Morgenhimmel vor dem Sonnenaufgang sichtbar (heliaktischer Planetenaufgang). Von jetzt ab geht der entsprechende Planet immer früher vor der Sonne auf und ist deutlicher in der zweiten Nachthälfte zu sehen. Ab einem bestimmten Punkt ist er schon vor Mitternacht zu sehen, bis er zuguterletzt abends bei Sonnenuntergang sichtbar wird. Zu dieser Zeit besitzt er seine größte Leuchtkraft und seine beste Sichtbarkeit. Mars, Jupiter oder Saturn beherrschen dann die ganze Nacht. In den folgenden Monaten wird die Zeit ihrer Sichtbarkeit immer kürzer, bis sie nur noch kurz nach Sonnenuntergang zu sehen sind, um letztendlich wieder unsichtbar zu werden. Die rhythmische Wiederkehr der gleichen Stellungen am Himmel wiederholt sich bei Saturn und Jupiter etwa jedes Jahr, bei Mars etwa alle zwei Jahre. Diese Bewegung verbindet die drei Planeten des zweiten Tertials des Enneagramms miteinander.

Punkt 4,5: Der Asteroiden-Gürtel

Der italienische Astronom G. Piazzi entdeckte am Neujahrstag 1801 den ersten Asteroiden oder Planetoiden, den er Ceres nannte. Heute sind mehrere tausend Asteroiden bekannt, die kleine Gestirne darstellen. Die Bahnen aller dieser Asteroiden verlaufen zwischen Mars und Jupiter.

> »Der Asteroiden-Gürtel, die 4,5-Bahn, ist der entscheidende Wendepunkt, wo gewissermaßen die Bremsen angezogen werden, um die aus der Mitte herausschwingende Kraft gewaltsam aufzuhalten und mit Hilfe der im Bereich der subtilen Materie und Energie beginnenden Bewegung wieder zum Zentrum, ihrem Ursprung, zurückzubringen.«[16]

Jenseits des Asteroiden-Gürtels finden wir die vier größten Planeten unseres Sonnensystems und zwar Jupiter (Enneagramm-Punkt 5, der größte Planet neben der Sonne in unserem Sonnensystem), Saturn (am Enneagramm-Punkt 6, der zweitgrößte Planet unseres Sonnensystems mit seinen typischen Ringen), Uranus am Enneagramm-Punkt 7 und Neptun am Enneagramm-Punkt 8, die beide fast gleich groß sind. Nach Norelli-Bachelet ist durch den Asteroiden-Gürtel die Verbindung von Materie und Geist gegeben, welche für die Erde die einzige Rettung vor ihrem Untergang darstellt. Ohne diesen Asteroiden-Gürtel würde die Expansion des Sonnensystems immer weiter fortschreiten und die subtilen Energien des Geistes (die transsaturnischen Planeten) sich immer weiter von der Erde entfernen. Spekulativ nimmt Norelli-Bachelet an, daß ab dem Asteroiden-Gürtel die Einflüsse der Planeten wie in einer großen Kurve der Erde angenähert werden, so daß unser Planet subtile spirituelle Energien von diesen fernen Planeten empfangen kann. Die Krümmung, die letztendlich die entferntesten Planeten zu den nächsten werden läßt, ist nach Norelli-Bachelet »oberhalb unserer Vorstellung von Raum und Zeit zu begreifen«.[17] Sie stellt eine geheime Bewegung dar, die unser Bewußtsein nicht zu erfassen vermag.

Ich muß zugeben, daß ich solche spekulativen Angaben mit meinem männlichen Geist nur äußerst schwer annehmen kann. Für mich stellt der Asteroiden-Gürtel jene unsichtbare Grenze dar, die Gurdjieff unter dem Begriff »Harnelahut« betrachtet: der schwierige Übergang von dem Enneagramm-Punkt 4 zu Enneagramm-Punkt 5.

Dies ist eine Bewußtseinsgrenze, welche die rechte Seite des Enneagramms von seiner linken trennt und die nur durch bewußtes Leiden und ringendes Bemühen zu überqueren ist. Daß der Asteroiden-Gürtel sich nicht kristallisiert hat, gibt genau die hier auftretende psychologische Schwierigkeit wieder: Es stellt sich einem etwas in den Weg, das man nicht erfassen kann. Sehr schön ist diese Kraft in Henrik Ipsens Drama *Peer Gynt* gestaltet, in dem der unsichtbare Große Krumme den Helden Peer Gynt daran hindert, seinen Weg geradlinig und direkt zu gehen. An dieser Stelle des Enneagramms lernen wir, daß der gerade und direkte Weg nicht immer gangbar ist und bei weitem nicht der kürzeste zu sein braucht. Die Geometrie der Psyche entspricht nicht unbedingt der euklidischen.

Enneagramm-Punkt 5: Jupiter

Am Enneagramm-Punkt 5 haben wir den größten Planeten unseres Sonnensystems erreicht. Ab hier nehmen die Planeten kontinuierlich an Größe ab. Der Jupiter liegt in der Mitte zwischen der Sonnen- und der Plutobahn. Dies entspricht genau seiner Stellung am Enneagramm-Punkt 5. Alle anderen Sterne seiner Umgebung werden von Jupiter überstrahlt, was die Eigenschaft des Enneagramm-Punktes 5 symbolisiert, trotz allen Leidens die Zusammenhänge des Lebens und sein Ziel zu sehen.

Haben wir den Asteroiden-Gürtel überwunden, dann befinden wir uns auf dem rechten Weg, der durch Jupiters Leuchtkraft klar erkennbar vor uns liegt. Genau das drückt auch die römische Mythologie aus, bei der Jupiter als »der Vater des Lichtes« bezeichnet wird. Nach dem römischen Dichter und Philosophen Titus Lukrez (ca. 98–55 v. Chr.) ist Jupiter der Urheber des Lichts.

Enneagramm-Punkt 6: Saturn

Der Saturn wurde 1610 von dem italienischen Astronomen und Mathematiker Galileo Galilei (1564–1642) für die Wissenschaft entdeckt.

Mit dem Saturn erreichen wir den letzten der Planeten, die mit dem bloßen Auge auszumachen sind. Der sehr schwer zu beobachtende Saturn stellt den Übergang zum Unsichtbaren dar, weswegen dieser unauffällige bläuliche Planet als »Herrscher der Schwelle« bezeichnet wird. Ungewöhnlich sind die Ringe des Saturn, die aus einem komplizierten System von Mikroplanetoiden bestehen.

Saturn ist als Chronos der Gott der Zeit und als Zeit treibt er alle Entwicklungen voran. Er ist sowohl der Motor als auch der Zerstörer der Schöpfung. So ist Saturn wie die indische Göttin Kali[18] und der Gott Shiva sowohl der Zerstörer als auch der Schöpfer, ein Zeichen von Tod und Wiedergeburt.

Psychologisch betrachtet wurde der Saturn als derjenige Planet angesehen, der dem Menschen Struktur und Ordnung gibt und der ein verantwortungsvolles Handeln verlangt. Als Struktur und Ordnung spendende Kraft gehört er in den Bereich des Intellektes oder des Geistes. Die intellektuelle Energie wird als neue Qualität am zweiten Schockpunkt bewußt in das System des Enneagramms aufgenommen. Wie mit dem Mond am ersten Schockpunkt das Gefühl als neue Qualität auftritt, so ist es hier am zweiten Schockpunkt der Intellekt mit seiner Forderung nach Struktur und Klarheit. Mit dem Saturn am Enneagramm-Punkt 6 wird die Schwelle zu den feineren oder subtileren Einflüssen überschritten. Jenseits dieser Schwelle beginnt das Reich der subtilen Schwingungen der transsaturnischen Planeten, die das dritte und letzte Tertial des Enneagramms beherrschen.

Die gesamte Lehre Gurdjieffs weist einen saturnischen Charakter auf, der viele Suchende zunächst einmal von dieser Lehre abschreckt. Typisch ist hier ein Ausspruch meines Lehrers über unsere Gruppe: »Wir sind nicht hier, um freundlich miteinander zu sein, sondern um uns zu lieben. Wir wollen keine liebenswürdigen Menschen anziehen, sondern welche, denen das Leben, das sie bis jetzt lebten, unerträglich erscheint.« Auch die fortwährende Betonung der »Arbeit« und der Mühe in den Gurdjieff-Gruppen deutet auf deren saturnischen Charakter hin.

Die transsaturnischen Planeten

Mit den Planeten Uranus, Neptun und Pluto beginnt eine neue Oktave im Planetensystem. Diese zweite Oktave stellt die Erhöhung der ersten drei Planeten Merkur, Venus und Mars dar.

Diese drei Planeten der zweiten Okatave sind deswegen für uns ohne technische Hilfsmittel unsichtbar, da sie im Gegensatz zu den Planeten der ersten Oktave nicht mehr genügend Sonnenlicht reflektieren. Auffallend ist, daß sich ihre langsamen Umlaufzeiten durch den Tierkreis im Verhältnis 1 : 2 : 3 verhalten: Der Uranus benötigt etwa sieben Jahre, der Neptun etwa vierzehn und der Pluto etwa einundzwanzig Jahre, um den Tierkreis zu durchlaufen.

Eine weitere interessante numerologische Beobachtung soll hier nicht unerwähnt bleiben. Der Uranus wurde 1781 entdeckt, als er auf 25° im Sternzeichen Zwilling stand. Diese 25° bilden numerologisch eine sieben (2+5=7). Der Uranus bewegt sich auf der siebten Umlaufbahn von der Sonne aus gesehen am Enneagramm-Punkt 7. Der Neptun wurde 1846 entdeckt, als er auf 26° im Sternzeichen Wassermann stand. Diese 26° bilden numerologisch eine acht (2+6=8). Der Neptun bewegt sich auf der achten heliozentrischen Umlaufbahn und wird dem Enneagramm-Punkt 8 zugeordnet. Der Pluto wurde 1930 entdeckt, als er auf 18° im Sternzeichen Krebs stand. Diese 18° bilden numerologisch eine neun (8+1=9). Der Pluto bewegt sich auf der neunten heliozentrischen Umlaufbahn und wird dem Enneagramm-Punkt 9 zugeordnet. Ist das nun ein verblüffender Zufall der kosmischen Mathematik? Aber wie sagte Albert Einstein so schön: »Gott würfelt nicht.«

Enneagramm-Punkt 7: Uranus

Mit dem Uranus am Enneagramm-Punkt 7 ist die erste Oktave, die mit Merkur am Enneagramm-Punkt 1 begann, erreicht. Der Suchende hat hier sein Ziel erreicht.

Die Liebe des Uranus zu Gaia symbolisiert die vollkommene Beziehung vom Himmel und Erde. Das Schöpferische und das Empfangende vereinigen sich, um eine neue Einheit zu schaffen. Der griechischen Mythologie zufolge ist jedoch dieser Verbindung kein langes Glück beschieden, denn Uranus vollzieht – aus Angst seine Macht zu verlieren – den bekannten Kindermord. Gaia stachelt darauf ihren Sohn Chronos/Saturn an, gegen den eigenen Vater zu rebellieren. Das mündet in der Entmannung von Uranus, die das Ende der Urzeugung bedeutet.[19]

Der erste Schöpfungszyklus ist mit dem Uranus vollendet. Es steht einem frei, ob man nun seine Aufgabe weiter verfolgen möchte oder mit diesem, seinem erreichten Ziel zufrieden ist. Die Frage nach dem weiteren Weg stellt sich am Enneagramm-Punkt 7, dem Ort des Uranus. Nach dem italienischen Astrologen Roberto Sicuteri kann dieser Planet das Ego völlig auflösen.[20] Genau das ist gemeint, wenn ich zuvor erwähnte, daß ab Enneagramm-Punkt 7 das Dienen angesagt ist. Auch auf der psychologischen Ebene beginnt eine neue Oktave, die in der Überwindung des Egos besteht. Norelli-Bachelet sieht in Uranus »die Macht zur Umwandlung des Geistes«[21], was bei ihr ebenfalls mit der Ego-Überwindung verbunden ist. Da allerdings der Uranus noch ganz am Anfang dieser Entwicklung steht, besitzt er zugleich einen mächtigen Schatten, der ihn skrupellos und egozentrisch, impulsiv bis aggressiv seine Ziele verfolgen läßt. Der Uranus als der Planet der Freiheit, die hier am Enneagramm-Punkt 7 erreicht wird, läßt es offen, wie diese Freiheit nun konkret gebraucht wird.

Dieser aus der Ferne grünlich-blau leuchtende Planet kann nur noch mit dem Teleskop betrachtet werden. Er wurde 1781 von dem deutschen, in England lebenden Astronomen Sir Friedrich Wilhelm Herschel (1738–1822) entdeckt.

Enneagramm-Punkt 8: Neptun

Astronomisch wie astrologisch gesehen stellen Uranus und Neptun Zwillinge dar, da beide eine ähnliche Schleifenbahn aufweisen und sie sowohl altruistische Gefühle wecken können, als auch einen ins Chaos führenden starken Schatten aufweisen.

65 Jahre nach der Sichtung des Uranus durch Herschel wurde der Neptun entdeckt. Damit wird die Menschheit mit der höheren Oktave der Venus konfrontiert. Die Venus ist die Harmonie, Vollkommenheit und das Gefühl, was sich in ihrer fast kreisrunden Planetenbahn ausdrückt. Einzig der Neptun besitzt eine vergleichbar vollkommene Planetenbahn.

Ab dem Enneagramm-Punkt 8 werden wir mit den feineren Schwingungen des Gefühls konfrontiert. Der Neptun kann die von Uranus begonnene Aufgabe, den Menschen von seinem Ego zu befreien, gut fortsetzen, wobei allerdings sein mächtiger Schatten – die Illusion und Vernebelung – nicht unterschätzt werden darf. Sie besteht hauptsächlich darin, daß der Suchende am Enneagramm-Punkt 8 meint, höheren Zielen zu dienen, obwohl er in subtiler Art sein Ego befriedigt.

Wurde mythologisch betrachtet der Uranus als Himmelsgott mit dem Element der Luft verbunden, so herrscht Neptun/Poseidon über das Wasser, das seit den Beobachtungen der Alchimisten mit der

Gefühlstiefe und der Sensibilität verbunden ist. Auf Grund dieser intensiven Beziehung zu den Gefühlen kann der Mensch am Enneagramm-Punkt 8 leicht zum einfühlenden Vermittler werden, der einer großen Gruppe dient.

Enneagramm-Punkt 9: Pluto

Mit Pluto sind wir bei dem letzten Planeten der dritten Triade des Enneagramms angelangt. Pluto stellt die Oktave des Mars dar, obwohl er von den inneren Linien des Enneagramms her nicht mit dem Mars verbunden ist. Nach einigen Astrologen kann Pluto an der Spitze des Enneagramms als Repräsentant der Sonne angesehen werden. Pluto symbolisiert das nukleare Feuer, das zum erstenmal in der Geschichte der Menschheit zur Zeit der Entdeckung Plutos freigesetzt werden konnte. Dieses nukleare Feuer kann mit der Sonne verglichen werden: Pluto, auch als Hades von den Griechen gefürchtet, steht für die Spannung von Vernichtung und Schöpfung – er ähnelt in dieser Symbolik teilweise dem Saturn.

Der griechischen Mythologie entsprechend wurde Pluto als der Gott des Reichtums, des Wohlstandes und der Fruchtbarkeit verehrt, gleichzeitig jedoch war man sich seines mächtigen Schattens bewußt. Diesen Schatten bildete der Hades, der Gott der Unterwelt, dessen Namen man nur selten auszusprechen wagte. In seinem Hades-Aspekt stellt Pluto ebenso wie der Saturn einen Hüter der Schwelle dar – in diesem Fall der Schwelle zur Unterwelt.

Pluto/Hades stellt die Verbindungen zu anderen ungeahnten Welten und Dimensionen her, was sich schon astronomisch darin ausdrückt, daß seine Planetenbahn weit von der Sonne entfernt in den unendlichen Tiefen des kosmischen Raumes verläuft. Mit Pluto gehen wir in eine andere Welt, in eine andere Dimension über, so wie der Enneagramm-Punkt 9 den Übergang zu einem neuen Enneagramm oder zu einer neuen Ebene anzeigt.

Auf Grund dieser Position am Enneagramm-Punkt 9 kann Pluto als die alles verschmelzende Bindekraft (Kernfusion!) angesehen werden, ohne die kein Prozeß abläuft. Pluto bringt Fruchtbarkeit wie Zerstörung und somit umfaßt er das ganze Leben und verbindet alle Lebensaspekte miteinander. Genau das ist es, was Sigmund Freud mit Eros und Thanatos ausdrücken wollte: Eros als Lebenstrieb und Thanatos als Todestrieb sind die beiden Kräfte, die den Menschen in seiner Gesamtheit bestimmen. Eros und Thanatos sind in Pluto vereinigt.

Alle drei transsaturnischen Planeten der dritten Triade werden astrologisch mit einer bestimmten Energie verbunden: Dem Uranus wird die Elektrizität, dem Neptun das Erdöl und dem Pluto die Atomenergie (Plutonium) zugeordnet, wobei zweifelsohne die Atomenergie die mächtigste dieser drei Energien darstellt. Das der Theosophie nahe stehende Medium Alice A. Bailey (A. A. B., 1880–1949) nahm an, daß die plutonische Energie mit ihrer radioaktiven Strahlung einen wesentlichen Anteil an der Transformation der Menschheit haben würde.

Zur Zusammenfassung der Ordnung der Planeten im Enneagramm mag die folgende Tabelle dienen:

Die persönlichen Planeten innerhalb des Orbis der Erde mit bloßem Auge sichtbar

Enneagramm-Punkt 1	Merkur, der schnellste Planet
Enneagramm-Punkt 2	Venus
Enneagramm-Punkt 3	Erde und Mond

Außerhalb des Orbis der Erde mit bloßem Auge sichtbar

Enneagramm-Punkt 4	Mars, mit der komplexesten Planetenbahn

Enneagramm-Punkt 5	Jupiter, der größte der Planeten
Enneagramm-Punkt 6	Saturn mit seinen Ringen

Die überpersönlichen, mit dem bloßen Auge nicht sichtbare Planeten

Enneagramm-Punkt 7	Uranus (Oktave des Merkurs)
Enneagramm-Punkt 8	Neptun (Oktave der Venus)
Enneagramm-Punkt 9	Pluto (Oktave des Mars)

Ebenfalls mit dem bloßen Auge nicht sichtbar und nicht zu einem Zentrum auskristallisiert

Punkt 4,5	der Asteroiden-Gürtel

Der Weg des Lichts

Rodney Collin – ein streng an Gurdjieff und Ouspensky orientierter Astrologe – versuchte ebenfalls, die Planeten unseres Sonnensystems dem Enneagramm zuzuordnen. Sein erkenntnisleitendes Interesse ist allerdings im Gegensatz zu Norelli-Bachelet nicht auf ein heliozentrisches System konzentrischer Planetenbahnen ausgerichtet, sondern er betrachtet in klassischer Weise die Planeten in ihrer Beziehung zur Erde. Er geht davon aus, daß die wissenschaftliche Beobachtung der Planeten immer nur von der Erde aus durchgeführt werden kann und deswegen der einzig objektive Standpunkt des astronomischen Beobachters der von der Erde aus ist. So unterscheidet seine Einteilung der Planeten und Himmelskörper diejenigen, die für das bloße menschliche Auge sichtbar sind und diejenigen, die dem bloßen menschlichen Auge unsichtbar bleiben.

Der Asteroiden-Gürtel, Neptun, Uranus und Pluto sind unsichtbar, während der Mond, die Sonne, Merkur, Venus, Mars, Jupiter und Saturn sichtbar sind. Collin geht nun davon aus, daß es zwischen den sieben sichtbaren Himmelskörpern einen Weg des Lichtes gibt, auf dem seine Zuordnung dieser Himmelskörper zu den einzelnen Enneagramm-Punkten beruht. Es ist die Reflexion des gleichen Sonnenlichts, welche die sechs Planeten und den Mond zugleich unserem Auge sichtbar werden lassen. Der Asteroiden-Gürtel, Uranus, Neptun und Pluto befinden sich weit außerhalb dieses Reflexionsgeschehens.

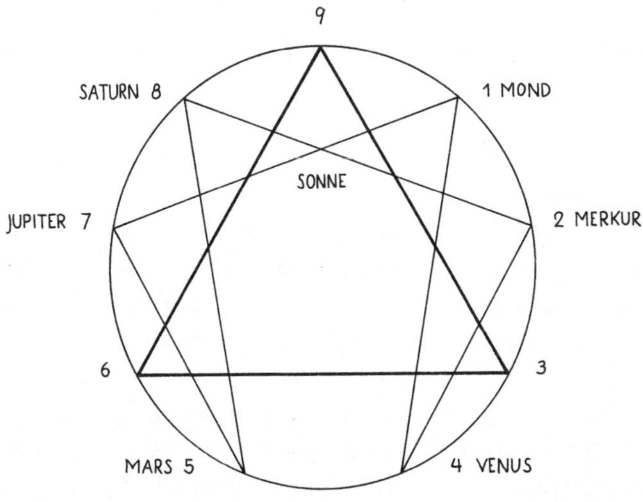

Abb. 35: Das Enneagramm des planetarischen Lichtes

Der Weg des Lichts geht von der Sonne aus, die in diesem Enneagramm dem oberen Schnittpunkt der beiden Hexagramm-Linien im Inneren des Enneagramms gleich unterhalb des Ennegramm-Punkts 9 zugeordnet wird. Dabei stellen Mond (Enneagramm-Punkt 1) und Jupiter (Enneagramm-Punkt 7) die beiden hellsten Pole dieses Enneagramms dar, die deswegen auch direkt miteinander verbunden sind. Der Saturn am Enneagramm-Punkt 8 und der Merkur am Enneagramm-Punkt 2 stellen die beiden dunkelsten Pole dieses Enneagramms dar. Diese beiden Planeten sind ebenfalls wieder durch eine Hexagramm-Linie miteinander verbunden.

Der innere Enneagramm-Punkt, an dem die Sonne steht, ist nicht nur der Punkt größter Helligkeit in unserem Sonnensystem sondern zugleich auch der Punkt der Unsichtbarkeit, den jeder Planet bei seiner Konjunktion mit der Sonne erreicht. So betrachtet, durchlaufen wir alle Möglichkeiten der Reflexionsintensität des Sonnenlichts, wenn wir uns von dem Unsichtbarkeitspunkt aus auf den Saturn am Enneagramm-Punkt 8 zubewegen (dunkel), dann über den Mars am Enneagramm-Punkt 5 zum hellsten Planeten auf der linken Seite des Enneagramms – Jupiter auf Enneagramm-Punkt 7 – fortschreiten, um dann bei der Sonne anzukommen.

Auf der rechten Seite des Enneagramms gehen wir vom dunklen Merkur am Enneagramm-Punkt 2 über die Venus (am Enneagramm-Punkt 4) zum hellen Mond am Enneagramm-Punkt 1 und beschreiben so eine völlig parallele Bewegung. Gleichzeitig werden bei diesem Gang des Lichts durch die Planeten diese abwechselnd einmal kleiner und einmal größer als der vorangehende Planet. Sie nehmen also in bezug auf ihre Größe abwechselnd ab und zu:

Saturn (groß, dunkel) – Mars (kleiner) – Jupiter (größer, hell) – Merkur (klein, dunkel) – Venus (größer) – Mond (kleiner, hell).

Wie wir sehen, gibt es mehrere Möglichkeiten, die Planeten dem Enneagramm sinnvoll zuzuordnen. Außer den beiden hier vorgestellten Zuordnungen sind auch noch weitere möglich. So könnte man beispielsweise den Hexagramm-Punkten 1, 2, 4, 5, 7 und 8 die Himmelskörper Merkur, Venus, Erde/Mond, Mars, Jupiter und Saturn zuordnen und den drei Schockpunkten die transsaturnischen Planeten Uranus, Neptun und Merkur. Dabei würde besonders deutlich, daß es sich bei den Planeten unseres Sonnensystems um zwei verschiedene Oktaven handelt, die sich unter anderem durch zwei verschiedene Qualitäten der Sichtbarkeit von einander unterscheiden. Allerdings halte ich darüber hinaus dieses Enneagramm für nicht sehr aussagekräftig.

Arnold Graf Keyserling ordnet in seinem RAD-System die Planeten wie folgt dem Enneagramm zu:

Enneagramm-Punkt 1	Jupiter
Enneagramm-Punkt 2	Venus
Enneagramm-Punkt 3	Uranus
Enneagramm-Punkt 4	Mond
Enneagramm-Punkt 5	Merkur
Enneagramm-Punkt 6	Neptun
Enneagramm-Punkt 7	Mars
Enneagramm-Punkt 8	Saturn
Enneagramm-Punkt 9	Pluto

Die drei transsaturnischen Planeten stehen so auf den Enneagramm-Punkten des göttlichen Dreiecks, die Anordnung der anderen Planeten auf den Hexagramm-Punkten scheint mir keiner astronomischen Logik zu folgen.[22]

Wenn wir irgendwelche Elemente, wie in diesem Fall die Planeten unseres Sonnensystems, dem Enneagramm zuordnen, dann sind immer mehrere Zuordnungsmöglichkeiten denkbar. Dabei bieten jedoch viele der potentiellen Zuordnungsmöglichkeiten keinen großen Erkenntniszugewinn. Die Kunst im Umgang mit dem Enneagramm liegt darin, die Zuordnung derart zu gestalten, daß sich die innere Dynamik des zu betrachtenden Phänomens in möglichst vielen Aspekten entfalten kann. Eine Zuordnung ist immer nur dann gut und sinnvoll, wenn sie uns zu Einsichten und Informationen verhilft, die wir vorher nicht besaßen.

Die Sternzeichen im Enneagramm

Nachdem wir uns nun ausführlich mit den Planeten im Enneagramm beschäftigt haben, möchte ich jetzt noch eine mögliche Einordnung der Sternzeichen in das Enneagramm aufzeigen.

Gurdjieff selber drückt es an mehreren Stellen im *Beelzebub* unmißverständlich aus, daß er von den modernen Astrologen überhaupt nichts hält. Er nennt sie bezeichnenderweise »Ultra-Phantasten«. Insbesondere greift er ihre Haltung an, mit astronomischer Akribie Sterne zu benennen. Die Leistung der alten Astrologen dagegen, die nach Gurdjieff in der ägyptischen Zeit ausstarben, lag darin, daß sie diejenigen Typen als Ehepartner aussuchten, die zusammen paßten. Auch der Zeitpunkt der Empfängnis konnte astrologisch bestimmt werden. Ohne mich von der »Ultra-Phantasterei« anstecken zu lassen, möchte ich hier verdeutlichen, wie der Sternenkreis sich als kosmische Ordnung in das kosmische Symbol des Enneagramms fügt.

Bei der von mir in Abbildung 36 gewählten Zuordnung fällt zunächst auf, daß die drei Feuerzeichen Widder, Löwe und Schütze auf dem göttlichen Dreieck angeordnet sind. Das göttliche Feuer in seinen drei Ausdrucksarten beherrscht dieses Enneagramm. Das Feuer wärmt nicht nur, es bietet ferner das Licht der Erkenntnis und weist einen transformierenden Charakter auf.

Die Reise durch den Zodiak beginnt am Enneagramm-Punkt 9, der gleichzeitig der Enneagramm-Punkt 0 ist. Hier steht die kardinale Energie des Anfangs (Widder-Energie), die sich dann mit der fixen Energie am Enneagramm-Punkt 3 (Löwe-Energie) verfestigt. Aber diese Bewegung kommt weder zum Stillstand noch erstarrt sie, sondern die veränderliche Energie am Enneagramm-Punkt 6 (Schütze-Energie) bringt sie wieder in Schwung.

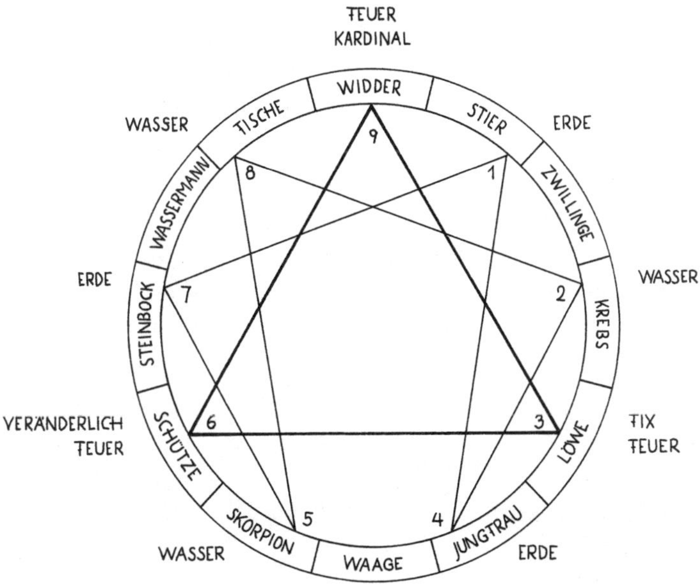

Abb. 36: Die Sternzeichen im Enneagramm

Die Hexagramm-Linie vom Enneagramm-Punkt 1 zum Enneagramm-Punkt 7 verbindet die fixe mit der kardinalen Erdenergie. Die veränderliche Erdenergie der Jungfrau am Enneagramm-Punkt 4 ist wiederum mit der fixen Erdenergie des Stiers am Enneagramm-Punkt 1 verbunden. Vergleichbar dazu verbindet die Hexagramm-Linie vom Enneagramm-Punkt 2 zum Enneagramm-Punkt 8 die kardinale mit der veränderlichen Wasserenergie. Mit dieser veränderlichen Wasserenergie am Enneagramm-Punkt 8 ist auch die fixe Wasserenergie am Enneagramm-Punkt 5 verbunden.

So sind in diesem Enneagramm der Tierkreiszeichen die Feuer- und Wasserzeichen als Yang und Yin vollständig vertreten. Die drei Erdzeichen sind ebenfalls miteinander verbunden. Stehen wir am Enneagramm-Punkt 1 sehen wir alle Erdzeichen, stehen wir am Enneagramm-Punkt 8 überblicken wir alle Wasserzeichen, und stehen wir am Enneagramm-Punkt 9 sehen wir alle Feuerzeichen. Die von den Enneagramm-Punkten eingeschlossenen Zeichen bilden die drei Luftzeichen Zwilling, Waage und Wassermann.

Beim Durchlaufen dieses Enneagramms in seiner funktionalen Richtung wird dreimal der Rhythmus Wasser – Feuer – Erde (Gefühl – Leidenschaft/Wille – praktische Lebensbewältigung) betont. Der Intellekt wird in diesem Enneagramm nicht besonders hervorgehoben, da dieses Zentrum in unserer Kultur sowieso schon bestens gefördert und geschult wird.

Wir kommen zu der folgenden Einteilung der Tierkreiszeichen im Enneagramm:

Enneagramm-Punkt 1	Stier	Erde	fix
Enneagramm-Punkt 2	Krebs	Wasser	kardinal
Enneagramm-Punkt 3	Löwe	Feuer	fix
Enneagramm-Punkt 4	Jungfrau	Erde	veränderlich
Enneagramm-Punkt 5	Skorpion	Wasser	fix
Enneagramm-Punkt 6	Schütze	Feuer	veränderlich
Enneagramm-Punkt 7	Steinbock	Erde	kardinal
Enneagramm-Punkt 8	Fische	Wasser	veränderlich
Enneagramm-Punkt 9	Widder	Feuer	kardinal

So wechseln sich im Hexagramm die drei astrologischen Qualitäten fix, kardinal und veränderlich zweimal ab, und das göttliche Dreieck durchläuft einmal alle diese drei Qualitäten – jedoch jedesmal in einer anderen Abfolge.

Damit ist der kosmologische Bezug des Enneagramms geklärt: Sowohl für die Welt der Planeten als auch für die des Tierkreises gibt das Enneagramm (teilweise mehrere) sinnvolle Ordnungsprinzipien, welche die Dynamik der kosmischen Bezüge erhellen.

Ferner ist deutlich geworden, wie die Gesetze der Schöpfung und des Kosmos sich im Enneagramm widerspiegeln und somit das Enneagramm zu recht als kosmisches Symbol der lebensbildenden Schöpferkräfte angesehen werden kann.

Eine synthetische Sicht des Enneagramms

Denk nicht, sondern schau.
Ludwig Wittgenstein

An Enneagramm-Punkt 7 dieses Buches soll nun, nachdem das Ziel erreicht ist, ein kurzer Überblick über die vielfältigen Zuordnungsmöglichkeiten zum Enneagramm stehen. Wenn wir uns dazu die folgende Tabelle anschauen, werden wir die verschiedenen Typen und Handlungsstrategien erkennen, die sich alle sinnvoll in das kosmische Diagramm einfügen lassen. Letztendlich sind diese Elemente, die wir den neun Punkten des Enneagramms zuordnen, Äußerungen des einen kosmischen Wesens, und sie stellen unterschiedliche Ausdrucksformen der gleichen Schöpferkraft dar. Indem der Mensch das Enneagramm studiert, wird er sich seiner Stellung innerhalb dieses kosmischen Wesens zunehmend bewußter.

I Terzial: Die materiellen Voraussetzungen eines Prozesses
Die äußeren Voraussetzungen werden erkannt, die materiellen Grundlagen betrachtet

Enneagramm-Punkt 1: die materiellen Voraussetzungen	Erkennen des Äußerlichen	Der »Unternehmer«
Enneagramm-Punkt 2: Analyse der materiellen Voraussetzungen	Lust an der Handlung	Der »Planer«
Enneagramm-Punkt 3 (mechanischer Schockpunkt): ein neuer Außenimpuls hält den Prozeß in Gang	neue Qualität: die Psyche	Der »Magier«

II Terzial: Das im Prozeß umzuwandelnde Material
Die notwendigen Veränderungen, um den Prozeß zielgerichtet in Gang zu halten

Enneagramm-Punkt 4: das Bemühen um Fortschritt	mühevolle Überwindung der Widerstände	Der »Betroffene«
Enneagramm-Punkt 5: die Ausrichtung der Anstrengungen aufs Ziel hin	Zweifel an der Erreichbarkeit des Ziels, Leiden	Der »Beobachter«
Enneagramm-Punkt 6 (bewußter Schockpunkt): ein neuer Außenimpuls richtet den Prozeß aufs Ziel hin aus	neue Qualität: der Geist	der »Held«

III Terzial: Das Ziel und der Zweck der »Arbeit«
Der Prozeß wird erfolgreich zu Ende geführt

Enneagramm-Punkt 7: erste Annäherung an das Ziel	Darstellung nach außen	der »Optimist«
Enneagramm-Punkt 8: das Ziel ist endgültig erreicht	Vernunft und Intelligenz	der »Vermittler«
Enneagramm-Punkt 9 (dritter Schockpunkt): der Beginn eines neuen Prozesses	Neue Qualität: das Höhere Selbst (der Körper)	Der »Liebende«

Typische Merkmale: Körperorientiertheit, mechanisch-motorische Reaktionsweisen, Schnelligkeit

Basis-Chakra (Muladhara)	Merkur (Hermes)	Violett	Stier
Sexual-Chakra (Svadhishthana)	Venus (Aphrodite)	Violett	Krebs
Solarplexus-Chakra (Manipura, Hara)	Erde/Mond	Blau	Löwe

Typische Merkmale: Orientierung am Gefühlszentrum, der Seele, emotionale Reaktionsweisen, mäßig-schnelle Geschwindigkeit

Solarplexus-Chakra (Manipura, Hara)	Mars (Apollon)	Grün	Jungfrau
Herz-Chakra (Anahata)	Jupiter (Zeus)	Grün	Skorpion
Herz-Chakra (Anahata)	Saturn (Chronos)	Gelb	Schütze

Typische Merkmale: Orientierung am Geist/Intellekt, intellektuelle Reaktionsweisen, Langsamkeit

Kehl-Chakra (Vishuddha)	Uranus (Uranos)	Orange	Steinbock
Drittes Auge (Ajna)	Neptun (Poseidon)	Orange	Fische
Kronen-Chakra (Sahasrara)	Pluto (Hades)	Rot	Widder

Man erkennt bei der Betrachtung dieser Tabelle, daß sich Handlungsstrategien, psychologische Typen, Chakras, Planeten, Farben und Sternzeichen zum vollständigen Bild eines Enneagramm-Punkts ergänzen. Sie zeigen sozusagen in verschiedener Ausdrucksform die Essenz eines Enneagramm-Punkts und ergänzen sich inhaltlich.

Nehmen wir den *1. Enneagramm-Punkt,* so zeigt die Farbe Violett als dunkelste Farbe des Spektrums, daß wir am Anfang unserer Reise weder unseren Weg noch unser Ziel klar sehen. Wir sind mit dem Äußerlichen voll und ganz beschäftigt und leben im Erfahrungsbereich unseres Basis-Chakras, das die körperlich-materielle Seite unseres Lebens regelt. Nach dem amerikanischen Psychologen Abraham Maslow geht es auf der Anfangsstufe menschlicher Motivation vor allem um das Überleben. Es stellt die Grundlage dar, auf der höhere Bedürfnisse aufbauen können. An diesem Anfang finden wir Merkur, den Schutzpatron der Kaufleute und Diebe, der selbst noch kein Gott ist.

Nachdem am ersten Enneagramm-Punkt die grundlegenden materiellen Bedürfnisse bereitgestellt wurden, sind wir am *2. Enneagramm-Punkt* nach wie vor mit unseren materiellen Grundlagen beschäftigt. Es herrscht immer noch der durch Violett symbolisierte Blick auf die Finsternis vor. Aber trotz allen Haftens am materiellen Bereich tritt am Enneagramm-Punkt 2 die göttliche Kraft in Form der Venus auf, die uns hilft, unsere materielle Umwelt ästhetisch zu gestalten. Wir überhöhen das Materielle durch Schönheit und können es so überwinden. Unsere Handlungen sind von der Welt des Sexual-Chakras geprägt. Es herrscht am zweiten Enneagramm-Punkt die Attraktion und Anziehung vor, die immer eine Funktion der Schönheit darstellt.

Mit der Farbe Blau treten wir am *Enneagramm-Punkt 3* dem Licht entgegen. Durch Hilfe von außen entdecken wir, daß es außer der Welt des Materiellen auch noch die der Psyche gibt. Was das Erleben der Kraft des Sexual-Chakras in uns vorbereitete, blüht nun voll auf: Wir entdecken unsere Gefühle, Launen und Emotionen, die in eigentümlicher Weise vom Mond beherrscht werden. In diesem Bereich ist der »Magier« zu Hause, der in geschickter Weise mit den menschlichen Vorstellungsbildern umzugehen weiß und durch Meisterschaft die Materie zu überwinden scheint.

Am *3. und 4. Enneagramm-Punkt* stehen wir unter unter dem Einfluß des Solarplexus-Chakras, das uns lehrt, mit unseren negativen Gefühlen umzugehen. Diese negativen Gefühle sind eines der größten Hindernisse auf dem Weg zur Vervollkommnung. Am Enneagramm-Punkt 4 fragen wir uns unter dem Einfluß von Mars, wie wir mit all unseren Aggressionen und Widerständen umgehen sollen. Die Farbe Grün mag hier die Antwort geben: Wir müssen uns bemühen, Licht und Finsternis in Harmonie zu bringen, so wie sich im Grün der farbliche Repräsentant des Lichtes (Gelb) mit dem der Finsternis (Blau) zu gleichen Teilen mischt. Durch diesen Ausgleich können wir unsere Widerstände überwinden, unseren Schatten integrieren und so als »Betroffene« unserem Ziel einen Schritt näher kommen.

Dies bringt uns sogleich in die Sphäre des Herz-Chakras, die ebenfalls unter dem Einfluß der Farbe Grün steht. Am *5. Enneagramm-Punkt* hilft uns Jupiter, das Leiden an der Spannung zwischen Licht und Finsternis aufzulösen und all unsere Bemühungen auf das Erreichen des Ziels hin zu konzentrieren. Dennoch müssen wir beständig gegen den Zweifel ankämpfen, der uns unser Ziel als unerreichbar darstellt. Aber die positive Kraft des Jupiter ist letztendlich stärker und läßt uns unser Leiden überwinden und den zweiten Schockpunkt erreichen.

Am *6. Enneagramm-Punkt* treten wir ins Licht (Gelb), in den intellektuellen Bereich des Enneagramms ein. Hier überschreitet der »Held« – mit äußerer Hilfe – die Schwelle zwischen subjektivem und objektivem, zwischen persönlichem und überpersönlichem Bereich. Durch Saturn von seiner begrenzten egoistischen Sicht geläutert, erreicht der Suchende am Enneagramm-Punkt 7 sein Ziel.

Der »Optimist« kann am *7. Enneagramm-Punkt* deutlich seinen Erfolg darstellen, da ihm sowohl das Kehl-Chakra als auch Uranus bei der Selbstdarstellung helfen. Das warme Orange zeigt an, daß der »Optimist« keineswegs nur als effektheischender Egoist durchs Leben geht, sondern trotz all seiner Extraversion vom Mitgefühl geprägt ist. Dennoch handelt es sich beim Enneagramm-Punkt 7 zunächst um das oberflächliche Erreichen des Ziels.

Endlich gelangt am *8. Enneagramm-Punkt* der »Vermittler« durch seine Intelligenz und Vernunft und nicht zuletzt durch die Klarsicht des Dritten Auges vollständig zum Ziel, um als »Liebender« am *Enneagramm-Punkt 9* in einen neuen Zyklus übergehen zu können. Hier steht Rot, ganz im Sinne der Farbenlehre Goethes, als Steigerung aller Farben am Gipfelpunkt des Enneagramms. Dort finden wir das Höhere Selbst, die höchste all unserer menschlichen Instanzen. Hier ist der subtile transzendierende Einfluß von Pluto am Werk.

Die Sternzeichen verbinden sich nicht so leicht und bruchlos mit den bis jetzt besprochenen Elementen der einzelnen Enneagramm-Punkte unserer Tabelle. Sie bilden für mich einen eigenen Zyklus, der jedoch wiederum in sich völlig stimmig auf das Enneagramm zu beziehen ist.

Nachwort

> Gerade wenn ich meine, alle Antworten des Lebens zu kennen, ändern sich dadurch alle meine Fragen an das Leben.
>
> *Saul Kuchinsky*

So habe ich nun das kosmische Symbol des Enneagramms unter unterschiedlichen Aspekten dargestellt. Mit den von mir gewählten Themenbereichen ist die Aussagekraft des Enneagramms jedoch noch keineswegs erschöpft. Wie schon anfangs in diesem Buch gesagt, ist jeder dynamische Prozeß mit Hilfe des Enneagramms zu untergliedern und zu analysieren. Hier wurden stellvertretend nur einige wesentliche Prozesse herausgesucht und beschrieben, um in die Logik des Symbols klar einzuführen und um damit zugleich die Lehre Gurdjieffs zu verdeutlichen. Wenn auch Gurdjieff zur Zeit ein wenig zu einem esoterischen Modelehrer hochstilisiert wird und daher wieder breiteres Interesse findet, so ist dennoch wenig Inhaltliches über seine Lehre bekannt geworden. Ich hoffe, hier schafft dieses Buch Abhilfe. Da die Lehre des Enneagramms eine zentrale Stellung in Gurdjieffs Gedankensystem innehat, sind all diese Ausführungen zugleich auch als eine Einführung in die Weltsicht und die Lehre Gudjieffs anzusehen.

Nach der Lektüre dieses Buches sollte jeder dazu in der Lage sein, sich selbst für seine eigenen Zwecke individuelle Enneagramme zu erstellen. Bei der »Arbeit« mit dem Enneagramm werden Sie Ihre Wahrnehmung erweitern und erfahren, daß dieses Diagramm ein Modell wie auch eine Hilfe des Verstehens ist. Tiefes Verstehen ist nur möglich, wenn sich die Ordnung der Welt in unserer Erfahrung durch Systeme wie jene des Enneagramms darstellt. Seine Lehre ist wie alle Lehren Gurdjieffs äußerst praktisch und verlangt möglichst alltäglich angewandt zu werden. Erst beim Gebrauch des Enneagramms werden Sie die wirklichen Tiefen dieses Symbols verstehen lernen.

Seine Stärke liegt darin, daß es gerade brennende Fragen des alltäglichen Lebens beantworten kann. Ob Sie sich nun ein neues Auto leisten können oder ob Sie Ihren Partner verlassen oder doch besser weiter mit ihm leben wollen und was Sie tun müssen, um sich endlich besser zu fühlen; all das stellt sich im Enneagramm klar mit seinen Konsequenzen dar. Es ist eine nützliche Entscheidungshilfe.

Ferner werden Prozesse in ihrem Ablauf deutlich untergliedert und somit Handlungsanweisungen für komplexe, oft zu Beginn nicht überschaubare Abläufe gegeben. Das Enneagramm öffnet Ihnen die Augen gerade dafür, was Sie sonst leicht übersehen könnten. Ob es sich dabei um Ihre persönliche Entwicklung handelt oder um die Gründung eines Geschäftes spielt keine Rolle. Immer gibt es eine sinnvolle Aufteilung in neun Schritte mit zwei Schockpunkten, an denen Außenimpulse das Geschehen beeinflussen.

Wenn Sie jetzt beginnen wollen, für sich selbst mit dem Enneagramm zu arbeiten, wäre es hilfreich, alle möglichen Prozesse unter dem Aspekt des Enneagramms zu betrachten, selbst dann, wenn Ihnen der Ablauf dieser Prozesse bereits klar ist. So werden Sie schnell einen Blick dafür bekommen, wie ein Prozeß aufzuteilen ist und seine neun Elemente dem Enneagramm zuzuordnen sind. Mit ein wenig Übung werden Sie das Enneagramm in jedem beliebigen Prozeß wiedererkennen. So durchschauen Sie schnell die Bedingungen, Brüche und Gesetzmäßigkeiten eines Prozesses, und Sie gewinnen in hohem Maße an Handlungs- und Entscheidungssicherheit.

Wir sollten bei der Arbeit mit dem Enneagramm jedoch nicht vergessen, daß das Leben – zum Glück – nicht so systematisch ist, wie es uns eine oberflächliche Sicht des Enneagramms nahelegt. Für mich sind die Lebensprozesse von einer Dialektik aus systematischen Abläufen und Gesetzmäßigkeiten auf der einen Seite und von spontanen und mehr oder weniger zufälligen Prozessen auf der anderen Seite geprägt. Die systematische Betrachtung unserer Lebensprozesse kann selbstredend zu einem großen Verständnis von uns selbst und unserer Umwelt führen, dennoch sollten wir auch immer für das offen bleiben, was sich keiner Systematik unterwirft.

Das Enneagramm bietet wie die Astrologie und der Weg des Tarot ein Modell zur Wirklichkeitserfassung, aber die Wirklichkeit selbst bleibt immer noch ein Vielfaches vielfältiger als selbst das komplexeste Modell. Es wird Ihnen jedoch sehr viel leichter fallen, zu einer Spontaneität zurückzufinden, wenn Sie zuvor die grundlegenden Gesetze Ihres Lebens verstanden haben.

Der große Vorteil des Enneagramms gegenüber anderen Welterklärungsmodellen liegt darin, daß es kein festes Gesetz oder starres System darstellt, sondern ein Werkzeug der Erkenntnis ist, das sich jedesmal bei spezieller Anwendung ändert. Es muß mit Ihrem persönlichen Stil gefüllt werden. Auf diese Weise hat zwar jeder Enneagramm-Punkt eine bestimmte Bandbreite von speziellen Charakteristika, ist aber zugleich für das Unvorhersagbare offen. Feste Zuordnungen zu den Enneagramm-Punkten müssen immer wieder in Frage gestellt werden, denn sonst wird das System zu einer Zwangsjacke und generiert nichts Neues mehr, sondern läßt Einsichten erstarren. Diese Tendenz zeigt sich deutlich bei der Verwendung des Enneagramms als Typenlehre. Bei angemessenem Gebrauch werden Sie jedoch feststellen, daß es durch seine Anwendung wächst und sich verändert. Nur so kann es ein Hilfsmittel zur intelligenten Lebenshilfe und -erkenntnis bleiben.

Es ist in diesem Buch hoffentlich klar geworden, daß es sehr darauf ankommt, wie man das Enneagramm benutzt. Als starre

Typenlehre beispielsweise wird es zu einem System reduziert, das – wie fast alle Systeme – an seiner eigenen Erstarrung zugrundegeht. Es entwickelt sich zu einem mechanisch gebrauchten Hilfsmittel, das über seinen Anwender herrscht statt umgekehrt. Als offenes System ohne derart feste Anwendungsvorschriften wird das Enneagramm Sie für kreative, intuitive Lösungen und Sichtweisen öffnen. So genutzt kann es Ihnen zu Wachstum und Veränderung verhelfen und Sie für Spontaneität und Intuition, also für wahre Intelligenz, öffnen.

Schließlich bleibt mir nur noch, Ihnen den folgenden Weg bei Ihrem persönlichen Umgang mit dem Enneagramm vorzuschlagen: Richten Sie sich am Anfang nach den von mir vorgeschlagenen Zuordnungsmodellen. Wenn Sie immer mehr Routine im Umgang mit diesen Zuordnungskategorien bekommen haben, lassen Sie diese langsam immer mehr fallen und entwickeln Sie Ihre eigenen Zuordnungen gemäß Ihrer Bedürfnisse und Ihrem persönlichen Stil. So wird Ihnen das Enneagramm eine lebendige Hilfe bleiben.

Ich wünsche Ihnen viel Erfolg und Vergnügen bei Ihrer »Arbeit« mit dem Enneagramm.

Anhang

Der praktische Enneagramm-Test

Zur Persönlichkeit

Dieser Teil des Tests gibt Antworten darauf, wo Sie sich auf Ihrem Entwicklungsweg gerade befinden, was Sie an dieser Stelle möglicherweise behindert und was Sie weiterbringen kann. Der Praktische Enneagramm-Test kann immer wieder durchgeführt werden und jedes Mal zu unterschiedlichen Ergebnissen führen. Das liegt daran, daß Sie sich in der Zeit verändern und während Ihrer einzelnen Lebensstufen und -abschnitte mit unterschiedlichen Problemen konfrontiert werden.

Die Entwicklung eines Menschen kann als ein Weg über neun Stufen betrachtet werden. Haben Sie diese neun Stufen erfolgreich durchlaufen, betreten Sie eine neue Ebene, auf der wiederum neun Entwicklungsschritte notwendig sind, um auf eine weitere Plattform zu gelangen. Sie schreiten so lange in neun Entwicklungsschritten vorwärts, wie Sie nicht in fruchtlosen Wiederholungen steckenbleiben.

Die Fragen des Tests zielen darauf ab, Ihnen bewußt zu machen, an welcher Stelle in Ihrem Prozeß Sie sich gerade befinden und wie Sie weiter fortschreiten können. Schon die Betrachtung der Fragen kann Sie zu einem Verständnis Ihres Standpunktes innerhalb des Enneagramms führen.

Nachfolgend finden Sie 24 nach dem Zufallsprinzip geordnete Fragen, die sich auf die ersten acht Enneagramm-Punkte beziehen. Für den Enneagramm-Punkt 9 gibt es keine Fragen, da er einen nur sehr kurzfristigen Zustand beschreibt, an dem man sich, vom erreichten Ziel ausgehend, wieder einer neuen Aufgabe zuwendet. In diesem Moment steht man sogleich wieder am Enneagramm-Punkt 1 – allerdings auf einer anderen Ebene –, an dem der ganze Prozeß von neuem abläuft.

Die Fragen

1. Sind Sie mit Ihrer Stellung oder Aufgabe im Leben vollständig zufrieden?
2. Wissen Sie, was Sie wollen, und hilft Ihnen Ihre Umgebung, dieses Ziel zu erreichen?
3. Wird Ihnen gerade (durch Freunde, einen Lehrer oder Therapeuten, ein Buch oder eine Trennung etc.) eine wirklich wichtige Einsicht in Ihr Leben vermittelt?
4. Gelingt es Ihnen, Ihre Gefühle zu betrachten, ohne sich von ihnen bestimmen zu lassen?
5. Wollen Sie wirklich an Ihrer Persönlichkeitsentwicklung arbeiten?
6. Beginnt gerade deutlich ein neuer Abschnitt in Ihrem Leben?
7. Stehen Sie kurz vor dem Erreichen eines Ihnen wichtigen (persönlichen) Ziels, und spüren Sie zugleich Freude und Angst vor diesem Erfolg?
8. Fühlen Sie sich ganz einer Aufgabe verschrieben?
9. Informieren Sie sich gerade über neue Möglichkeiten für Ihr weiteres Leben?
10. Gelingt es Ihnen öfter, sich konsequent gemäß Ihren Einsichten zu verhalten?

11. Ist Ihnen dieses ganze Streben und der Streß in Ihrem Leben viel zu viel?
12. Werden Sie häufig als Vorbild betrachtet?
13. Machen Sie sich oft Gedanken darüber, was Sie bis jetzt in Ihrem Leben erreicht haben?
14. Finden Sie Ihr Leben zur Zeit schwierig und mühevoll?
15. Quälen Sie lästige Gewohnheiten und Ihre Trägheit beziehungsweise fehlende Disziplin?
16. Möchten Sie dringend Ihre materielle Situation verbessern?
17. Stürzen Sie sich gerade in etwas völlig Neues?
18. Sind Sie mit sich und dem, was Sie erreicht haben, zufrieden, obwohl Sie mit etwas zusätzlicher Anstrengung noch weiter gehen könnten?
19. Haben Sie das Gefühl, festzuhängen und trotz Anstrengungen nicht weiterzukommen?
20. Wollen Sie sich wirklich ändern?
21. Empfinden Sie spezielle Mitmenschen als besonders hilfreich für Ihre Entwicklung?
22. Leiden Sie unter Ihrem inneren Kampf zwischen Ansprüchen und Selbstzweifeln?
23. Werden Sie zur Zeit mit etwas Unerwartetem oder Neuem von außen konfrontiert?
24. Haben Sie das Gefühl, Ihr Lebensziel zu kennen?

Die Auswertung

Suchen Sie sich diejenigen drei Fragen aus, die Sie mit bestem Gewissen mit »Ja« beantworten könnten. Schauen Sie nun in der Tabelle an, welchem Typ Ihre Fragen entsprechen.

Enneagramm-Typ	1	2	3	4	5	6	7	8
Fragen	6,13,17	9,16,20	14,15,19	3,21,23	7,11,22	2,5,10	12,18,24	1, 4, 8

Nachdem Sie Ihre Typen gefunden haben, kreuzen Sie in der folgenden Tabelle diejenigen Typen an, von denen Sie eine oder mehrere Fragen mit »Ja« beantwortet haben (maximal drei Kreuzchen, minimal ein Kreuzchen).

Enneagramm-Typ	1	2	3	4	5	6	7	8
Kreuzchen								

Die Typenzuordnung dieser Tabelle entspricht den einzelnen Typen des Enneagramms. Ein Blick auf diese Tabelle zeigt Ihnen, wo Sie gerade in Ihrer Entwicklung stehen. Schauen Sie zuerst, ob die von Ihnen angekreuzten Typen alle eng beieinander oder sehr verteilt liegen.

Beispiele und Erläuterungen

Wenn Sie nur einem Typ zuneigen – also alle drei Fragen eines Enneagramm-Typen mit »Ja« beantwortet haben –, dann gehören Sie ohne Zweifel diesem Typ an und können gleich den entsprechenden Text dazu lesen (ab Seite 253ff.).

Wahrscheinlich werden sich Ihre Kreuzchen aber auf zwei verschiedene Typen verteilen. Folgen diese aufeinander wie Typ 1 und 2, dann stehen Sie am Übergang von Typ 1 zu 2 und sollten sich die beiden entsprechenden Texte durchlesen und versuchen, die Spannung des Übergangs zu verstehen. Sie werden übrigens feststellen, daß Sie sich meist an einem Übergang von einem Bewußtseinszustand in einen anderen befinden. Nur der Zwanghafte verharrt sehr lange in einem Bewußtseinszustand.

Wenn Sie den Test öfter machen, dann treten vielleicht Muster wie das folgende auf: 2, 3, 4, 2, 1, 4, 1 etc. Sie bemerken, daß Sie sich immer wieder in einem Kreis zwischen dem ersten und vierten Enneagramm-Punkt bewegen. Das ist die berüchtigte neurotische Wiederholung nach Freud oder es sind die mechanischen Wiederholungen im Schlaf, gegen die Gurdjieff so vehement antrat. Solche Kreisbewegungen können auf der rechten wie auf der linken Seite des Enneagramms auftreten. Jene auf der linken Seite sollten sich mit der Zeit auf ein Schwanken zwischen dem Enneagramm-Punkt 7 und 8 einstellen.

Schwanken Sie zwischen zwei weit voneinander entfernten Punkten hin und her, dann verlangt eines Ihrer Ichs etwas genauso stark wie ein anderes. Versuchen Sie diese Spannung zu verstehen, indem Sie die entsprechenden Texte durchlesen.

Ohne Zweifel liegt eine Entscheidung ganz dringend an, wenn Sie je eine Frage von drei auseinanderliegenden Typen mit »Ja« beantwortet haben. Kennen Sie das Gefühl: »Zwei Seelen wohnen, ach! in meiner Brust?« Geht es ihnen gerade so? Versuchen Sie, sich regelmäßig zweimal täglich Ihrer selbst zu erinnern. Oder sind Sie gerade so abgespannt, daß Sie Konzentrationsschwächen zeigen? Vielleicht darf man ja auch zum kreativen Chaos gratulieren ... Auf jeden Fall lesen Sie sich die Kommentare zu den von Ihnen angekreuzten Typen durch – lassen Sie die eventuellen Widersprüche und Spannungen wirken.

Neben den sehr praktisch gehaltenen Texten des Tests zu den einzelnen Enneagramm-Punkten würde ich Ihnen raten, noch zusätzlich im ersten und dritten Kapitel dieses Buches ausführlich über die entsprechenden Enneagramm-Punkte nachzulesen.

Enneagramm-Punkt 1

Am Enneagramm-Punkt 1 hilft es Ihnen, Ihre jetzige Situation so genau wie möglich wahrzunehmen. Schauen Sie sich an, wo Sie gerade stehen und was Ihre Voraussetzungen sind, um weiterzukommen. Falls Sie ein Tagebuch führen, lesen Sie sich die Eintragungen der letzten Monate durch. Sie können sich Ihres jetzigen Standpunktes auch gut durch die Betrachtung Ihrer Träume bewußt werden. Versuchen Sie sich darüber klar zu werden, was Sie wollen. Stellen Sie sich dieses Ziel so genau wie möglich vor. Vielleicht hilft Ihnen die Visualisierung des erwünschten Ziels. Wenn Sie es sich genau vorstellen, versuchen Sie dabei auf Ihre Gefühle zu achten. Lehnen Ihre Gefühle dieses Ziel ab oder begrüßen sie es? Falls Sie Angst vor diesem Ziel haben, sollten Sie noch einmal überdenken, ob das gewählte Ziel für Sie wirklich geeignet ist.

Enneagramm-Punkt 2

Am Enneagramm-Punkt 2 hilft es Ihnen, sich über Ihre Situation durch entsprechende Bücher und Unterlagen zu informieren. Sammeln Sie alle Ihnen erreichbaren Informationen über Ihre Lage und versuchen Sie sich Ihrer Situation genau bewußt zu werden. Zugleich sollten Sie Ihr Ziel so genau wie möglich erfassen. Schreiben Sie sich im Detail auf, was Sie erreichen möchten und welche Schritte dazu nötig sind. Machen Sie sich einen Plan, wie und wann Sie Ihr Ziel erreichen wollen. Lesen Sie sich diesen Plan so oft wie möglich vor dem Einschlafen durch. Hier hilft es auch, sich vor dem Einschlafen genau den vergangenen Tag zu vergegenwärtigen und sich dann vorzustellen, wie dieser Tag abgelaufen wäre, wenn Sie Ihr Ziel schon erreicht hätten.

Enneagramm-Punkt 3

Sie haben das Gefühl, aus eigener Kraft nur noch sehr schwer weiterzukommen. Wahrscheinlich haben Sie sich schon um Ratschläge an Freunde gewandt, vielleicht arbeiten Sie mit einem Therapeuten oder Lehrer. Es ist an diesem Punkt sehr wichtig, Helfer in der Außenwelt zu finden, denen man sich vollständig öffnen kann. Entwickeln Sie hier keinen falschen Ehrgeiz und verlangen von sich, Ihre Entwicklung unbedingt und zu jeder Zeit selbständig und alleine in die Hand zu nehmen. Es ist ein Teil Ihrer Entwicklung festzustellen, daß Sie Hilfe von außen benötigen. Nehmen Sie diese Unterstützung dankbar an. Sie haben die Chance, etwas über Demut zu lernen. Sie sollten regelmäßig die Übung der Selbsterinnerung machen.

Enneagramm-Punkt 4

Höchstwahrscheinlich ringen Sie mit Ihren Emotionen und haben Schwierigkeiten, therapeutische oder spirituelle Übungen regelmäßig durchzuführen. Betrachten Sie genau, wo Ihnen der Wille und die Disziplin fehlen. Versuchen Sie jeden Tag für ein paar Minuten, sich Ihrer selbst zu erinnern. Hüten Sie sich davor, in alte Verhaltensweisen zurückzufallen, auch wenn Sie mit Ihrer jetzigen Situation unzufrieden sind. Machen Sie sich klar, wie Ihre alten Verhaltensweisen Sie beherrschen und unglücklich machen. Brechen Sie auf dieser Stufe keine Therapie ab, verlassen Sie keinen Lehrer und ziehen Sie sich nicht von Ihren Freunden zurück. Experimentieren Sie bewußt mit neuen Reaktions- und Verhaltensweisen, und beobachten Sie, was dabei in Ihrem Inneren geschieht. Führen Sie ein Tagebuch über Ihre Launen und Stimmungen, und versuchen Sie, sich Ihr Ziel immer wieder klar zu machen.

Enneagramm-Punkt 5

Sie sind hier oft unzufrieden und leiden daran, daß Sie noch immer nicht Ihr Ziel erreicht haben, üben Sie Geduld! Dieses Leiden ist für Ihre Entwicklung notwendig, da es alle Ihre Kräfte zur Weiterentwicklung mobilisiert. Nun sind Sie schon so weit gekommen, daß der einzige Weg der nach vorne auf das ersehnte Ziel hin ist. Versuchen Sie, Ihre Erfahrungen zu verstehen und sich selbst aus einer gewissen Distanz zu betrachten. Ziehen Sie sich nicht zu sehr zurück; bleiben Sie erreichbar für Ihre Umwelt. Versuchen Sie so weit wie möglich Ihr ganzes Leben auf Ihr Ziel hin auszurichten. Womöglich müssen Sie dafür Opfer bringen, die sich jedoch lohnen werden.

Enneagramm-Punkt 6

Wahrscheinlich wird gerade wieder im besonderen Maße die Außenwelt für Sie wichtig. Öffnen Sie sich den Impulsen der Außenwelt. Betrachten Sie genau, wie Sie diese Anstöße bewußt für sich nutzen können. Versuchen Sie diese möglichst jeden Abend vor dem Einschlafen zu visualisieren und danach aufzuschreiben, was Sie an dem ausklingenden Tag von anderen gelernt haben. Setzen Sie sich kleine Ziele auf dem Weg zu Ihrem großen Ziel. Erleben Sie, wie Ihr Wille erstarkt. Schreiben Sie Ihre Teilziele auf ein Stück Papier auf, das Sie beständig in Ihrer Tasche bei sich tragen, so daß Sie immer wieder daran erinnert werden, wo Sie hingelangen möchten.

Enneagramm-Punkt 7

Gratulation! Sie haben Ihr Ziel erreicht. Ihr Wille ist erstarkt und Ihnen gelingt es, mehr oder weniger so zu leben, wie Sie wollen. Sie können sich hiermit zufrieden geben und sich erst einmal an Ihrer erreichten Freiheit erfreuen. Neue Aufgaben werden noch früh genug an Sie herantreten. Allerdings können Sie sich auch entscheiden, vollständig in Ihrem Ziel aufzugehen. Man kann sich immer noch ein wenig weiter vervollkommnen! Sie sind jetzt in der Lage, eine klare Entscheidung darüber zu fällen, wie Sie jetzt weiterleben wollen. Treffen Sie diese Entscheidung bewußt. Im Gurdjieffschen Sinne sind Sie aus Ihrem Schlaf erwacht und zu einem verantwortlichen, erwachsenen Menschen geworden. Spüren Sie die Freiheit einer bewußten Entscheidung. Es wird Ihnen weiterhin helfen, sich regelmäßig Ihrer selbst zu erinnern. Sie werden neue Dimensionen dieser Übung erleben.

Enneagramm-Punkt 8

Sie haben gelernt, Ihrem Ziel, einer Aufgabe oder Sache zu dienen. Geben Sie sich weiterhin diesem Dienst so vollständig wie möglich hin. Gehen Sie in ihm auf. Weitere Ratschläge wären hier fehl am Platze. Sie werden selbst bemerken, wann Sie sich auf einer neuen

Ebene wieder in den gerade von Ihnen abgeschlossenen Prozeß begeben sollten und wann eine neue Aufgabe Ihr Interesse beansprucht.

Zur Bestimmung eines gesellschaftlichen oder ökonomischen Prozesses

Besonders Bennett hat darauf aufmerksam gemacht, daß die neun Stufen des Enneagramms als aufeinander aufbauende Entwicklungsschritte eines Prozesses oder einer Situation anzusehen sind. Jeder Prozeß muß diese neun Entwicklungsstufen durchlaufen, um zu seinem Ziel zu gelangen und um die Grundlage für neue Prozesse zu bieten. Sind Sie sich beispielsweise bei einem wirtschaftlichen Ablauf unsicher, warum er nicht wie erwünscht erfolgt, dann können Sie diesen Test durchführen. Seine Auswertung wird Ihnen Ideen geben, was Sie in einem solchen Fall unternehmen können.

Da Arbeits- und Produktionsprozesse zu unterschiedlich sind, würde hier ein Fragebogen in Form eines Tests entweder zu lang werden oder zu allgemein gehalten sein, um ein brauchbares Instrument zur Analyse darzustellen. Aus diesem Grund habe ich hier eine leicht zu handhabende Frageliste angeführt, die Ihnen die Analyse von ökonomischen Prozessen erleichtert und Ihnen zugleich Entscheidungshilfen an die Hand gibt. Diese Liste kann nicht nur bei der professionellen Organisation von Geschäften nützlich sein, sondern soll Ihnen ebenfalls helfen, alltägliche private Arbeitsabläufe klarer und effizienter zu strukturieren.

Wollen Sie eine neue Arbeit beginnen, ein Geschäft gründen oder umstellen, dann lesen Sie sich am besten alle Bemerkungen und Fragen zu den neun Enneagramm-Punkten der Reihe nach durch. Wenn Sie die Probleme in einem bereits bestehenden Geschäft oder Arbeitsablauf analysieren, beantworten Sie bitte zunächst die folgenden Fragen mit »Ja« oder »Nein«:

1. Halten Sie Ihren Betrieb für technisch oder kapitalmäßig ungenügend ausgestattet? (Falls Sie mit »Ja« antworten, dann lesen Sie sich die Bemerkungen zum Enneagramm-Punkt 1, eventuell auch 7 durch.)
2. Bestehen bei Ihnen Schwierigkeiten mit der Arbeitsorganisation? (Falls Sie mit »Ja« antworten, dann lesen Sie sich die Bemerkungen zu den Enneagramm-Punkten 2 und 4 und eventuell 5 durch.)
3. Ist Ihr Produkt oder Ihre Dienstleistung nicht marktgängig genug? (Falls Sie mit »Ja« antworten, dann lesen Sie sich die Bemerkungen zu den Enneagramm-Punkten 3, 6 und 7 und eventuell auch 5 durch.)
4. Haben Sie Probleme mit der Werbung? (Falls Sie mit »Ja« antworten, dann lesen Sie sich die Bemerkungen zu den Enneagramm-Punkten 6 und 7 durch.)
5. Haben Sie Vertriebsprobleme? (Falls »Ja«, dann lesen Sie sich die Bemerkungen zum Enneagramm-Punkt 8 durch.)

Enneagramm-Punkt 1

Machen Sie sich zunächst klar, welche materiellen Grundlagen und Voraussetzungen Ihnen zur Verfügung stehen. Erstellen Sie sich eine Liste, welche Hilfsmittel Sie zur Arbeitsausführung und Arbeitserleichterung besitzen. Beachten Sie dabei Ihre eigenen Fähigkeiten, Ausbildungen und Erfahrungen, wie auch Ihre geldliche Situation. An Hand dieser Liste können Sie Ideen entwickeln, was für ein Projekt oder welche Dienstleistung Sie anbieten können beziehungsweise wie Sie sich die anstehende Arbeit erleichtern können. Falls Sie bereits eine Idee für die Vermarktung eines Produktes oder einer Dienstleistung haben, fragen Sie sich, welche materiellen Voraussetzungen Ihnen fehlen, um Ihre Arbeit zu erleichtern und die Produktion zu verbilligen.

1. Wenn Sie Ihr ökonomisches Ziel betrachten, meinen Sie, daß Sie von Ihren materiellen Voraussetzungen und Ihrer Ausstattung

her (auch Kapitalausstattung) ein Problem haben, Ihr Ziel zu erreichen? Ja oder nein?
2. Meinen Sie, daß Ihre Fähigkeiten, Erfahrungen und Ausbildungen genügen, um Ihr ökonomisches Ziel zu erreichen? Ja oder nein?

Haben Sie eine oder beide Fragen mit »Nein« beantwortet, dann sollten Sie Ihr Ziel ändern und derart abwandeln, daß Sie es mit Ihren Voraussetzungen leichter erreichen können.

Haben Sie beide Fragen mit »Ja« beantwortet, dann sind hier keine weiteren Überlegungen notwendig und Sie können sich dem Enneagramm-Punkt 2 zuwenden.

Enneagramm-Punkt 2

Wenn Sie Ihre materiellen Voraussetzungen und Ihre Fähigkeiten analysiert haben, geht es nun darum, diese Voraussetzungen und Ihre Fähigkeiten so einzusetzen und aufeinander abzustimmen, daß Sie Ihr Arbeitsziel möglichst rationell erreichen. Analysieren Sie, wie Sie zeitlich am besten Ihre technischen Hilfsmittel einsetzen und dabei selbst am effektivsten wirken können. Stellen Sie einen logischen, rationalen Plan der Abfolge Ihrer Arbeitsabläufe auf, so daß alle Ihnen zur Verfügung stehenden Kapazitäten bestmöglich ausgenutzt werden.

1. Haben Sie das Gefühl, daß es in Ihrer Arbeitsorganisation zu viel Leerlauf gibt? Ja oder nein?
2. Meinen Sie, Sie wären überbelastet und im Streß, wenn Sie Ihrem Arbeitsplan folgen? Ja oder nein?

Haben Sie eine oder beide Fragen mit »Ja« beantwortet, dann sollten Sie Ihren Arbeitsplan noch einmal gründlich überarbeiten und nach neuen kreativen Lösungen suchen, um Ihre materiellen Voraussetzungen rationeller aufeinander abzustimmen. Die Erfahrung zeigt, daß es sehr wichtig ist, sich eine möglichst genaue zeitliche Abfolge vorzustellen. Visualisieren Sie genau Ihren geplanten Arbeits- beziehungsweise Produktionsablauf.

Haben Sie beide Fragen mit »Nein« beantwortet, dann ist hier keine weitere Analyse notwendig, und Sie können sich dem dritten Enneagramm-Punkt zuwenden.

Enneagramm-Punkt 3

Nachdem Sie Ihre materiellen Voraussetzungen und ihre Arbeitsorganisation geklärt haben, müssen Sie sich jetzt Ihrer Produktionsidee beziehungsweise Ihrer Dienstleistung zuwenden. Überlegen Sie sich genau, mit welcher Ware oder welcher Arbeit Sie bei Ihren Voraussetzungen am erfolgreichsten sein können. Sie brauchen hier am dritten Enneagramm-Punkt eine zündende Idee, die sich bei den gegebenen Marktbedingungen durchsetzen kann. Hierzu werden Sie voraussichtlich Außeninformationen in Form von Beratungen benötigen. Ob Sie sich nun zum Beispiel an sogenannte Management Consultants wenden oder die Berichte der Industrie- und Handelskammer in Ihrem Bereich studieren, bleibt Ihnen überlassen. Wichtig ist nur, daß Sie zu einer zündenden Idee kommen, die Ihrer individuellen Situation entspricht.

1. Meinen Sie, daß Ihnen die zündende Idee dazu fehlt, was Sie mit Ihren Voraussetzungen machen können? Ja oder nein?
2. Gibt es für Ihr Produkt oder Ihre Dienstleistung bereits viele Anbieter? Ja oder nein?

Haben Sie eine oder beide Fragen mit »Ja« beantwortet, dann suchen Sie sich einen wirklich guten, professionellen Berater. Je besser der Berater ist, um so größer ist die Chance, daß Sie Erfolg haben. Hier wird erfahrungsgemäß oft an der falschen Stelle gespart. Bedenken Sie, daß Sie dieses Sparen teuer zu stehen kommen kann.

Haben Sie die zweite Frage mit »Nein« beantwortet, dann denken

Sie über die Gründe nach, warum es für Ihr Produkt beziehungsweise Ihre Dienstleistung wenig Anbieter gibt.

Haben Sie beide Fragen mit »Nein« beantwortet und werden Sie von den Gründen, daß Ihr Produkt/Ihre Dienstleistung wenig angeboten wird, nicht abgeschreckt, sind hier keine weiteren Überlegungen mehr notwendig. Sie können sich jetzt dem vierten Enneagramm-Punkt zuwenden.

Enneagramm-Punkt 4

Waren bis jetzt Ihre Überlegungen mehr theoretischer Art, wenden wir uns nun der Betrachtung des konkreten Arbeitsablaufs zu. Wir kommen zur realen Produktion beziehungsweise zu den Erfahrungen mit dem konkreten Arbeitsablauf.

1. Wo gibt es Widerstände in der konkreten Produktion beziehungsweise bei der Organisation zum Anbieten von Dienstleistungen?
2. Wo treten Spannungen bei der konkreten Arbeitsorganisation auf?

Um solche Widerstände aufzuheben oder zu verringern, ist es oft nötig, zu den theoretischen Überlegungen der Enneagramm-Punkte 1 und 2 zurückzukehren und auf Grund der jetzt vorliegenden praktischen Erfahrung entsprechende Konsequenzen zu ziehen.

Treten keine Widerstände bei der Produktion oder der Arbeitsorganisation auf (was selten der Fall ist), können Sie ohne weitere Analysen und Systemveränderungen zum Enneagramm-Punkt 5 übergehen.

Enneagramm-Punkt 5

Durch alle bisher vorliegenden Erfahrungen können Sie am fünften Enneagramm-Punkt Ihr zu erreichendes Ziel mit all seinen Konsequenzen genau erkennen. Sie sind jetzt in der Lage, Ihr Produktionssystem und Ihr Produkt oder die Organisation Ihrer Dienstleistung und Ihre Dienstleistung genau aufeinander abzustimmen. Dies führt an dieser Stelle meistens zur Modifikation Ihres Ziels. Machen Sie sich am Enneagramm-Punkt 5 klar, daß das schönste ökonomische Ziel wenig nutzt, wenn es nicht ideal aufs Produktionssystem abgestellt ist.

Haben wir beim Enneagramm-Punkt 3 die Produktionsidee eher theoretisch betrachtet, so müssen wir hier offen sein, diese Idee der Realität unseres Produktionssystems anzupassen. Dies ist psychologisch häufig schwierig. Man hat das Gefühl, unter Sachzwängen seine Ideen zu verraten. Fragen Sie sich:

Ist mein Produkt ideal auf meine Produktionsbedingungen abgestimmt? Ja oder nein?

Haben Sie hier mit »Nein« geantwortet, dann verdeutlichen Sie sich, daß Sie entweder Ihre Produktionsbedingungen noch einmal verändern müssen, oder daß Sie Ihr Produkt oder Ihre Dienstleistung zu verändern haben. Falls Sie Ihre Produktionsbedingungen ändern wollen, betrachten Sie noch einmal genau den Enneagramm-Punkt 4. Wollen Sie Ihr Produkt oder Ihre Dienstleistung verändern (was oft einfacher ist), stellen Sie eine Liste der Konsequenzen Ihrer Produktions- und Arbeitsbedingungen für Ihr Produkt auf. Die Analyse dieser Liste sollte Ihnen Ideen geben, wie Sie Ihr Produkt oder Ihre Dienstleistung modifizieren sollten.

Haben Sie hier mit »Ja« geantwortet, können Sie zum sechsten Enneagramm-Punkt fortschreiten.

Enneagramm-Punkt 6

An dieser Stelle des Prozesses geht es darum, Ihrem Produkt oder Ihrer Dienstleistung den letzten Schliff zu geben. Man könnte hier auch von »Styling« reden. Es stellt sich die Frage, in welchen ideologischen Zusammenhang Sie sich mit Ihrem Produkt oder Ihrer Dienstleistung zu stellen wünschen. Hier sollte ein stimmiges Image formuliert werden, mit dem Sie Ihr Geschäft und Ihre Arbeit präsentieren und Ihr Produkt anbieten. Hierzu müssen Sie Ihren Blick auf die Fragen richten, welche die Sie umgebende Gesellschaft (und besonders Ihr potentieller Kundenkreis) gerade bewegt. Bedenken Sie immer, daß man heutzutage mit jeder Ware ein Lebensgefühl verkauft. Es hilft hier, noch einmal zum Enneagramm-Punkt 3 zu schauen, um Ihre ursprüngliche Produktionsidee zu betrachten.

Letztendlich wäre hier zu fragen, wo der gesellschaftliche Sinn Ihres Produktes beziehungsweise Ihrer Arbeit liegt. Erstellen Sie eine Liste, die Ihnen zeigt, in welcher Weise Ihr Produkt oder Arbeitsergebnis in die Diskussion um neue gesellschaftliche Wege einzubeziehen ist. Hier sind besonders Fragen der Ökologie und der Selbstentfaltung zu betrachten.

1. Dient mein Produkt / meine Dienstleistung der Gesellschaft, in der ich lebe? Ja oder nein?
2. Transportiert mein Produkt einen bestimmten Lebensstil oder eine neue Qualität? Ja oder nein?

Antworten Sie hier ein- oder zweimal mit »Nein«, empfiehlt es sich, zum Enneagramm-Punkt 3 zurückzugehen.

Antworten Sie in beiden Fällen mit »Ja«, dann können Sie zum Enneagramm-Punkt 7 übergehen.

Enneagramm-Punkt 7

Nun können Sie endlich Ihr Produkt der Öffentlichkeit präsentieren. Es liegt die Frage nach der Verbreitung der Produktinformation beziehungsweise der Werbung an.

Wird mein Produkt oder meine Dienstleistung von allen potentiellen Interessenten (Käufern) wahrgenommen? Ja oder nein?

Falls Sie hier »Nein« ankreuzen, sollten Sie sowohl noch einmal einen Blick auf den ersten Enneagramm-Punkt werfen, um zu entscheiden, welche ökonomischen Möglichkeiten Ihnen zur Investition in die Werbung bereitstehen, als auch den sechsten Enneagramm-Punkt betrachten, um die Überlegung dort werbemäßig auszuformulieren.

Es ist oft hilfreich, an dieser Stelle ein Enneagramm der Werbung zu erstellen, besonders wenn Sie der Ansicht sind, daß hier die Schwachstelle Ihrer ökonomischen Bemühung liegt.

Haben Sie mit »Ja« geantwortet, dann können Sie nun zur Betrachtung des Enneagramm-Punktes 8 übergehen.

Enneagramm-Punkt 8

Am Enneagramm-Punkt 8 steht die Betrachtung Ihres Produktes an. Um den Vertrieb Ihrer Ware effektiver zu organisieren, können Sie zum Beispiel mit Hilfe eines weiteren Enneagramms die Organisation Ihres Vertriebes bestimmen.

Nachdem Sie auch diese Herausforderung gemeistert haben, sind Sie am Ziel Ihrer Arbeit angekommen.

Enneagramm-Punkt 9

Hier können Sie sich überlegen, ob es anliegt, ein neues oder ein Nachfolgeprodukt zu entwickeln.

Wer waren Gurdjieff, Ouspensky und Bennett? Drei Lebensläufe

Georg Iwanowitsch Gurdjieff (teilweise auch Gurdjeff)

Gurdjieff wurde wahrscheinlich als Ältester von sechs Geschwistern im Januar 1866 (bisweilen wird auch 1865 angenommen) in Kleinasien im griechischen Viertel der russischen Stadt Alexandropol (in Armenien) geboren. Er starb am 29. Oktober 1949 (um 10.30 Uhr) im amerikanischen Krankenhaus von Neuilly bei Paris.

Sicherlich gehört Gurdjieff zu den faszinierendsten Weisheitslehrern unseres Jahrhunderts. Als Tanzlehrer, Magier, Teppich- und Antiquitätenhändler, Hypnotiseur, als Schriftsteller und Pädagoge trat er in den unterschiedlichsten Verkleidungen auf und beeinflußte viele berühmte Künstler seiner Zeit. So zum Beispiel die englischen Schriftsteller Aldous (Leonard) Huxley (1894–1963) und D(avid) H(erbert) Lawrence (1885–1930), den amerikanischen Architekten Frank Lloyd Wright (1869–1959), den jüdischen Schriftsteller Arthur Koestler (1905–1983) wie auch die australische Schriftstellerin Katherine Mansfield (Pseudonym für Kathleen Beauchamp, 1888–1923), die in seinem Institut in Fontainebleau starb.

Gurdjieffs geliebter und verehrter Vater Giorgios Giorgiades war ein sogenannter »Ashokh«, das heißt er war einer der letzten Barden seiner Gegend, die alte Legenden, Sagen und Volkserzählungen sangen. Giorgiades verarmte und zog mit seiner Familie nach Kars, wo Gurdjieff strenge theologische Unterweisungen erhielt. Das orthodoxe Christentum beeindruckte den jungen Gurdjieff tief. Nach einigen Abenteuern als Jugendlicher, die ihn in Todesängste brachten und ihn mit paranormalen Ereignissen konfrontierten, stieß er erstmals 1885 auf die Lehre der Derwische und Sufis. Diese Lehre, die er später noch intensiver studierte, sollte einen Großteil seiner Ansichten bis zu seinem Tod hin prägen. Gurdjieff kann als der erste

Lehrer angesehen werden, der die gehüteten Geheimnisse der Sufis einer größeren Anzahl von westlichen Suchern zugänglich machte.

1886 findet er nach eigener Aussage die ersten Hinweise auf das Enneagramm und die sogenannte Sarmoun-Bruderschaft. Nun begibt er sich auf die Suche nach deren Kloster, die ihn unter anderem nach Ägypten, Äthiopien, in den Sudan, den Irak und nach Mecca und Medina führt. Als Agent des russischen Zaren kommt er nach Indien und Tibet. 1898 scheint er das versteckte Hauptkloster der Sarmoun-Bruderschaft gefunden zu haben, in dem er tiefe Einsichten in die Lehre des Enneagramms und die heiligen Tänze vermittelt bekommt. Von nun an wird das Enneagramm zum wichtigsten Bestandteil seiner Lehre zur Erweckung des Menschen. Bevor Gurdjieff 1912 Julia Ostrowska heiratet und Ouspenskys *Tertium Organum* liest, beschäftigt er sich ausgiebig mit persischer Magie und dem lamaistischen Buddhismus, den er in Tibet studiert.

In Moskau und Petersburg (Petrograd) gründet Gurdjieff seine ersten Gruppen, in denen er ausführlich über das Enneagramm lehrt. 1915 tritt Ouspensky diesen Gruppen bei. In den folgenden Jahren bis 1919 finden seine treusten Schüler wie Thomas und Olga de Hartmann und Alexandre und Jeanne (de) Salzmann zu ihm. Ouspensky hat sich inzwischen wieder von Gurdjieff distanziert.

1921 wird Gurdjieff von dem österreichischen Bewegungslehrer Emile Jacques-Dalcroze (1865–1950) – dem Begründer der Eurythmie – in dessen Institut in Hellerau bei Dresden eingeladen. Gleichzeitig trifft er in diesem Jahr Bennett, den er dazu anregt, sich mit dem Enneagramm zu beschäftigen.

Gurdjieff reist nach Deutschland und hält am 24. November 1921 in Berlin einen Einführungsvortrag in sein System. Er kann sich allerdings aus juristischen Gründen nicht in Hellerau niederlassen. Olga de Hartmann findet im Jahr darauf für ihn die Prieuré de Basses Loges in Fontainebleau-Avon, wo er nun sein berühmtes Institut eröffnet und intensiv an den »movements« zu arbeiten beginnt. Gurdjieff wird immer bekannter und besucht zehnmal die USA, wo sich durch das Talent von Alfred Richard Orage, dem früheren Herausgeber der literarischen Zeitschrift New Age, eine große Anhängerschaft bildet. Das Institut in Fontainebleau wird schnell als Ort der »Waldphilosophen« weltweit bekannt.

Ende 1924 beginnt Gurdjieff an seinem Hauptwerk *Beelzebubs Erzählungen für seinen Enkel* zu arbeiten, das er kurz vor seinem Tod zur Veröffentlichung freigibt. Als im Juli 1926 der englische Sexualmagier und Schriftsteller Aleister Crowley das Institut besucht, schmeißt Gurdjieff ihn kurzerhand raus.

Wegen Geldschwierigkeiten muß das Institut 1933 aufgegeben werden, und von jetzt an trifft sich die Gruppe in Gurdjieffs kleiner Pariser Wohnung. Ab 1940 führt Jeanne Salzmann ihre eigene Gruppe in Paris, die zunehmend einflußreicher wird und nach dem Tode Gurdjieffs sein Erbe übernimmt. Kurz vor seinem Tod gab Gurdjieff Jeanne Salzmann die letzten Instruktionen für diese Gruppe.

Nach Ouspenskys Tod Ende 1948 empfiehlt die Witwe Ouspensky den Schülern ihres Mannes Gurdjieffs Gruppe. Im gleichen Jahr wird Bennett offiziell in Gurdjieffs Arbeitsgruppe aufgenommen, und er wird mit René Zuber und Lord Pentland einer der Herausgeber von *Beelzebubs Erzählungen für seinen Enkel.*

Als Autobiographie liegt vor:

- *Treffen mit bemerkenswerten Menschen* (Umfaßt den ersten Lebensabschnitt Gurdjieffs)
- *Das Leben ist nur wirklich, wenn »ich bin«* (Der erste Teil des Buches skizziert den mittleren Lebensabschnitt Gurdjieffs)

Peter (Piotr) Demian(owitsch) Ouspensky

Ouspensky wurde 1877 in Moskau geboren, und er starb 1947 in London. Er war Mathematiker und Naturwissenschaftler und ein sehr erfolgreicher Schriftsteller und Journalist. Früh entdeckte er sein Interesse für die Literatur und veröffentlichte 1905 seinen Roman *Das seltsame Leben des Ivan Osokin,* der vom Zwang zur ewigen Wiederkehr des Gleichen handelt.

Nach ausgedehnten Reisen in Ägypten und dem Orient läßt sich Ouspensky in Petersburg (Petrograd) nieder und hält neben seiner schriftstellerischen Arbeit vielbesuchte Vorträge. Nachdem er 1909 das Buch *Der Vierte Weg* verfaßt hat, veröffentlicht er 1911 sein philosophisches Werk *Tertium Organum* (3. Organum), das auf dem Organum (lateinisch: Hilfsmittel, Werkzeug) von Aristoteles (1. Organum) und Francis Bacon (2. Organum) aufbaut. Dieses Werk liest Gurdjieff mit großem Interesse. Ouspensky trifft Gurdjieff allerdings erst im Frühjahr 1915 in dessen Petersburger Gruppe, als er gerade von Reisen durch Ceylon und Indien nach Moskau zurückkehrt. In Indien traf Ouspensky neben anderen Gurus den Weisheitslehrer Sri Aurobindo (Ps. Aurobindo Ghose, 1872–1950), der auch mit dem Enneagramm arbeitete.

Ouspensky ist schnell von Gurdjieff fasziniert. Er ist es, der Gurdjieff bekanntmacht – wobei er seine hervorragenden Verbindungen zu den intellektuellen und theosophischen Kreisen in Moskau und Petersburg ausnutzt.

1920 geht Ouspensky nach Konstantinopel, um dort eine eigene Studiengruppe zu leiten. Von 1921 bis zu seinem Tod lehrt Ouspensky äußerst erfolgreich in London und den USA.

Acht Jahre lang hielt Ouspensky mit Gurdjieff einen mehr oder weniger engen Kontakt, wobei von 1915 bis 1918 Ouspensky und Gurdjieff sehr intensiv zusammenarbeiteten. Ouspensky führte die Lehre Gurdjieffs, die seiner eigenen sehr glich, zu einem systematischen Ganzen zusammen, und als Naturwissenschaftler beschäftigte er sich besonders mit Gurdjieffs komplexem System der Stoffumwandlung (Tabelle der Wasser- und Kohlenstoffe), die Ouspensky unter dem Aspekt des Enneagramms betrachtete. Er veröffentlichte als erster ausführlich die Lehre Gurdjieffs und besonders die des Enneagramms in seinem Buch *Auf der Suche nach dem Wunderbaren.*

Um 1919 entzweiten sich Ouspensky und Gurdjieff immer mehr und jeder geht von nun an seiner Wege, wobei Ouspensky erreichen will, den Menschen speziell von dem Gesichtspunkt seiner potentiellen Möglichkeiten aus zu studieren. Er gelangt dabei zu einer Psychologie der Freiheit, die teilweise an Jiddu Krishnamurti (Ps. Juddu Nariahna) erinnert.

Nach Ouspenskys Tod orientieren sich seine Schüler an Gurdjieff, Bennett und Jeanne Salzmann.

John Godolphin Bennett

Bennett wurde am 8. Juni 1877 geboren. Er starb im Dezember 1974. Wie Gurdjieff hatte er im Weltkrieg und in seinen späteren Lebensjahren Nah-Tod-Erlebnisse, die ihn sehr beeinflußten.

Bennett kann man ohne Übertreibung als Universalgenie bezeichnen. Er war Mathematiker und lange Zeit Direktor eines industriellen Forschungsinstituts, das sich mit der Kohlechemie beschäftigte. Er war auch ein englischer Spionage-Offizier, der während seiner Arbeit asiatische Sprachen und Religionen erforschte. Er kannte sich vorzüglich im Islam aus und unternahm ausgedehnte Reisen in den Mittleren und Fernen Osten: Er studierte die Bücher der Begründerin der esoterischen Arkan-Schule und des Lucis-Trustes, Alice A. Bailey (1880–1949), und schrieb selbst viele Bücher, die von Gurdjieffs und Ouspenskys Arbeit stark beeinflußt sind.

1920 lernt Bennett Gurdjieff und Ouspensky persönlich kennen. Er ist es, der Gurdjieff in Kostantinopel davon überzeugt, nach Europa zu kommen. Mit Gurdjieff und Ouspensky steht er bis zu Ouspenskys Tod in lockerer Verbindung. 1948 tritt Bennett dann offiziell der Gurdjieff-Gruppe in Fontainebleau bei, um anerkannter Schüler Gurdjieffs und Mitherausgeber von *Beelzebubs Erzählungen für seinen Enkel* zu werden. Zuvor hatte er Coombe Springs, sein Forschungslabor bei London, käuflich erworben und in ein

»Institute for Comparative Study of History, Philosophy and Science« (Institut für Studien in vergleichende Geschichte, Philosophie und Wissenschaft) umgewandelt. Dort hatte er eine schnell wachsende Gruppe erfolgreich aufgebaut. Einige Jahre vor seinem Tod verließ er Coombe Springs, um in Sherborne House (Gloucestershire/England) die »International Academy for Education« zu gründen. Hier hielt er vom Oktober 1971 bis zum Dezember 1974 unter anderem grundlegende Vorträge zum Enneagramm und inspirierte »Systematics«, eine Studiengruppe, die sich mit der Anwendung der Lehren des Enneagramms im Management beschäftigte.

Bennett ging in Coombe Springs und besonders in Sherborne House davon aus, daß nur selbständige Gemeinschaften, die an der inneren Entwicklung des einzelnen arbeiten, in den chaotischen Zeiten, die er für die nahe Zukunft voraussah, überleben können. Wie die modernen Evolutionstheoretiker meinte Bennett, daß die Arbeit an der eigenen Veränderung wegen der großen Umwälzungen in unserer Welt unbedingt nötig ist. Es war sein Ziel zu lehren, wie man selbstverantwortlich das tägliche Leben als Schule nutzen kann.

Sherborne House gibt es heute nicht mehr, aber Bennett inspirierte ein ähnliches Projekt in Claymont (West-Virginia/USA), das ihn überlebte. Dieses Institut in Claymont wurde von dem Lehrer der »movements« Pierre Elliot zehn Jahre lang geführt.

In den fünfziger Jahren besucht Pak Subuh (Ps. Muhammad Subuh, der 1947 in Indonesien eine Bruderschaft gründete, die gymnastische Übungen lehrt, die zur Ekstase führen) Bennett in Coombe Springs. Bennett erkennt im Subud, der auf Subuh beruhenden Bewegung, einen Weg zur Verwirklichung des wahren Christentums, der schon von Gurdjieff und Alice A. Bailey angekündigt worden war. 1959 organisiert Bennett den ersten internationalen Subud-Kongreß in Coombe Springs, und er bleibt bis zu seinem Tod ein so aktiver Verkünder dieser Bewegung, daß er vielfach als eigentlicher Gründer des Subud angesehen wird.

Als Autobiographie liegt vor:

- *Das Durchqueren des großen Wassers* (Im Original: *Witness. The Story of a Search.* Diese ausführliche Autobiographie reicht bis ans Ende der fünfziger Jahre.)

Gurdjieffs Begrifflichkeit

Gurdjieffs Haupttext *Beelzebubs Erzählungen für seinen Enkel* ist unter anderem deswegen so schwer zu erfassen, weil in ihm viele Kunstwörter vorkommen, die dem unvorbereiteten Leser nicht ohne weiteres verständlich sind.

Ich vermute, daß Gurdjieff unter anderem solch ungewöhnliche eigene Wortschöpfung benutzte, um das Problem automatischer Assoziationen bei den entsprechenden Begriffen auszuschalten. Diese bei einem gebräuchlichen Begriff in jedem von uns automatisch ablaufenden Assoziationen halten uns in unseren alten und gewohnten Denkmustern und Sichtweisen fest. Jedes Wort, das wir lesen und hören, wird von allen möglichen individuellen Erinnerungen, Gedanken und Assoziationen gefärbt. Gurdjieff ging es jedoch darum, etwas grundlegend Neues zu vermitteln und dem Menschen die Augen zu öffnen. Ein Teil seiner Methode zur Erweckung des Menschen besteht in seinem ungewöhnlichen Wortgebrauch. In Gurdjieffs Sprachgebrauch werden die Wörter hauptsächlich aus griechischen, türkischen und russischen Silben zusammengesetzt, um einen Sachverhalt möglichst genau aus vielen Aspekten zu beschreiben. Gurdjieff geht es im postmodernen Sinn um eine ganzheitliche Sichtweise, die nicht auf alte und bekannte Assoziationen zurückgreifen wollte und konnte.

Bei der Lektüre des *Beelzebubs* werden wir immer wieder auf solche Kunstwörter stoßen, die das Lesen dieses Textes teilweise erheblich stören. Um den Zugang zu diesem Buch etwas zu erleichtern, gebe ich Ihnen im Folgenden ein Glossar, das die wichtigsten Begriffe Gurdjieffs aufführt. Es wird Ihnen sehr helfen, wenn Sie das Glossar beim Lesen von *Beelzebubs Erzählungen für seinen Enkel* neben sich liegen haben.

Die Elemente des Enneagramms nach der Bezeichnung von Gurdjieffs *Beelzebubs Erzählungen für seinen Enkel:*

Triamasikamno: das Gesetz der Drei

Harnelmiatznell: ebenfalls ein Ausdruck des Gesetzes der Drei, der besagt, daß das Höhere mit dem Niederen verschmilzt, um das Mittlere hervorzubringen

Surp-Otheos: die positive oder aktive Kraft

Surp-Skiros: die negative oder passive Kraft

Surp-Athanotos: die neutrale oder Bindekraft

Mdnel-In: die drei Schockpunkte

mechanisch-zusammentreffender Mdnel-In: der mechanische Schockpunkt am Enneagramm-Punkt 3

absichtlich-verwirklichter Mdnel-In: der bewußte Schockpunkt am Enneagramm-Punkt 6

Eftalogodiksis oder *Heptaparaparschinoch:* das Gesetz der Sieben

Tasaluninono: die sieben Aspekte in einer jeden Erscheinung

Protoächari: Enneagramm-Punkt 1

Deuteroächari: Enneagramm-Punkt 2

Tritoächari: Enneagramm-Punkt 4

Tetaroächari oder *Harnelahut:* Enneagramm-Punkt 5 (wird auch für den Übergang von Enneagramm-Punkt 4 zu dem Enneagramm-Punkt 5 gebraucht)

Piandschoächari: Enneagramm-Punkt 7

Exioächari: Enneagramm-Punkt 8

Resulsarion (Resulzarion): Enneagramm-Punkt 9

Partkdolg-Pflicht: die bewußte »Arbeit« der Selbsterinnerung, um zu erwachen, was mit dem absichtlichen Leiden verbunden ist, da man gegen die Trägheit seiner eigenen Natur angehen muß

Heropass: die Zeit oder der Zeitablauf

Weitere wesentliche Begriffe Gurdjieffs in alphabetischer Reihenfolge:

Abdest: Waschen der Genitalien
Adiat (Haida): Mode
Ätherogramm: vergleichbar dem Telegramm
Ätherokrilno: kosmischer Grundstoff göttlicher Natur
Almsnoschinu: Materialisierung der Vernunft oder anderer Funktionen eines Toten, um mit ihm zu kommunizieren
Anaschi: Haschisch
Ansanbaluiazar: Umwandlung beziehungsweise Wechselwirkung von Energien
Anstruarhelt: Nervosität
Antkuano: die automatische Vervollkommnung der Vernunft in der Zeit
Askokin: Speise für den Mond (die unbewußte Natur), die aus dem Zerfall lebendiger Substanzen entsteht
Blagonurarinische Empfindung: Gewissensbiß
Bulmarschano: Ein Informationsträger des untergegangenen Kontinents Atlantis, der unserem heutigen Buch entspricht
Chirnuanovo: Veränderung des Schwerpunkts des Sonnensystems
Chlodistomatikulen: Synapsen des Gehirns
Darthelchlustnischer Zustand: ein Zustand, in dem man seinen inneren Erlebnissen lauscht (eine Art Meditation)
Dianosk: Tag
Diapharon: Sport
Dimtzoniro: Verpflichtung, ein (sich selbst gegebenes) Versprechen einzuhalten
Dschartklom: Licht und Finsternis, Gewissensbisse, die Trennung der verneinenden, bejahenden und vereinigenden Kraft
Dscherimetli: Materialisierung des Seelenkörpers eines Toten
Ekbarzerbation: Menschen in die Irre führen
Exioächari: Sperma

Ganbledsoin: Magnetismus im Sinne von Franz Mesmer, aber auch Blut

Gasometronolturiko: Physiologie

Hammam: Opfergaben

Hasnamus: ein gewissenloser, egoistischer Mensch, der sich jedoch klare Ziele setzen kann

Hawatwernoni: Religion

Hernasdschensa: Stammbaum

(Seins-) Hichdschnapar: Mitleid

Ikriltaskakra: die Fähigkeit, bewußt bestimmten Assoziationen zu folgen

Instruarisch: nervös

Irodohahun: das übliche Lebensprinzip der Menschen

Jaboliunosar: (Religiosität), Nervosität

Jamtesternoche: Lehren

Kalkaki: (spirituelle) Lehre

Kaltane (Sakrupiake): Restaurant

Kaschiraitlir: Buch (Pergament), Manifest

Kedschan-Körper: der zweite Körper des Menschen, der als feinstofflich und durchgeistigt angesehen wird

Keva: Kaugummi

Khalqa: Gruppe (in der Sufi-Tradition eine Gruppe von Menschen, die geistige Arbeit zu ihrer Vervollkommnung leisten)

Khlarfogo: Gewissensbisse

Krhrrhihirchi: Dynamo

Kroanen: Opfergaben

Kscherknar: eine Art Visionssuche, Meditation

Kschtazawatcht: Aufhetzen

Kundabuffer: ein kurzfristig in den Menschen eingefügtes Organ, das sie ihre Wirklichkeit nicht mehr erkennen läßt. Es erzeugt Falschheit und Blindheit

Latinaki: Hirten

Logomonismus: Wissen aus vergangenen Zeiten, das durch Eingeweihte weitergegeben wird

Martfotai: wirkliche Individualität (wie sie ab dem sechsten Enneagramm-Punkt erreicht wird)

Murdurten: Onanie

Nichtsunnichtono: alles wird in Urstoff aufgelöst

Nipilhuatschi: der Fluß Nil

Oblekiunerisch: Horoskop

Okidanoch: Wille

Ornakr: Monat

Oskianer: Erzieher

Oskiano: Erziehung

Oskolniku: Dankbarkeit

Otkaluparnisch: unsympathisch

Perambarsasidaan: Stimmgabel

Prosphora: Brot

Pythien (Tiklunien): Medien (in Anlehnung an das Orakel zu Delphi)

Raskuarno: die Abtrennung einzelner Teile vom Ganzen, Tod

Rastropunilo: Geruch

Rollenkandelnost: Assoziationsauslöser oder Assoziationsfähigkeit

Sakrupiake (Kaltane): Restaurant

Sakukinolturiko: Hypnose

Samonolturiko: Medizin

Satkein: Giftgas

Semzekionisch: bedrückend

Similisiernisch: allegorisch

Sinkrpussaren: der Glaube an Phantasieprodukte

Sitrit: Kaiserschnitt

Soliunenensis: planetarische Spannungen, die auf das Gefühl der Menschen wirken

Spezitualitivische Verdichtung: Gehirn

Sunniat: Beschneidung

Sustat: Bewußtsein

Teleokrimalnische Gedankenwellen: entspricht in etwa den morphogenetischen Feldern nach Rupert Sheldrake

Tenikdoa: Gesetz der Schwerkraft

Teskkuano: Fernglas

Tetartokosmos: Tier

Theomertmalogos: schöpferischer Impuls

Tikliamisch: (Sumerisch) Nach Gurdjieff die höchste Kulturstufe, welche die Menschheit bisher erreichte

Tiklunien (Pythien): (Trance-)Medien

Tirzikiano: Lampe

Trogoautoegokratischer Prozeß: ein Prozeß, in dem der Mensch unbewußt dem Mond (seiner unbewußten Natur) dient. Der Prozeß, in dem der Mensch den Mond ernährt (heißt wörtlich: ich halte mich durch Essen zusammen)

Tschakla: Hanf

Tüssy: Abtreibung

Turinurino: Beständigkeit

Tuspuschok: Blinddarm

Urnel: angeben (übertreiben)

Valikrin: das Blut eines Lebenden in den Körper eines Toten einführen

Vibroechonitansko (Khlarfogo): Gewissensbisse

Winduretznel: äußere Erscheinung

Zerlikner: Arzt

Literaturverzeichnis (teilweise kommentiert)

Die Zitate von Anthony G. E. Blake an den Anfängen einzelner Kapitel entstammen alle dem genialen Buch: BLAKE, Anthony G. E., *Intelligenz jetzt!* Südergellersen: Bruno Martin 1990. Das Zitat von Rodney Collin zu Beginn des dritten Kapitels ist folgendem Buch entnommen: COLLIN, Rodney, *Spiegel des Lichts*. Boltersen: Plejaden 1990. Das Kuchinsky-Zitat entstammt: KUCHINSKY, Saul, Systematics. *Search for Miraculous Management.* Charles Town/West Virginia: Claymont Communication 1987. Die Gurdjieff-Zitate zu Beginn der Kapitel 4 und 6 stammen aus OUSPENSKY, P.D., *Auf der Suche nach dem Wunderbaren.* Freiburg/Br.: O. W. Barth 1966, S. 432 und 430, das Gurdjieff-Zitat zu Beginn des 5. Kapitels ist *Beelzebubs Erzählungen für seinen Enkel* (S. 901) entnommen. Ich führe hier nur diejenige Literatur an, die ich selbst in diesem Buch zitiert habe und die ich für wesentlich zum Studium des Vierten Weges halte. In bezug auf die Werke über das Enneagramm und zu Gurdjieff und seiner praktischen Arbeit habe ich versucht, eine möglichst große Vollständigkeit zu erreichen, auf daß der interessierte Leser einen guten Überblick über die vorhandene Literatur bekommt. Die Werke Gurdjieffs sind in der Reihenfolge aufgeführt, in der er sie geschrieben hat.
Ferner sei auf die amerikanische Zeitschrift: *Enneagramm Educator*, West Morse Avenue, Chicago/III. 60645 (seit 1989) verwiesen, die, meist aus christlicher Sicht, über den Umgang mit dem Enneagramm im Bereich der Psychologie und Gemeindearbeit berichtet.

ANDERSON, Magaret, *The Fiery Fountains.* London: Rider & Co 1953

ders.: *The Unknownable Gurdjieff.* London: Routledge, Kegan & Paul 1962 (Auch London: Arkana 1962. Sehr an Orage ausgerichtetes Buch, das knapp und bisweilen unverständlich die Lehre Gurdjieffs beschreibt.)

(ANONYMUS): *Guide and Index to All und Everything: Beelzebub's Tales to His Grandson.* Toronto: 1973 Traditional Studies Press.

BARNETT, Michael, »*Weltlich oder* spirituell. Michael Barnett spricht über Gurdjieff.« In: *Connection,* München 1988, Sept., S. 15 (Ein Artikel, der wenig über Gurdjieff sagt.)

BEESING, Maria & Robert J. NOGOSEK & Patrick H. O'LEARY, *The Enneagram: A Journey of Self-Discovery.* Denville/ New York: Dimension Books 1983

BENNETT, John Godolphin, *What are we living for?* London: Hodder & Stoughton 1949
ders.: *Witness. The Story of a Search.* London: Hodder & Stoughton 1962 (dtsch.: *Das Durchqueren des großen Wassers. Autobiographie.* Soyen: Ahorn o. J.. Ein packender Bericht über Bennetts Begegnung und Arbeit mit Gurdjieff und dessen Ideen.)
ders.: *Gurdjieff – A Great Enigma.* Ripon: Coombe Spring Press 1969
ders.: *Making a New World.* Bath: Turnstone Books 1973
ders.: *The Enneagram. Transformation of Man Series No. 2.* Sherborne: Coombe Springs Press 1974 (erweiterte Ausgabe: *Enneagram Studies.* York Beach: Samuel Weiser 1983)
ders.: *Gurdjieff – Der Aufbau einer neuen Welt.* Freiburg i.Br.: Aurum 1976
ders.: *Arbeit an sich selbst. Psychologie für eine mögliche Entwicklung des Menschen. Schriftenreihe Neue Epoche.* Frankfurt/M.: Bruno Martin 1976 (vergriffen)
ders.: *Gurdjieff Heute. Seine Botschaft für ein neues Zeitalter.* Frankfurt/M.: Bruno Martin 1977 (vergriffen)
ders.: *Transformation oder die Kunst, sich zu wandeln.* Soyen: Ahorn 1978 (1981, diese Ausgabe ist erweitert und informativer. Ein Buch, das leicht lesbar in die »Arbeit« einführt.«)
BENNETT, J. G. & Elizabeth, *Idiots in Paris: Diaries of J.G. Bennett and Elizabeth Bennett.* Sherborne: Coombe Springs Press 1980
BENNETT, J. G., *Harmonische Entwicklung. Gurdjieffs Psychologie der harmonischen Entwicklung des Menschen.* Südergellersen: Bruno Martin o.J. (1982) (vergriffen)
ders.: *Die inneren Welten des Menschen. Die Kosmopsychologie Gurdjieffs und der Sufis.* Südergellersen: Bruno Martin o.J. (1984) (vergriffen)
ders.: *Gurdjieff entschlüsselt. Die innere Bedeutung von Gurdjieffs »Beelzebubs Erzählungen«.* Frankfurt/M.: Bruno Martin 1981 (vergriffen)
ders.: *Wie wir Dinge tun. Eine Studie der menschlichen Funktionen. Schriftenreihe Neue Epoche.* Frankfurt/M.: Bruno Martin o.J. (1976) (vergriffen)
ders.: *Gurdjieff – Ursprung und Hintergrund seiner Lehre.* Basel: Sphinx 1989 (sehr geeignet zur schnellen und dennoch relativ differenzierten Information über Gurdjieff)
ders.: *Die Technik der Themen. Material zur Gruppen-Arbeit Nr. 1.* Wiesbaden: Mitglieder der Gruppen-Arbeit, limitierte Auflage (30 Ex.) 1989 (Ein kurzer wichtiger Aufsatz zur praktischen Gruppenarbeit)
ders.: *Is there »Life« on Earth.* Santa Fe/New Mexiko: Bennett Books 1989

ders.: *HASARD – Risiko.* Südergellersen: Bruno Martin 1992

BLAKE, Anthony G. E., *Intelligenz jetzt! Quantensprünge des Geistes.* Südergellersen: Bruno Martin 1990 (Ein geniales Buch, das in origineller Weise und mit modernem Vokabular in den Gurdjieffschen Intelligenzbegriff einführt)

BOLEN, Jean Shinoda, *Götter in jedem Mann. Besser verstehen, wie Männer leben und lieben.* Basel: Sphinx 1991

BUTKOWSKI-HEWITT, Anna, *With Gurdjieff in St. Petersburg and Paris.* London: Routledge, Kegan & Paul 1978

COLLIN, Rodney, *The Theory of Celestia Influence. Man, The Universe, And Cosmic Mystery.* Boulder, London: Shambala 1984 (Zusammen mit dem folgenden Buch eines der wichtigsten astrologisch-astronomischen Bücher aus den Schulen des Vierten Wegs.)

ders.: *The Theory of Conscious Harmonie.* Boulder, London: Shambala 1983

ders.: *The Theory of Eternal Life.* Boulder, London: Shambala 1983

ders.: *Spiegel des Lichts. Aus den Notizbüchern.* Boltersen: Plejaden 1990 (Ein bewegendes Büchlein voller weiser Sprüche)

DUKES, Paul, *The Unending Quest.* Cassell 1950

EBERT, Andreas & Richard ROHR (Hrsg.), *Erfahrungen mit dem Enneagramm. Sich selbst und Gott begegnen.* München: Claudius 1992 (Diese Aufsatzsammlung von Kirchenleuten stellt einen Versuch dar, das Enneagramm für die Kirche auszunutzen. Mit einem Test zur Typeneinordnung, der auch getrennt bestellt werden kann.)

ENDRES, Franz Carl & Annemarie SCHIMMEL, *Das Mysterium der Zahl. Zahlensymbolik im Kulturvergleich.* Köln: Diederichs 1984

FRANZ, Marie-Louise von, *Der ewige Jüngling. Der Puer aeternus und der kreative Genius des Erwachsenen.* München: Kösel 1987

FROMM, Erich, *Haben oder Sein. Die seelischen Grundlagen einer neuen Gesellschaft.* Stuttgart: Deutsche Verlagsanstalt 1976

GOETHE, Johann Wolfgang von, *Farbenlehre. Mit Einleitung und Kommentaren von Rudolf Steiner.* Stuttgart: Verlag Freies Geistesleben 1979, 3 Bde. (ungekürzte Ausgabe)

GURDJIEFF, Georg Ivanovitch, *The Struggle of the Magicians.* Capetown: The Stourton Press 1957 (Einzige publizierte Ausgabe von Gurdjieffs Ballett.)

ders.: *Views from the Real World.* London: Routledge, Kegan & Paul 1973 (dtsch.: *Aus der wirklichen Welt. Gurdjieffs Gespräche mit seinen*

Schülern. Sphinx Basel. Dieses Buch ist in der deutschen als auch in der englischen Ausgabe zur Zeit vergriffen.)
ders.: *Beelzebubs Erzählungen für seinen Enkel. Eine objektiv unparteiische Kritik des Lebens des Menschen.* Sphinx Basel: 1991[4] (Vollständige Ausgabe in 3 Bde.. Das grundlegende Werk Gurdjieffs, in dem man alle seine Ideen angesprochen findet. Es ist jedoch sehr schwer, ohne Kommentar oder Einführung durch eine Gruppe zu verstehen. Als hilfreicher Kommentar ist Bennetts *Gurdjieff entschlüsselt* und der *Guide and Index to All and Everything* zu empfehlen. Leider sind jedoch beide Kommentare nur schwer zu bekommen.)
ders.: *Begegnungen mit bemerkenswerten Menschen.* Basel: Sphinx 1980 (Eine Art Autobiographie Gurdjieffs.)
ders.: *Das Leben ist nur dann wirklich, wenn »ich bin«. All und Alles – Dritte Serie.* Basel: Sphinx 1987 (Ein ebenfalls teilweise autobiographisches Buch, das Fragment geblieben ist.)
ders.: *Herald of Coming Good.* Angers: La Societé Anonyme des Editions de L'Quest 1933
HARTMANN, Thomas de, *Our Life with Mr. Gurdjieff.* New York: Cooper Square Publ., 1964 (Erweiterte und bearbeitete Ausgabe hrsg. von Thomas C. Daly und T.A.G. Daly, London: Penguin Books 1992. Diese Ausgabe ist sehr viel informativer als die Erstausgabe von 1964 und die Harper & Row-Ausgabe von 1983.)
HULME, Katheryn, *Undiscovered Country.* Boston: Little Brown & Co 1966
JAXON-BEAR, Eli, *Die neun Zahlen des Lebens. Das Enneagramm – Charakterfixierung und spirituelles Wachstum.* München: Knaur 1989 (Ausgehend von der Typenlehre nach Ichazo versucht der Autor nicht ohne Humor eine Überwindung des typischen Verhaltens im Leser anzuregen.)
JUNG, Carl Gustav, Gesammelte Werke (bes. Bd. 3–18). Olten, Freiburg: Walter 1971–1981
JUNG, Emma & Marie-Louise von FRANZ, *Die Graalslegende in psychologischer Sicht.* Olten, Freiburg: Walter 1991[5]
KERENYI, Karl, *Die Mythologie der Griechen.* 2 Bde. München: Deutscher Taschenbuch Verlag 1976
KEYES, Margaret Frings, *The Enneagram Cats of Muir Beach.* Muir Beach: Molysdatur 1990 (Sehr originelle, comicartige Einführung in die psychologische Typenlehre nach Ichazo.)
ders.: *Transformiere deinen Schatten. Die Psychologie des Enneagramms.*

Reinbek: Rowohlt 1992 (Darstellung der Typenlehre nach Ichazo aus transaktionsanalytischer Sicht.)
KEYSERLING, Arnold Graf, *Klaviatur des Denkens.* Wien: Eigenverlag 1971 (Dieses und das folgende Buch kann als eine schwer verständliche Einführung in die Gurdjieff-Rezeption der Neuen Wiener Schule angesehen werden.)
ders: *Durch Sinnlichkeit zum Sinn. Die Sinne vermitteln die Wirklichkeit, die Sinnlichkeit führt zur Meisterung der fünf Sinne.* Südergellersen: Bruno Martin 1986
KHERIDAN, David, *On an spaceship with Belzebub. By a Grandson of Gurdjieff.* New York: Globe 1991
KUCHINSKY, Saul, *Systematics. Search for Miraculous Management.* Charles Town/West Virginia: Claymont Communication, 1985 (1987^2) (Gute Einführung in den Gebrauch des Enneagramms und verwandter Systeme im Management. Mit einem aufschlußreichen Interview mit Bennett.)
LANDAU, Rom, *God is my adventure.* o.O. Ivor Nicholson & Watson 1935
LEBLANC, Georgette, *La Machine a Courage: Souvenirs.* Paris; Janin 1947
LEFORT, Rafael, *Die Lehrer Gurdjieffs. Reise zu den Sufimeistern.* Frankfurt/M: Bruno Martin 1980 (Auch: Edition Hadrat, vergriffen in beiden Ausgaben.)
LEONARD, Linda, *Töchter und Väter. Heilung und Chancen einer verletzten Beziehung.* München: Kösel 1986
LEVI, Eliphas, *Schlüssel zu den großen Mysterien.* Weilheim: O. W. Barth 1966
McCORKLE, Beth, *The Gurdjieff Years 1929–1949: recollections of Lousie March.* New York: The Work Study Association 1990
MANSFIELD, Katherine, *Katherine Mansfield's Letters to John Middleton Murry 1913–1922.* Constable: John Middleton Murray 1951
METZ, Barbara & John BURCHILL, *The Enneagram and Prayer – Discovering Our True Self Before God.* Denville/New York: Dimension Books 1987
MOORE, James, The Enneagram: A Developmental Study. In: *Religion Today: A Journal of Contemporary Religions,* Vol. 5 No. 3
ders.: *Gurdjieff and Mansfield.* London: Routledge, Kegan & Paul 1980
ders.: *Gurdjieff. The Anatomy of a Myth. A Biography.* Shaftesbury, Rockport: Element Books 1991 (Sehr gute Dokomentation von Gurdjieffs

Leben in allerdings etwas maniriertem Stil. Hier werden einige bislang unveröffentlichte Dokumente verarbeitet und dokumentarische Fotos u.a. der Schüler Gurdjieffs veröffentlicht. Dtsch.: *Georg Iwanowitsch Gurdjieff.* Magier, Mystiker, Menschenfänger – Eine Biographie. Bern, München: Scherz 1992. In dieser Ausgabe ist abweichend von der engl. Ausgabe der Stil gut lesbar gemacht worden. Ausführliche Literaturangaben.)

MOURAVIEFF, Boris, Ouspensky, Gurdjieff et les Fragments d'un anseignement inconnu. In: *Revue Syntheses,* No. 138, Brüssel 1957 (Orthodox-christliche Interpretation von Gurdjieffs Arbeit.)

ders.: *Gnosis, Book One. Study and Commentaries on the Esoteric tradition of Eastern Orthodoxy. Exoteric Cycle* Robertsbridge: Agora Books 1989 (Im Grunde steht in diesem Buch nicht viel anderes als in Ouspensky *Auf der Suche nach dem Wunderbaren.* Allerdings wird die Lehre aufdringlich aus christlicher Sicht dargestellt.)

MÜLLER, Lutz, *Der Held. Jeder ist dazu geboren.* Zürich: Kreuz 1987

NATALE, Frank, Die neun Persönlichkeitstypen. Das Modell der Göttinnen und Götter. In: *Connection,* Niedertaufkirchen 1992, 4–8/92 (Fortsetzungsserie von April bis August 1992, die wenig mit Gurdjieffs Ideen zu tun hat.)

NEUE WIENER SCHULE (Graf Keyserling) *Im Jahr des Uranus. Wege des philosophischen Handwerks.* (Ungewöhnliche und schlecht erklärte Zuordnungen zum Enneagramm.)

NICOLL, Maurice, *The New Man.* New York: Hermitage House 1951 Boulder/Col.: Shambala 1981 (Eine Studie des Jung-Schülers Nicoll zum Neuen Testament aus der Sicht der Schulen des Vierten Weges.)

ders.: *Psychological Commentaries on the Teaching of Gurdjieff and Ouspensky,* Vol. I und II. Boulder: Shambala 1952 (Dieses und das folgende Buch bieten die Grundlagen für ein tiefenpsychologisches Verständnis der Lehre Gurdjieffs.)

ders.: *Psychological Commentaries on the Teachings of Gurdjief.* 6 Bde. o. O.: Vincent Stuart 1950–1956

ders.: *The Active Mind.* New York: Hermitage House 1954

NORELLI-BACHELET, Patrizia, *Der gnostische Kreis. Astrologie des Zukunftsmenschen.* Frankfurt/M: Fischer 1977 (Die grundlegende astrologische Arbeit zum Enneagramm. Vergriffen.)

NOTT, C. S.: *Teachings of Gurdjieff: The Journal of a Pupil. An Account of Some Years with G.I. Gurdjieff and A.R. Orage in New York and at Fontainbleau-Avon.* London: Routledge, Kegan & Paul 1961 (auch:

London: Arkana 1961 als Taschenbuch. Ein empfehlenswertes, sehr an Orage ausgerichtetes Buch, das einmal von S. 125–216 gut in *Beelzebubs Erzählungen für seinen Enkel* einführt und zum anderen immer wieder interessante Details zu den »movements« aufzeigt. Mit Fotos von »movements«.)

ders.: *Journey Through This World: The Second Journal of a Pupil. Including an Account of Meetings with G.I. Gurdjieff, A.R. Orage and P.D. Ouspensky.* London: Routledge, Kegan & Paul 1969

OESTERHELD, Vivado, Georg Ivanowitsch Gurdjieff. Fragmente einer Geheimlehre. In: *Connection,* München 1988 Sept., S. 5–8 (Sehr guter und kurzer Überblick, als schnelle Information bestens geeignet. Leider ist das Heft seit einiger Zeit vergriffen.)

OLGIVANNA (O. Lloyd WRIGHT), The Last Days of Katherine Mansfield. In: *The Bookman* New York 1931 März, 73/1, S. 6–13

ORIGENES, *De Principiis.* Berlin 1953 (Nachdruck)

OUSPENSKY, Peter Demian(ovitsch), *The Inner Circle.* St. Petersburg 1913

ders.: *Fragments of an unknown teaching.* London: Routledge, Kegan & Paul 1950

ders.: *Die Psychologie der möglichen Evolution des Menschen.* Berlin: Plejaden 1981

ders.: *Der Vierte Weg. Nach Themen geordnete Aufzeichnungen der Gespräche Ouspenskys anläßlich seiner Treffen in London und New York in den Jahren 1921–1946.* Basel: Sphinx 1983 (Fürchterlich trockenes Standardwerk der Lehren Gurdjieffs und Ouspenskys, aber sehr differenziert und ausführlich.)

ders.: *Auf der Suche nach dem Wunderbaren.* Weilheim: O. W. Barth 1966 (Wohl die beste und umfassendste Darstellung der Lehren Gurdjieffs.)

PALMER, Helen, *Das Enneagramm. Sich selbst und andere verstehen lernen.* München: Knaur 1991 (Geht von Ichazos Typenlehre aus.)

PAQUET, Alphons, *Delphische Wanderungen.* München: Drei Masken 1922 (Paquet versucht als deutscher Quäker eine kurze Beschreibung der »movements«.)

PAUWELS, Louis, *Gurdjieff der Magier.* Bern, München: Scherz 1974 (Ein sehr subjektives Buch zu Gurdjieff.)

PETERS, Fritz, *Boyhood with Gurdjieff.* o. O. Gollancz 1964 (leichter erhältlich über: Santa Barbara/Cal.: Capra Press 1980. Henry Miller verglich dieses sehr ergreifende Buch mit *Alice im Wunderland.* Ein alter Mann berichtet, wie er als Junge mit Gurdjieff in Fontainebleau

zusammenlebte: ein Buch voller Geschichten und Hintergrundinformationen.)
PETERS, F., *Gurdjieff remembered.* New York: Samuel Weiser 1971
PHILLIPS, Michael, *The Seven Laws of Money.* New York: Random House 1974
POPOFF, Irmis B., *Gurdjieff: His Work on Myself...with Others...for the Work.* New York: Vintage 1969
POPOFF, I.B. The Enneagramma of the Man of Unity. New York 1978
RAJNEESH, Bhagwan (Pseud.: Osho): Bhagwan über Gurdjieff. In: *Connection,* München 1988 Sept., S. 9–13 (Es ist unmöglich, alle Bezüge Rajneeshs zu Gurdjieff hier aufzuführen. In Lectures, Fragen und seinen Büchern nimmt Rajneesh immer wieder auf verschiedene Aspekte der Lehre Gurdjieffs Bezug. Beachte hier bes.: *Tao Three treasures* (Bd. 2, S. 303), *Yaa-Hoo Mystic Rose* (Kap. 5, 8, 10, 29,), *Mustard Seed* (S. 41). *Beyond Psychology* (Kap. 29) und *Transmission of the Lamp* (Nr. 14, 19, 20))
RANDOM, Michel, *Les puissances du dedans: Luc Dietrich, Lanza del Vaston, René Daumal, Gurdjieff.* Paris: Denoel 1966
REICH, Wilhelm, *Charakteranalyse.* Köln, Berlin: Kiepenheuer und Witsch 1970 (Taschenbuch: Frankfurt/M: Fischer 1973)
REYNER, J.H., *The Gurdjieff Inheritance.* Bath: Turnstone Press 1985
RISO, Don Richard, *Die neun Typen der Persönlichkeit und das Enneagramm.* München: Knaur 1989 (Ichazos Typenlehre ausführlich mit Freudschen Kategorien vermittelt.)
ders: *Discovering Your Personality Type. The Enneagram Questionnaire.* New York, London: Houghton Mifflin Company 1992
ROHR, Richard & Andreas EBERT, *Das Enneagramm. Die neun Gesichter der Seele.* München: Claudius 1989 (Christlicher Versuch, die Typenlehre des Enneagramms zu vereinnahmen.)
SAHIHI, Arman, *Das neue Lexikon der Astrologie.* Genf, München: Ariston 1991
SCHILLER, Friedrich, *Sämtliche Gedichte. Zweiter Teil.* München: Deutscher Taschenbuch Verlag 1978
SCHNEIDER, Sugata, Gurdjieff und seine Schüler. Schocks und Schmerzen eines werdenden Bewußtseins. In: *Connection,* München 1988 Sept., S. 16 f.
SCHULTZ, Joachim, *Rhythmen der Sterne. Erscheinungen und Bewegungen von Sonne, Mond und Planeten.* Hrsg. von der Mathematisch-

Astronomischen Sektion am Goetheanum. Dornach: Philosophisch-Anthroposophischer Verlag, 1963

SEURAT, Denis, A Visit to Gourdyev. In: *Living Age*, London 1934, Jan., 345/4408, S. 427–433

SICUTERI, Roberto, *Astrologie und Mythos. Mythen und Symbole im Spiegel der Tiefenpsychologie.* Freiburg Br.: Aurum 1983

SPEETH, Kathleen Riordan, *The Gurdjieff Work.* Berkeley/Cal.: And/Or-Press 1976

SPEETH, K. R. & Ira FRIEDLANDER, *Gurdjieff. Seeker of the Truth.* New York: Harper & Row 1980

STAVELEY, A.L., *Memoires of Gurdjieff.* Aurora/Oregon: Two Rivers Press 1978

STEIGER, Bruno, *Gurdjieff Argument.* Reinbek: Rowohlt 1985

STEINBECK, John, *König Artus* (Roman). München: Deutscher Taschenbuch Verlag 1992

TILLEY, Basil, *Letters from Paris and England 1947–1949.* Eigenverlag (Phene Press) 1981

TRAVERS, P. L., *George Ivanovitch Gurdjieff.* Toronto: Traditional Studies Press 1973

VAYESSE, Jean, *Towards Awakening. London, New York: Arkana 1988*

VOLLMAR, Klausbernd, Neue Bücher zum Enneagramm. In: *Hologramm.* Südergellersen 1989 16/58

ders: Neun Persönlichkeitstypen. In: *Esotera.* Freiburg 1990, 6/90

ders: *Fahrplan durch die Chakren.* Reinbek: Rowohlt 1991[3]

ders.: *Chakren – Lebenskraft und Lebensfreude aus der eigenen Mitte.* München: Gräfe und Unzer 1991[3]

ders: *Farben – ihre natürliche Heilkraft.* München: Gräfe und Unzer 1992[2]

ders: Die Intelligenz des Körpers. Ganzheitliches Lernen nach Gurdjieff. In: *Connection Special*, Niedertaufkirchen 1992, I/92, S. 76–79

ders.: *Das Geheimnis der Farbe Rot. Einladung zum Spiel mit dem Feuer. Ein Lese- und Übungsbuch zur Symbolik und Psychologie einer starken Farbe.* Bad Münstereifel: Edition Tramontane 1992

ders.: Der mit dem Ego spielt. In: *Connection*, Niedertaufkirchen 1993, 1/93, S. 28–30

WAGNER, Jerome P., *A descriptive, reliability and validity study of the Enneagram personality typology.* Chicago, Chicago: Diss. Loyola University 1981

WALBERG, Michel, *Gurdjieff. An Approach to His Ideas.* London: Routledge & Kegan Paul, 1981

WALKER, Kenneth, *A Study of Gurdjieffs Teaching*. London: Jonathan Cape 1957

WEBB, James, *The Harmonious Circle: The Lives and Work of G. I. Gurdjieff. P. D. Ouspensky, and Their Followers.* London: Thames & Hudson 1980

WELCH, Louise, *Orage with Gurdjieff in America.* London, Boston: Routledge, Kegan & Paul 1982

WILSON, Collin, *Gurdjieff. Der Kampf gegen den Schlaf.* München: Knaur 1986 (sehr gute Literaturangaben)

WOLFE, Edwin, *Episodes with Gurdjieff* San Francisco: Far West Press 1974

YOUNG, James Carruthers, An Experiment at Fountainbleau: A Personal Reminiscence. In: *New Adelphi* 1927, Sept., I/1, S. 26–40

ZUBER, René, *Wer sind Sie, Herr Gurdjieff?* Basel: Sphinx 1981 (Kurze Darstellung des Lebens und der Lehren Gurdjieffs)

Anmerkungen

Vorwort

1 Auch als Weg des schlauen Menschen bezeichnet. Im Gegensatz zu dem Weg des Fakirs, des Mönches oder des Yogis braucht man sich bei diesem Weg nicht aus der Welt zurückzuziehen. Außerdem behauptet der Vierte Weg simultan und harmonisch sowohl den Körper als auch den Intellekt und das Gefühl anzusprechen und zu entwickeln. Auf dem Vierten Weg wird immer davon ausgegangen, daß der Schüler nur das tun darf, was er auch versteht. Vergleiche hierzu genauer OUSPENSKY, P. D., *Der Vierte Weg. Nach Themen geordnete Aufzeichnungen der Gespräche Ouspenskys anläßlich seiner Treffen in London und New York in den Jahren 1921–1946.* Basel: Sphinx 1983. Es gibt mehr Spekulationen als begründete Vermutungen darüber, daß die Erbauer des Klosters vom Mont St. Michel, die frühen Quäker und russischen Freimaurer, Schüler des Vierten Wegs waren. Außerdem sollen die Templer und die Alchimisten von dem Wissen der (wandernden) Schulen des Vierten Wegs beeinflußt worden sein.

2. BENNETT, John G., *The Enneagram.* Transformation of Man Series, No. 2, Sherborne 1974 (vergriffene Auflage). Neue Auflage: *Enneagram Studies.* York Beach: Samule Weiser 1983. Diese Ausgabe ist noch in den USA und in England erhältlich.

3. NORELLI-BACHELET, Patrizia, *Der Gnostische Kreis. Astrologie der Zukunftsmenschen.* Frankfurt/M.: S. Fischer 1977 (vergriffen)

4. Nicht uninteressant zur Information über das RAD ist folgendes Buch: NEUE WIENER SCHULE, *Im Jahr des Uranus. Der Weg des philosophischen Handwerks.* Südergellersen: Bruno Martin 1986. Hier finden Sie die entsprechenden Aufsätze von Wilhelmine und Arnold Keyserling.

5. Peter Brooks verfilmte Gurdjieffs Autobiographie *Begegnungen mit bemerkenswerten Menschen.* Die letzten zehn Minuten dieses Films zeigen einige der wenigen existierenden Filmaufnahmen der »movements«.

6. OUSPENSKY, Pjotr D. *Auf der Suche nach dem Wunderbaren.* München: O. W. Barth 1978, S. 432. Dieses Buch war das erste, das 1950 die Lehren Gurdjieffs und des Enneagramms im Westen veröffentlichte.

7. ROHR, Richard & Andreas EBERT, *Das Enneagramm. Die 9 Gesichter der Seele.* München: Claudius 1989
8. RISO, Richard, *Die neun Typen der Persönlichkeit und das Enneagramm.* München: Knaur 1989
9. JAXON-BEAR, Eli, *Die neun Zahlen des Lebens. Das Enneagramm – Charakterfixierung und sprituelle Wachstum.* München: Knaur 1989

Ein Werkzeug zur praktischen Lebensbewältigung

1. Im weiteren benutze ich den etwas abschreckenden Begriff »Arbeit« in der Tradition der Gurdjieff-Gruppen. Er drückt die Bemühungen aus, sich seiner selbst und seiner Umwelt bewußt zu werden. Nach Gurdjieffs Verständnis ist diese »Arbeit« an festumrissene Übungen und eine Gruppe gebunden. Der Begriff »Arbeit« für die Aktivitäten und das Lernen in einer Gurdjieff-Gruppe wurde 1916 von Gurdjieff selbst in seiner Petrograder-Gruppe gebildet und stellt eine für Gurdjieff typische Verkürzung des Ausdrucks »die Arbeit in einer Gruppe« dar.
2. GURDJIEFF, Georg I. *Beelzebubs Erzählungen für seinen Enkel* Basel: Sphinx 1991, Bd. 3, S. 1291 f.
3. Zitiert nach MOORE, James, *Gurdjieff. The Anatomy of a Myth. A Biography.* Shaftesburg, Rockport: Element Books 1991, S. 147. Vgl. auch neben dieser informativen Biographie des langjährigen Aktivisten in Gurdjieff-Gruppen: GURDJIEFF, G. I., *The Struggle of the Magicians.* Capetown: Stourton Press 1957. Dieses Buch mit dem Originaltext des Balletts ist allerdings nur äußerst schwer erhältlich.
4. Vgl. hierzu genauer: JUNG, Emma & Marie-Louise von FRANZ, *Die Graalslegende in psychologischer Sicht.* Olten: Walter 1991[5], S. 141 ff. und von JUNG, C. G., *Psychologie und Alchimie.* Olten: Walter 1971–1981
5. Daß es sich bei diesen Archetypen um idealtypische Reaktionstendenzen bei Mann und Frau handelt und nicht um »den Mann« und »die Frau«, brauche ich wohl nicht zu betonen. Es geht hierbei keineswegs um geschlechtsspezifische Aussagen, denn den männlichen Archetypen wie auch den weiblichen findet man in jedem Mann und in jeder Frau. Wenn man an seiner Selbstvervollkommnung mit dem Enneagramm arbeitet, führt das dazu, daß man den männlichen und den weiblichen Archetypen in sich selbst letztendlich zu einer Einheit

verschmilzt. Es kommt zu der von C. G. Jung in Anlehnung an die mittelalterlichen Alchimisten beschriebene Coniunctio oder zur Geburt des vollständigen Menschen.

6. Die Alchimie spricht hier vom »inneren Feuer im Gefäß«, dessen Hitze einen Verschmelzungsprozeß hervorruft. Als solch inneres Feuer kann man deutlich seine Gefühle an den Enneagramm-Punkten 4 und 5 erleben. Wichtig ist, das Feuer nicht zu früh durch die Kälte des Intellekts zu löschen, sonst kommt der Verschmelzungsvorgang nicht zustande. Damit ist die zerstörerische Tendenz der Rationalisierung gemeint, die uns sogleich aus dem Prozeß herauskatapultiert und uns wieder in der alten mechanischen Routine erstarren läßt.
7. Nach alchimistischer Auffassung wäre das Enneagramm als der »Stein der Weisen« anzusehen, als das es auch von Gurdjieff bezeichnet worden ist.

Die Geschichte des Enneagramms

1. GURDJIEFF, *Beelzebubs Erzählungen,* Bd. 3, S. 915
2. Die Chaldäer übernahmen im 7. Jahrhundert vor Christus die Herrschaft in Babylon und besaßen ein für die damalige Zeit ausgeprägtes mathematisches System.
3. Die Sufis sind die (meist unbarmherzig verfolgten) Mystiker des Islams, die im Nahen und Mittleren Osten etwa ab dem 9. Jahrhundert wirkten.
4. Zitiert nach ENDRES, Franz Karl & Annemarie SCHIMMEL, *Das Mysterium der Zahl. Zahlensymbolik im Kulturvergleich.* München: Diederichs 1984, S. 188

Die Geometrie des Enneagramms

1. GURDJIEFF, *Beelzebubs Erzählungen* Bd. 3, S. 872
2. GURDJIEFF, *Beelzebubs Erzählungen* Bd. 1, S. 150–158
3. GURDJIEFF, *Beelzebubs Erzählungen* Bd. 2, S. 629
4. GURDJIEFF, *Beelzebubs Erzählungen* Bd. 2, S. 834
5. GURDJIEFF, G. I., *Das Leben ist nur dann wirklich, wenn »ich bin«.* Basel: Sphinx 1987
6. GURDJIEFF, *Das Leben*, S. 42

7. GURDJIEFF, *Beelzebubs Erzählungen* Bd. 2, S. 800; und auch interessant dazu SALZMANN, Michel de, »Footnote to the Gurdjieff Literature«, In: *Parabola,* New York, August 1980, V/3, S. 751
8. Vergleiche dazu ausführlicher: BENNETT, J. G., *Transformation oder die Kunst sich zu wandeln.* Soyen: Ahorn 1981[2], S. 77 und S. 80 f. und BENNETT, J. G., *Hazard.* Südergellersen: Bruno Martin 1992
9. Die fraktale Geometrie zeigt, daß den unregelmäßig wirkenden Formen in der Natur spezielle regelmäßige Zufallsmuster entsprechen. Sie betrachtet diese Muster. Eine wesentliche Erkenntnis der fraktalen Geometrie besteht darin, daß in der Natur wie beispielsweise in Küstenlinien, Bäumen und Bergen fast niemals symmetrische Formen auftreten. Der zeitgenössische Mathematiker Benoit Mandelbrot gilt als einer der Pioniere dieser nicht-euklidischen Geometrie.
10. In COLLIN, Rodney, *The Theory of Celestial Influence.* London: Shambala 1984, S. 90 und 222 finden wir einige Enneagramme ohne Dreieck.
11. Als da sind: coagulatio (Verschmelzung), dissolutio (Auflösung), sublimatio (Veredelung), putrefactio (Gärung), seperatio (Trennung) und transmutatio (Umwandlung). Diese sechs Prozesse ergeben sich aus den verschiedenen Reaktionen von Salz, Schwefel und Quecksilber (Mercurius).
12. MOURAVIEFF, Boris, *Gnosis,* Vol. I. *Studies and Commentaries on Esoteric Tradition of Eastern Orthodoxy.* Robertsbridge: Agora Press 1989, S. 95
13. Hier muß allerdings beachtet werden, daß Gurdjieff, im Gegensatz zur indischen Yoga-Philosophie, die Erweckung der Kundalini nicht unbedingt als positiv für die Entwicklung des Menschen ansieht. Für Gurdjieff ist die Kundalini nichts anderes als das frühere Organ »kundabuffer«, dessen Wirkungen von der indischen Philosophie mißverstanden worden sind. Außerdem mißtraute Gurdjieff der Yoga-Philosophie, in der die Kundalini eine große Rolle spielt, da dieses System seiner Ansicht nach nicht alle drei Zentren des Menschen zugleich harmonisch entwickelt. Ich selbst verstehe jedoch die Kundalini als Symbol der Lebensenergie. Es stellt sich nur die Frage, was man mit dieser Energie machen und wofür man sie einsetzen kann.

Die psychologischen Typen

1. Gurdjieff zitiert nach OUSPENSKY, P.D., *Auf der Suche* S. 84
2. OUSPENSKY, P.D., *Auf der Suche* S. 94
3. Vergleiche dazu genauer REICH, Wilhelm, *Charakteranalyse.* Köln/Berlin: Kiepenheuer und Witsch 1970
4. JAXON-BEAR, Eli, *Die neun Zahlen des Lebens: Das Enneagramm – Charakterfixierung und spirituelles Wachstum.* München: Droemer Knaur 1989. Dieses Buch stellt meines Erachtens noch das reflektierteste der bis jetzt in deutscher Sprache erschienen Enneagramm-Bücher neben dem von F. Keyes. (KEYES, Maragret Frings, *Transformiere deinen Schatten. Die Psychologie des Enneagramms.* Reinbek: Rowohlt 1992) dar.
5. ROHR, Richard & Andreas EBERT, *Das Enneagramm. Die neun Gesichter der Seele.* München: Claudius Verlag 1989, S. 82 ff. Ein sehr theologisch ausgerichtetes Buch, in dem der Geist von Gurdjieff wenig zu finden ist.
6. RISO, Richard, *Die neun Typen der Persönlichkeit und das Enneagramm.* München: Droemer Knaur 1989, S. 399 ff.
7. ROHR, R. & A. EBERT, *Das Enneagramm* S. 52
8. Vergleiche dazu genauer FROMM, Erich, *Haben oder Sein. Die seelischen Grundlagen einer neuen Gesellschaft.* Stuttgart: Deutsche Verlagsanstalt 1976
9. ROHR, R. & A. EBERT, *Das Enneagramm* S. 105
10. RISO, R. *Die neun Typen* S. 199
11. BOLEN, Jean Shinoda, *Götter in jedem Mann. Besser verstehen, wie Männer leben und lieben.* Basel: Sphinx 1991, S. 64
12. Gurdjieff ging davon aus, daß Frauen schon alles wissen, aber den rechten Mann brauchen, um weiterzukommen. Männer dagegen müssen alles lernen und können mit der rechten Frau schneller ihren Weg finden.
13. MÜLLER, Lutz, *Der Held. Jeder ist dazu geboren.* Zürich: Kreuz 1987, S. 57
14. STEINBECK, John, *König Artus.* München: DTV 1992
15. Vergleiche dazu genauer für den Mann: FRANZ, Marie-Louise von, *Der ewige Jüngling. Der Puer aeternus und der kreative Genius des Erwachsenen.* München: Kösel 1987, und für die Frau (diese Forschungen stecken noch in den Kinderschuhen).: LEONARD, Linda,

Töchter und Väter. Heilung und Chancen einer verletzten Beziehung. München: Kösel 1986.

16. Vergleiche dazu MOORE, J., *Gurdjieff* S. 9. Mullah Nasrudin ist der weise Narr der türkischen Volksüberlieferung, der fast immer unsere gewöhnliche Weltsicht in Frage stellt. Nasrudin kann auch als Personifikation des Paradoxen angesehen werden. Er ist der immerlustige Antiheld, dessen angebliches Grab in Akskehir Gurdjieff um 1885 besuchte.
17. ROHR, R. & A. EBERT, *Das Enneagramm,* S. 166
18. Sehr schön hat Friedrich Schiller diese Haltung des Enneagramm-Typs 8 in seinem berühmten Gedicht »Die Bürgschaft« (SCHILLER, Friedrich, *Sämtliche Gedichte* Gesamtausgabe, Zweiter Teil, München: DTV 1978, S. 119–123) ausgedrückt.
19. Wu-wei bedeutet das Nichteingreifen. Es bezeichnet die Haltung der taoistischen Weisen. Lao-tse beschreibt das Wu-wei im 48. Kapitel des *Tao-te-king.* Ferner bezeichnet das Wu-wei zugleich ein von jeder Begierde und von jeder Gerichtetheit freies Handeln. Das Ideal des Wu-wei, wie es besonders für Herrscher aufgestellt wird, spielt auch im chinesichen Zen-Buddhismus eine wichtige Rolle.

Die Farben im Enneagramm

1. GOETHE, Johann Wolfgang von, *Faust II.* Vers 4727
2. Vergleiche genauer zur Farbsymbolik der Grundfarben: VOLLMAR, Klausbernd, *Farben – ihre natürliche Heilkraft.* München: Gräfe und Unzer 1992[2], besonders S. 25–44.
3. Ouspensky half Gurdjieff im Sommer 1920 in Konstantinopel eine überarbeitete Fassung dieses Balletts zu erstellen, die nach dem Tode Gurdjieffs veröffentlicht wurde: GURDJIEFF, G. I., *The Struggle of the Magicians.* Kapstadt: Stourton Press 1957. Viele Elemente dieses Balletts gingen in die Arbeit mit den »movements« ein. Schon farblich standen sich in diesem Ballett vollständig schwarz und vollständig weiß gekleidete Tänzer gegenüber.
4. GOETHE, Johann Wolfgang von, *Farbenlehre. Mit Einleitung und Kommentaren von Rudolf Steiner.* Stuttgart: Freies Geistesleben 1979, 3 Bde. (ungekürzt)
5. Als Komplementärfarben werden diejenigen Farben bezeichnet, die

sich zu einem unbunten Grau (bei Lichtfarben zu Weiß) mischen. Die Komplementärfarben liegen sich im Farbenkreis gegenüber (180 °).

6. Vergleiche zur Farbsymbolik von Rot ausführlich: VOLLMAR, Klausbernd, *Das Geheimnis der Farbe Rot. Einladung zum Spiel mit dem Feuer. Ein Lese- und Übungsbuch zur Symbolik und Psychologie einer starken Farbe.* Bad Münstereifel: Edition Tramontane 1993
7. BENNETT, J.G., *The Enneagramm*, S. 31
8. Vergleiche dazu genauer: NEUE WIENER SCHULE, *Im Jahr des Uranus* und KEYSERLING, Arnold, *Durch Sinnlichkeit zum Sinn.* Südergellersen: Bruno Martin 1986
9. BEESING, Maria & Robert J. NOGOSEK & Patrick H. O'LEARY, *The Enneagramm – a journey of selfdiscovery.* Denville/NJ: Dimension Books 1984, S. 212, Abb. 22

Die kosmischen Bezüge

1. Diese so viel zitierten Tafeln gingen augenscheinlich verloren, oder sie existierten nur der Legende nach. Der Text wird hier nach LEVI, Eliphas, *Schlüssel zu den großen Mysterien.* Weilheim: O.W. Barth 1966 zitiert.
2. vergleiche dazu im Detail: VOLLMAR, Klausbernd, *Fahrplan durch die Chakren.* Reinbek: Rowohlt 1991[3], S. 61 f. (speziell die Tabelle dort), auch VOLLMAR, Chakren – Lebenskraft und Lebensfreude aus der eigenen Mitte. München: Gräfe und Unzer 1991[3]
3. COLLIN, R., *The Theory of Celestial Influence,* S. 51
4. NORELLI-BACHELET, P., *Der gnostische Kreis.*
5. Im System sekundärer Progressionen bei der Analyse eines Geburtshoroskops benötigt der Mond wie der Saturn 29 Jahre für einen vollständigen Umlauf des Tierkreises.
6. Die siderische Umlaufzeit der Planeten zeigt deutlich, warum wir persönliche und un- oder überpersönliche Planeten unterscheiden: Die persönlichen Planeten bis hin zu Saturn wiederholen ihre Stellung im Tierkreis viele Male im Leben eines Menschen. Die siderische Umlaufzeit von Merkur beträgt 0,24 Jahre (rund 3 Mon.), die der Venus 0,6 Jahre (rund 7 Mon.), die der Erde natürlich ein Jahr, die des Mars 1,88 Jahre, die von Jupiter 11,86 Jahre und die von Saturn etwa 29,5 Jahre. Die überpersönlichen Planeten von Uranus bis Pluto wiederholen niemals ihre Stellung während eines Menschenlebens. Die sideri-

sche Umlaufzeit des Uranus beträgt runde 84 Jahre, die von Neptun fast 165 Jahre und die von Pluto 248,43 Jahre.

7. Vergleiche dazu genauer: SICUTERI, Roberto, *Astrologie und Mythos. Mythen und Symbole im Spiegel der Tiefenpsychologie.* Freiburg i. Br.: Aurum 1983, S. 175
8. Die Masse aller Planeten zusammengenommen beträgt etwa den achthundertsten Teil der Sonnenmasse.
9. COLLIN, R. *The Theory of Celestial Influence,* S. 110
10. Nach Rodney Collin *(The Theory of Celestial Influence* S. 112) ist die Anziehungskraft des Mondes so groß, da sie durch den geringen Kapillardurchmesser der menschlichen Gefäße sehr gesteigert wird.
11. COLLIN, R. *The Theory of Celestial Influence,* S. 112
12. JUNG, E. & M.-L. von FRANZ, *Die Graalslegende* S. 42 f.
13. Vergleiche hierzu genauer NEUMANN; Erich, *Ursprungsgeschichte des Bewußtseins.* Frankfurt/M.: Fischer 1984. Neumann spricht hier besonders von der Angst des Männlichen in das Unbewußte (was auch das Kreative ist) des Weiblichen zurückgesaugt zu werden.
14. Sein Abstand von der Erde schwankt zwischen 88 und 640 Millionen Kilometer innerhalb von 16 Jahren.
15. Vergleiche hierzu im Detail die hervorragende Arbeit des Anthroposophen Joachim SCHULZ *Rhythmen der Sterne. Erscheinungen und Bewegungen von Sonne, Mond und Planeten. Herausgegeben von der Mathematisch-Astronomischen Sektion am Goetheanum.* Dornach: Philosophisch-Anthroposophischer Verlag 1963, S. 115–119. Die Bewegungen des Mars weisen sowohl vom zeitlichen als auch vom räumlichen Aspekt aus solche Unregelmäßigkeiten und Schwankungen auf, wie wir sie bei keinem anderen Planeten unseres Sonnensytems finden.
16. NORELLI-BACHELET, P., *Der gnostische Kreis,* S. 134
17. NORELLI-BACHELET, P., *Der gnostische Kreis,* S. 134
18. Der Name der indischen Göttin Kali beinhaltet die Stammsilbe »kala«, was im Sanskrit »die Zeit« bedeutet.
19. Vergleiche hierzu genauer das ausgezeichnete Buch das Jung-Schülers KERENYI, Karl, *Die Mythologie der Griechen,* Bd. 1, München: DTV 1976, S. 24
20. SICUTERI, Roberto, *Astrologie und Mythos.* Freiburg i. B.: Aurum 1983
21. NORELLI-BACHELET, P. *Der gnostische Kreis,* S. 125
22. Dieses weitgehend nur im Kreis um den Grafen Keyserling bekannte System des RADs ist mir nie völlig klar geworden. Wer sich darüber

genauer informieren möchte, dem sei das bereits erwähnte Buch empfohlen. NEUE WIENER SCHULE, *Im Jahr des Uranus,* dort findet der interessierte Leser auf der Farbseite zwischen S. 128 und 129 eine Abbildung des RADs, das auch als Poster beim Verlag zu beziehen ist. Besonders über das Enneagramm findet man Informationen in: KEYSERLING, Arnold Graf, *Klaviatur des Denkens*. Wien: Eigenverlag 1971.

Für Kurse, Vorträge und Workshops zum Enneagramm steht der Autor gerne zur Verfügung.

KLAUSBERND VOLLMAR, Dipl.Psych.
COBBLESTONES
CLEY NEXT THE SEA
NORFOLK DR25 7RE
Fax + Tel.: 0263-740304
GREAT BRITAIN